西方政治哲学中的公共理性建构

陈常燊/著

国家社会科学基金青年项目“西方现代公共理性前沿问题研究”结项成果（批准号：14CZX043）

The Construction of Public Reason in Western Political Philosophy

法律出版社
LAW PRESS · CHINA
北京

图书在版编目(CIP)数据

西方政治哲学中的公共理性建构 / 陈常燊著. -- 北京：法律出版社，2024

ISBN 978-7-5197-8771-4

Ⅰ. ①西… Ⅱ. ①陈… Ⅲ. ①政治哲学—研究—西方国家 Ⅳ. ①D091

中国国家版本馆 CIP 数据核字(2024)第 026174 号

西方政治哲学中的公共理性建构
XIFANG ZHENGZHI ZHEXUE ZHONG DE GONGGONG LIXING JIANGOU

陈常燊 著

策划编辑 田亚飞
责任编辑 田亚飞
装帧设计 李 瞻

出版发行 法律出版社
编辑统筹 法律出版社
责任校对 王 丰
责任印制 胡晓雅
经 销 新华书店

开本 710 毫米×1000 毫米 1/16
印张 17.5 **字数** 272 千
版本 2024 年 9 月第 1 版
印次 2024 年 9 月第 1 次印刷
印刷 北京新生代彩印制版有限公司

地址：北京市丰台区莲花池西里 7 号(100073)
网址：www.lawpress.com.cn
投稿邮箱：info@lawpress.com.cn
举报盗版邮箱：jbwq@lawpress.com.cn

销售电话：010-83938349
客服电话：010-83938350
咨询电话：010-63939796

书号：ISBN 978-7-5197-8771-4 **定价**：68.00 元

凡购买本社图书，如有印装错误，我社负责退换。电话：010-83938349

目录

引 言

一个人尽可宣称对政治不感兴趣,但是很难说政治与自己无关。公元前431年,古希腊政治家柏里克利(Pericles),在雅典阵亡将士国葬典礼上慷慨激昂地演讲:“我们并不认为一个缺乏政治热情的人只关心他自己的事业,我们认为他在这个城邦里根本就没有任何事业。”[①]政治乃是非之地,立场分歧或利益冲突乃兵家常事。譬如,深入人心的近代启蒙运动的进步主义观念、自由主义政治传统所假定的普遍理性乃至个人自由理念,都不得不面临多元主义、后现代主义等理论的挑战:“现代的状况是一个经久不衰的差异与理性的分歧。”[②]在此背景下,“政治辩护”的重要性不断凸显,无论这种辩护是公共的还是非公共的,是说理的还是诉诸权威的,是涉及基本政治制度的还是针对具体法规政策的。

任何一种政治辩护都带有特定的问题意识。以赛亚·伯林(Isaiah Berlin),这位20世纪杰出的政治思想家认为,政治哲学的核心问题是:“为什么任何一个人都应服从其他任何人或群体?”或者换一种提法:“为什么任何人或群体总是要干涉其他人?”[③]若对伯林的提问视角稍做转换,我们便可提出下述

---

① [古希腊]修昔底德:《伯罗奔尼撒战争史》(上册),谢德风译,商务印书馆1960年版,第149页。

② [美]杰拉德·高斯:《当代自由主义理论:作为后启蒙方案的公共理性》,张云龙、唐学亮译,江苏人民出版社2014年版,第1页。

③ [英]以赛亚·伯林著、[英]亨利·哈代编:《浪漫主义时代的政治观念:它们的兴起及其对现代思想的影响》,王岽兴、张蓉译,新星出版社2011年版,第19页。

问题:当任何一个人服从其他任何人或群体时,他在服从什么? 或者再换一种提法:任何人或群体凭什么干涉其他人? 笔者尝试沿着古今哲人探索政治智慧的足迹,于当代政治辩护的系列议题之中,选出"公共理性"(public reason)[①]概念,作为本书研究的切入点。

第一节 公共理性的论域

一、公共理性的历程

理性乃哲学的核心主题。正是柏拉图(Plato)的"洞穴隐喻"所折射出来的理性之魂(the soul of reason)[②],才使今天的人们仍然不得不折服于阿尔弗雷德·怀特海(Alfred Whitehead)的著名论断:"全部西方哲学史不过是为柏拉图的思想做注脚。"[③]亚里士多德(Aristotle)关于理论知识、实践知识与创制知识的区分,深刻地形塑了两千多年以来西方哲学的探索。他指出,人是政治动物,参与城邦事务是实现人的终极目的和至善生活的必经之路。[④] 此外,政治动物与纯粹动物之间的主要区别不在于其富有欲望、充满激情,而在于其是理性动物,一种"懂政治"的理性动物。[⑤] 人的政治属性深深扎根于人的理性本质。人能意识到政治行动与其他行为的区别,并为自己的政治行动提供辩护。无法想

---

① 此处 public reason 之所以不译成"公共理由",一是因为此词还涉及公共推理、公共辩护、公共证明等,这些都是诉诸理性的"说理"活动,都属于公共理性范围。二是因为"理性"包含规范性含义,这种规范性与公共理性理论作为一门规范性学说是相符合的。三是因为将其译为"公共理性"与康德所说的"理性的公共运用"也能更好地呼应。毕竟在康德那里,公共理性就像理论理性、实践理性那样,是人类理性能力在不同领域的运用,而在哲学上,"理由"这一词的形而上学意味要比"理性"淡了不少。

② 在柏拉图看来,实在的世界最终被证明具有双重的本性:世界的一面是川流不息、变幻莫测的,正如我们眼前这个世界一样,是一个不断生成的世界;世界的另一面,则是永恒不变的王国,不为我们的感官所及,只能通过我们的理性之魂才能把握到那个更为高级的纯粹、神圣而永恒的世界。See Arthur Herman, *The Cave and the Light: Plato Versus Aristotle, and the Struggle for the Soul of Western Civilization*, Random House, 2013, p. 16.

③ [英]怀特海:《过程与实在:宇宙论研究》,李步楼译,商务印书馆2011年版,第63页。

④ See Aristotle, *Politics*, Reeve Trans, Hackett Publishing Company, 1999, p. 7 - 9.

⑤ 有科学家认为,在黑猩猩中也有政治,黑猩猩也具备了初步的推理能力。但没有证据表明在黑猩猩中发展出了一种高级形态的理性——哲学,譬如政治哲学。本书的公共理性是在政治哲学上讲的,因此不必纠结其他物种的理性问题。

象存在一种非理性的(irrational)或无理性(non-rational)的辩护。人能意识到政治行动与政治判断之间的张力,并努力寻找化解的方式。但人终归还是动物,是一种有限的、依赖性的理性存在者。这种有限性和依赖性是双重的:不仅体现在理性上,也体现在存在上。这种双重性使人深陷理性与自然的悖谬之中。然而,正是这种有限性使人不断地自我超越,并最终借助信仰来克服这种悖谬。

人类既是逻各斯(*logos*)层面上的存在者,也是公共性(publicity)层面上的存在者,还是动物性(animosity)层面上的存在者,这三者之间存在持续的张力。人类身上难以避免的“根本之恶”(radical evil)和“非社会的社会性”(unsocial sociality)只有在这张关系网中才能得到理解。根据乔纳森·沃尔夫(Jonathan Wolff)的观点,政治活动不同于理论活动的一点在于,政治上没有不可知论的位置。① 对政治漠不关心,什么也不说,什么也不做,实际上是默认或接受了现状,无论这种现状多么令人痛恨。然而,作为理论研究的政治哲学是容许不可知论的,不可知论的政治哲学未必属于某种形式的保守主义,但很可能是一种谦逊的治学态度。

近代以来,对实践理性而言,无论是休谟式怀疑论,还是康德式建构主义,都使后人认识到,对人类实践本性的探讨离不开对理性观点的回应。就其作为广义的实践理性的一种形态而言,公共理性作为在人类政治、道德等领域起根本作用的实践理性形态,具有深厚的哲学内涵和重要的实际价值:无论是作为理性的公共运用与事关道德辩护(moral justification)的公共理由,还是作为横跨国家理性、政党理性、利益集团理性和个人理性,并以成熟自律的公民社会为基础的利益整合的程序、机制和合作共治的一种理性能力,近代以来其都得到托马斯·霍布斯(Thomas Hobbes)、约翰·洛克(John Locke)、让-雅克·卢梭(Jean-Jacques Rousseau)、康德(Kant)等西方哲学家的充分重视和深入研究。

尤其是近30年来,在自由主义和民主理论深入拓展的背景下,公共理性在西方当代道德和政治哲学中的位置日益凸显,学者对其的研究大致分为以下几个进路。

---

① 参见[英]乔纳森·沃尔夫:《政治哲学导论》(第2版),王涛、赵荣华、陈任博译,吉林出版集团有限责任公司2015年版,第4页。

首先,是政治自由主义(political liberalism)进路。罗尔斯(Rawls)在《政治自由主义》一书中系统地提出了公共理性理论,对前期政治正义理论的修正和重构,成就了他后期最深层的思考。接着他又写了《公共理性理念新探》一文,对公共理性进行了更为全面的论述,它构成了当代自由主义对公共理性的讨论焦点和基本问题域,当代西方学界(以英语国家为主)对罗尔斯式公共理性的批评、捍卫或"实现"可谓层出不穷。

其次,是公共性进路。慎议民主(deliberative democracy)[①]理论把公共理性从政治理念引入制度操作层面。哈贝马斯(Habermas)在《公共领域的结构转型》及《在事实与规范之间》等书中,通过词源学分析和历史分析,给出了公共性概念的规范性描述,公共理性构成了他的批判理论和商谈伦理学的概念基石。围绕公共理性问题,罗尔斯和哈贝马斯之间的学术交锋在学术界一时传为佳话。

再次,是辩明自由主义(justificatory liberalism)进路。杰拉德·高斯(Gerald Gaus)在《当代自由主义理论:作为一种后启蒙方案的公共理性》一书中对从霍布斯、洛克、康德和罗尔斯所发展的关键思想提供了一个综合性的概述,其中最为核心的是公共理性理念。该书介绍或探讨了公共理性中7个居支配地位的理论:多元主义、新霍布斯主义、实用主义、慎议民主、政治民主、罗尔斯政治自由主义和辩明自由主义。作为辩明自由主义的支持者,高斯为当代自由政治理论提供了可接受的或批判的分析,强有力地论证了辩明自由主义的明显特质和重要贡献。此外,高斯还在《公共理性的秩序:多元而受限世界中的自由和道德理论》[②]一书中提出一种经过修正的、更为现实的公共理性自由主义(public reason liberalism):针对我们身处的价值和道德信念之间存在根本冲突

---

① deliberative democracy 也被译为"协商民主"。应当说,这有一个好处,即方便让人联想起中文语境里现成的"政治协商制度"。然而,该制度是否就是或应当是当今西方政治哲学语境中的 deliberative democracy,是颇费思量的。单纯从字面上看,"协商"作"众人同力商议"解,这里的"同"包含一种规范性含义,这倒不是因为协商必须以达成共识或一致为目标(所谓"求同"),而是因为它暗示众人应当"同力"(齐心协力)也就是合作。deliberative 是否必然包含"合作"的意思,或者说 deliberative democracy 必然要求众人之间的合作吗?对此的回答当然取决于我们如何理解"合作"。要让人们齐心协力地商议一件事情或做决策,对于 deliberative democracy 可能要求过高了,即使只是提出了程序上的要求。笔者认为,合作最多只是 deliberative democracy 的副产品,而不是其要旨。部分地基于这种考虑,笔者赞成将 deliberative democracy 译为"慎议民主"。本书在引用文献时,涉及 deliberative democracy 时一般译为"慎议民主",特此说明。

② See Gerald Gaus, *The Order of Public Reason: A Theory of Freedom and Morality in a Diverse and Bounded World*, Cambridge University Press, 2011.

的时代,我们可以寻求道德和政治上的秩序,以此对待所有自由而平等的人。他还借鉴了当代博弈论、社会选择理论、实验心理学和进化论等专业领域的工作,阐明一个自由社会是如何寻求道德平衡以及公正国家的。

最后,是新霍布斯主义(Neo-Hobbesianism)进路。譬如,大卫·高希尔(David Gauthier)在《公共理性》一文中对霍布斯式公共理性进行了重构。[①] 最新成果还有埃瑞克·麦克吉雷(Eric McGillivray)的《重构公共理性》和安德鲁·李斯特(Andrew List)的《公共理性与政治共同体》等。

公共理性一方面是所有道德的前向思考(thinking forward)的"由此出发"的起点,另一方面也是所有道德的后向反思(reflection back away)的"到此为止"的终点。每一个参与道德论争或者其他整全性学说竞争的人,都应当以此为共享平台,以对这个平台的尊重和维护为辩论的前提。两个人的分歧可能非常深刻,争论可能非常激烈,共识只是奢望,但这种争论如果有可能达成共识,彼此理解和接受,甚至仅仅是想要使争论本身变得有意义,都必须基于对这个平台的共享。就此而言,公共理性扮演了一种二阶的道德观点,也就是"关于道德观点的道德观点"。两种道德观点之间如果要进行有意义的碰撞,就好比体育竞技的比赛规则,要求人们最低限度内的彼此合作,如相互尊重。当然,一个人可以进一步追问为什么要彼此尊重,可以一直追问下去,但那样就无法建立起使道德争论得以维持和深入的共享平台了。

对于大卫·休谟(David Hume)而言,"公共"与"理性"之间存在不容忽视的张力:他是实践理性的怀疑论者,但不是公共性的怀疑论者。有些东西属于公共的但又不属于理性的,而说它是公共的,乃就其作为社会风俗规范或主体间约定而言,而它们的来源和作用范围都具有公共性特征,毕竟不同于个人习惯或品格。在他看来,社会规范并不是理性建构的产物,既不是个体实践理性的结果,也不是群体"一致同意"的结果,而是社会演化和人际约定的结果。因此,以契约论为代表的公共理由及政治辩护范式,严格来说只存在于哲学家的虚构之中。当然,从另外一个角度来看,他也不认为人是没有理性的,[②]只不过个人道德或者社会规范都不是任何一种意义上的理性建构的结果,准确地说,

① 参见[美]大卫·高希尔:《公共理性》,陈肖生译,载谭安奎编:《公共理性》,浙江大学出版社2011年版,第45~67页。

② 假如个人以及整个群体都是非理性的,那么我们的社会规范是难以想象的。

他怀疑的不是理性而是理性主义,他拒斥的是某种建构主义的理性观念,而不是反对任何一种理性的观念。

对于康德来说,公共理性可以被理解为实践理性的公共运用。但这里的公共运用有不同的含义。一种含义是他在《何为启蒙?》中所讲的"理性的公开运用",这里有特别的含义。另一种则是更为广义的理解,就是围绕公共议题的实践推理,包括道德上的、政治上的、宗教上的甚至是审美领域中的问题都可以在不同意义上被视为"公共议题"。与后来的罗尔斯不同之处在于,作为一个体系哲学家的康德并没有刻意区分公共理性的道德运用与政治运用,而是将政治问题放到实践哲学(以道德哲学为主体)中进行一揽子化处理。

公共理性还可以被视为对公共理由的一种抽象,也就是在道德和政治上提供公共理由的一种性质或能力,它表现为公共推理或公共辩护。公共的实践推理和公共辩护具有多样化的形式,即便就"公共"和"辩护"而言,对二者也有不同的理解,对所有具体形态的理性性质和理性动力的抽象,被称作公共理性。

作为一种实践理性的公共理性有两个层面的解释,即道德层面与政治层面。道德上的公共理性,可被理解成为公共的实践理性,与一般的实践理性的区别在于,它强调道德推理上的公共色彩,以及对单纯一己之私的超越,站在自己(这个人)与他者(每个人)相互协调的立场上,基于主体间性和相互性关系的、为人类行为提供理由辩护的实践理性能力。

道德上的公共理由是多元的,每一种公共理性原则上都具有大致对等的合情理性(reasonableness)标准,甚至每一种理性主义的道德哲学都可能有一个与之相应的公共理性观念在背后作为支撑。即便所有人都站在共享的和主体间的理性立场,人们仍然可能就许多问题提出截然不同甚至正好相反的诸种观点。相反的观点并不总是因为愚昧无知、偏狭私心或受到蒙蔽而被提出来。正如托马斯·内格尔(Thomas Nagel)所言,一种合情理性可以被视为对另一种合情理性的合乎情理的拒绝。[①] 站在讲道理的人的角度看,难以想象只有一种正确的道德规范的存在。美德伦理学的道德标准、义务论的道德标准和功利主义的道德标准,各有各的长处和特点,很难说其中一种标准是绝对正确而其他的标准都是毫无道理的。再以平等观念为例,尽管很少有人抽象地反对一切形式

① See Thomas Nagel, *Equality and Partiality*, Oxford University Press, 1991, p. 172.

的平等,但人们的确对于平等的实际理解差别甚大,判断平等与否的标准不同,对标准的理解也不尽相同。在与平等相关的所有问题上都达成一致同意,愿望虽然美好,但是很不现实。在应用伦理学领域也有大量类似的案例,比如在支持堕胎与反对堕胎这两派观点之间,论争的展开和深入,中立地说应该是各有各的道理,并不是一看上去就能立马判断哪个是真理、哪个是谬误。鉴于其复数形态的存在,公共理性不是一个解决道德分歧(moral disagreement)的简便方式。相对来说,公共理性在政治哲学上的用武之地要更多。

当然,人们即便难以就如何才是"有道德的"达成一致同意,但这种分歧本身如果要有意义,那么分歧的人们之间仍然存在某些自觉或不自觉的哪怕是最低限度的"共识"。比如,彼此都要求对方是一个多多少少讲道理的、值得尊重的对手。彼此胡搅蛮缠、恶语相向甚至一言不合就大打出手的两个人之间的分歧,与彼此相互尊重、自我克制和据理力争的两个人之间的分歧,仍然有着重要的区别。前者严格来说并不是在争论,而是"泼妇骂架"或"逞强斗狠",对他们来说,其实还有比言辞纷争更有效的打击对手的手段,比如让其闭嘴或直接消灭肉体。虽然日常生活中的许多论争可能在不同程度上同时包含了这两种因素,但在概念上作出这种区分仍然是非常必要的。在争论当中,人们如果未能做到以理服人或达成共识,那么至少还可以退而求其次,通过彼此尊重地交换看法和碰撞观点,从而过上一种讲道理的、有意义的生活。

罗尔斯的政治自由主义要做的工作之一,就是试图将这样一种有意义的论争的正当性奠基于政治哲学而非伦理学上。在政治自由主义的平台上,人们可以围绕诸多道德伦理问题进行论争,但就为什么别人有权利与你论争,以及为什么争论各方都必须保持最起码的相互尊重、哪怕是最低限度地诉诸理由和自我克制,诸如此类的问题不应再发生进一步的论争。

从政治上看,公共理性是一个更为狭义的概念。政治上的公共理由、公共推理和公共辩护,可以被理解为在某种特定的政治体制——在罗尔斯那里特指现代民主国家——之下,某些人(主体)就某些议题(对象)提出某些观点(内容)的辩护,其理由和推理也是为辩护服务的。首先体现为它的对象限于公共政治领域,在罗尔斯那里则是政治性的正义观念领域;其次它的内容同样限于公共政治领域,在罗尔斯那里则是宪法要旨(constitutional essentials)和基本正义原则(principles of essential justice);最后但同样重要的一点是,公共政治辩护的主体也具有相当强的规范性特点。公共政治理性的“道德中立”特征正是罗尔斯的一个重要原创点,也是其公共理性理论的魅力之处。罗尔斯不再从纯粹的道德视角切入对公共理性的讨论,不能说政治辩护与道德绝对无关,而是说至少就他所声称的而言,不再以特定的道德观点作为公共理性的理论基础,公共理性的作用领域也不在道德领域,它与道德的相关性也是通过政治而连接起来的,这一点与近代的康德和当代的托马斯·内格尔等人一上来就不对公共理性(公共理由)的道德与政治语境作出区分,或者试图将政治问题涵盖在道德问题之内,有着明显的不同。当然,罗尔斯为此给出的论证是否充分有力,无论是政治自由主义还是别的什么政治哲学是否真能做到道德中立,则是另一个话题了,至少他的初衷是这样的。

乔纳森·沃尔夫指出,政治哲学只回答两个问题:谁得到了什么?谁说了算?[①] 第一个问题涉及财产、自由等“基本善”(primary goods)的分配,第二个问题涉及权力。这两个问题并非相互独立:一方面,决定谁能得到什么的正是那些说了算的人;另一方面,那些说了算的人常常是那些得到了更多的人。当然,这不等于说掌握权力的那些人在分配过程中一定会偏袒自己或“自己人”,而是说他们有能力决定应当将什么分配给谁。如果这两个问题能够大致涵盖政治哲学的主要关切,那么我们说权力乃政治哲学的核心概念也不算太离谱。权力未必总是合法的。那些对我拥有合法权力的人,有权力强迫我做某些事情。权力与权利并非了无干系,因为法律并不是中立的第三方,那些掌握权力的人常常会想方设法使自己的权力合法化。

沃尔夫认为,政治哲学的一个任务是在自治与政治权威之间寻求一个正确的平衡。换言之,寻求政治权力的合理分配,随之就会出现一个正确性和合理性(rationality)的标准问题,显然这是一个规范性问题。因此,他认为,从事描述研究的是那些政治科学家、社会学家和历史学家的事情,而政治哲学家所做的事是确立道德上正确的或正义的规范,因而是一种规范研究。可是问题在于,他似乎假设了一个容许政治权威真空的“自治”领域的存在,以及容许权力真空的分配领域的存在。然而,对此有两个不同的观点,即仅当存在某种形式的政

① 参见[英]乔纳森·沃尔夫:《政治哲学导论》,王涛、赵荣华、陈任博译,吉林出版集团有限责任公司2009年版,第4页。

治权威时,自治才可能存在,以及分配的过程不可能先于权力的产生。自治不是一种出自本能的自然现象,分配也不是大自然的偶然恩赐,本能和运气因素的存在不足以将权力因素从自治和分配领域中抽离出去。这是一种政治道德主义观点。难怪有人宣称,政治哲学乃道德哲学的一个分支。与这种政治的道德主义相区别的几种进路分别是(亚里士多德式的)政治理性主义、(威廉姆斯式的)政治现实主义和(奥克肖特式的)政治保守主义。这几种进路的区分不在于它们是否主张应当遵循某些政治的实践原则,而在于它们对"政治"和"实践原则"的理解不同。

二、公共理性:理性与公共性

"公共"二字标识了公共理性的一些重要特征,对"公共"的不同理解,形成了公共政治哲学的不同流派。本书关注的是西方自由主义传统的公共政治哲学,重点围绕罗尔斯的政治自由主义来展开。

公共理性关乎道德或政治规则的可辩护性或可接受性,尤其是那些从规则的适用主体亦即它们所运用的对象(在政治上即指被统治者)角度来看是可辩护的或可合情理地接受的(justifiable or reasonably acceptable),而不是从规则的制定者角度来看是可辩护的或可接受的情形。这里的可辩护性或正当性必须获得公共性的证明,为此像康德这样的哲学家诉诸了理性之公共运用的可普遍化原则,罗尔斯则诉诸互惠性原则,而这里的可接受性是基于一种非直觉的、反思性的可接受性。当然,在某些情况下,规则的制定者与规则的适用主体是同样的一群人。由于规则本身对于行为而言都具有特定的规范性和强制性,所以公共理性同时也关乎强制性的正当性证明。

不同版本的公共理性对于规则的界定有所不同。比如,康德式公共理性从更为一般的角度关注理性的公共运用问题,并不刻意区分道德规则和政治规则。与之相反,罗尔斯式公共理性从政治自由主义角度,特别地将公共理性所关注的范围倾向于政治规则而非道德规则。因为在罗尔斯看来,不同的道德规则系统可能分属于不同的"背景文化",它们之间存在长久而深刻的分歧,政治自由主义并不刻意去为任何一种道德规则系统提供辩护,而是为种种道德规则系统作为理性的、合情理的但同时又彼此冲突的整全性学说能够"和平共处"提供一个公共论辩的理性基础。当然,罗尔斯式的公共论坛并不限于——甚至并不主要针对——道德问题,因为公共议题包括更典型的法律、政策等问题。

公共理性不仅是道德规则可被置于公共论坛而得到正当性或可接受性证明的一个标准,同时还是个人行为的正当性或可接受性证明的一个标准。这里的"行为"乃是运用规则的行为;进一步地,我们能够将规则强制性地运用于某些人,仅当我们真诚地相信自己能够站在那些人立场上为这些规则的正当性或可接受性提供公共的辩护时。不难想象,经得起这种严格检验的规则并不太多,因为我们经常遇到的情况是,人们信奉不同的规则或观点,而他们彼此都不能说服对方,同时他们又都各有道理。换言之,这些互相冲突的完备性学说都可以是理性的并且是合情理的。

公共理性在某种意义上仍然是一种理想化设置。比如,它的适用主体是一个理想化的概念,即特指那些理性的或者合情理的人们。换言之,公共理性的适用主体必须同时具备两个理性身份:一是合理性,二是合情理性。而公共理性这个概念本身意味着规则和行为必须经受两个方面的辩护:一是公共性辩护,二是理性辩护。我们先来看公共性辩护。首先,这里的公共性不是私人性(privacy)或主体性的辩护,即针对某个主体而言所能得到的辩护,比如某个人在主观上的同意(consent);其次,它也不是客观的辩护,客观的辩护以追求真理(truth)为目标,但公共理性并不以此为目标;最后,它也并非单纯是一种主体间性的辩护,即某个共同体内部的一种主体间性的同意。公共理性的确要求主体之间必须共享某些重要的原则,但这些原则并非站在该共同体内部来寻求辩护,换言之,公共理性并不以一个共同体内部诸多主体之间的一致同意为目标,而是站在这个共同体之外,从一个政治上被考虑的最小单位即国家层面来为这些原则的正当性和可接受性提供辩护。所以,这里的"公共性"既不可混同于"客观性"或"正确性",也不可混同于"主体间性"或"一致同意"。公共理性既不寻求单纯主体间的同意,也不寻求单纯客观上的正确。对于合乎情理的多元论背景下的民主社会而言,并没有或并不要求其在客观上为真的政治正义原则。

若要问,政治的界限在哪里?备选答案有:其一,政治以国家(或古希腊城邦)为限,凡不属于国家事务即非政治事务。亚里士多德的政治概念大致属于此类。其二,政治并不限于国家事务,因为政治可以无处不在。当然,这并不意味着,国家及国家间事务不可以作为最激烈、最极端也就是最典型的政治事务。

其三,政治是公共性事务,与"公共性"密切相关。"公私分明"的传统在西方可谓源远流长。古希腊罗马对人类的一个重要贡献,就是将公共领域与私人领域划分开来,为公共政治生活腾出地盘,这意味着将纯粹私人事务排除在了政治范围之外。[①] 进一步从言说层面讲,正如我们在罗尔斯那里看到的,人们关于政治问题的私人闲聊亦不属于政治领域。

对此,也有一些并不那么简单明了的回答。比如说,政治并不限于国家事务,而是落脚于公共事务。但这里的"公共"一词的范围要比罗尔斯式的公共性范围广。无论如何,公共性对于政治来说是必不可少的,关键在于如何理解公共性,以及它与私人性的区分在何处。公共性并不以国家为限,一个社群、一个组织、一个阶级、一个种族甚至一种性别(在有性别歧视和性别压迫的社会里)都有自己的政治。换言之,两"类"人群之间就可能有政治问题出现。这意味着,我们没有可依据的非常明确的标准在公共性与私人性之间划一个界限,因为这里的"类"可能涉及一些原本的私人问题。两类人之间,由于观念差异、资源紧张产生冲突或可能产生冲突时,政治就出场了。

政治不能将个人事务完全排除在外。因为个人事务并不等于私人事务。这有两个方面原因:其一,亚里士多德将人说成政治动物。对此有两个理解,一是认为这是在说人这个"物种"作为整体而言是政治动物,二是认为这是在说每个人作为个体原则上都是政治动物:他或她总是生活在特定的政治背景中,政治总是与他或她休戚相关。其二,个人事务在某种意义上也可能是政治事务,这不仅表现在个人作为某个阶级、某个组织、某个党派的成员时,也表现在个人作为某种"观念"或"意识形态"的信奉者时。当分属不同阶级的两个人因为利益关系而形成政治关系时,分属两种不同观念(如道德观念)或为人处世立场的人,同样可能形成某种政治关系。

三、"宽"与"窄"公共理性观念

我们在卢梭式的公共理性中还能发现一些显见的二元论踪迹,比如自然倾向与公共理性的对立,这其实也是一种公—私对立,它们分别有严格的适用范围,不能入侵对方的领地。就人是一种理性动物而言,我们同样可以说自然倾

---

① 参见任剑涛:《公共的政治哲学》,商务印书馆2016年版,第9页。

向也是一种实践理性形态，但卢梭对这种理性形态的运用进行了严格的限制：它只能被运用于一个人的私事，比如一个家庭的父亲运用这种理性对待自己的儿女。家庭事务在卢梭那里属于私事。唯一能够代表公共理性的是法律，在法律面前，个人良心要彻底让位于公共意志。

霍布斯式的公共理性是一个人——作为主权者的绝对君主——的理性，但在卢梭看来，任何个体的理性都无法代表和代替公共理性，公共理性必须是抽象的规则体系以及确保这些规则得以实施的强制力量，这种强制的来源不是任何的个体，而只能是一个共同体的契约。

然而，罗尔斯式公共理性与卢梭式公共理性的一个区别在于，前者否认存在一种严格意义上的公—私对立状态，取而代之的是严格限制于政治领域的公共理性与没有这种限制的整全性学说之间的对立状态。罗尔斯式公共理性的非整全性特征乃是这种区别的根源所在。在他那里，一种基于道德考虑的法律规范最终被另一种基于政治考虑的法律规范所取代。由于政治领域的范围比一般意义上的人类活动领域或广义的实践领域的范围要小得多——严格来说还要进一步限制于宪法要旨和基本正义问题上，罗尔斯式的非公共理性的适用范围反而要比卢梭式自然倾向的适用范围更加广泛，它不仅包括私人事务和家庭事务，还包括非公共政治领域的其他事务，比如文化事务和私人的政治讨论。显然，这种公共理性模型更加贴近于有理的多元民主社会的基本政治特征。

这里我们讨论公共理性理论的强版本与它的弱版本，二者中何者能得到较好的辩护。以罗尔斯式公共理性为例，强版本并不仅仅满足于公共理性所扮演的程序性角色，它甚至进一步主张，如果没有一些实质性规范或价值作为基础，程序性公共理性难以得到辩护。在罗尔斯看来，公共理性作为“公共的”理性，至少在三个方面是公共的：第一，就价值目标而言，它关注的是公共善或非个体之善或团体之善——在罗尔斯那里，公共的与团体的之间有显著区分；第二，它作为一种理性形态，在性质上和内容上也必须是公共的，它提出的规范性要求是由政治正义观念所表达的理想和原则规定的；第三，它构成了一个自由主义的正当性标准。据此，要将罗尔斯式的公共理性与他的政治自由主义割裂开来是不可能的，甚至要将它与罗尔斯较早时期的正义论割裂开来也是很困难的。

弱版本的公共理性更符合理性在公共领域中的程序性要求，它关注“理性的公共运用如何可能"这一问题,亦即"理性的政治如何可能"的问题。弱版本的公共理性没有莱布尼茨(Leibniz)的"普遍逻辑"情结,不再强调存在一种作为解决所有道德—政治争议的"公共逻辑"。争议的解决没有对应的充分条件,但仍然存在某些必要条件,比如说,争议的解决应该以某种方式诉诸公共论辩、公共慎议(public deliberation)而不是诉诸私人慎思(private deliberation),也不是诉诸强制或者暴力。

这种弱的公共理性既不主张将所有合情理的整全性学说都还原成公共理性,也不认为任何一种整全性学说有资格担负这种还原论角色。诸多的整全性学说之间不可通约是正常的、根本的和长久的。

然而,弱的公共理性作为程序理性并不保证能得出何种论辩的结论。因此,我们仍然需要一种康德式的公共理性。它从纯粹实践理性的要求角度对理性之公共运用作出了一些最低限度的要求。比如,理性的运用应当是自由的运用;理性的运用应当以理性人在政治地位上的平等为前提;人与人在理性能力的强弱大小等方面不可能没有丝毫差异,但不管这种差异有多大,人们在运用自己理性能力的权利上是平等的。康德的可普遍性原则和罗尔斯的互惠性原则在这里可以起一种很重要的基石作用。

一种弱的公共理性不应当是整体主义的,因为它不是道德—政治理性的全部,更不会是人类理性的全部。公共理性在政治领域中扮演一种搭建公共论辩平台的中立性角色,它并不特别偏爱任何一个在这个平台上得到伸张、获得辩护或遭到批评的观点。公共理性并不具有侵略性和殖民意识,它并不试图将公共理性的边界拓展至非公共领域,而是守住公共理性的边界不让非公共理性侵入。

无论罗尔斯的强公共理性方案是否能够得到令人满意的辩护,他对于道德与政治的划分都应当被视为他对当代政治哲学的一大贡献。即便是弱的公共理性也必须基于这样一个划分。在这里,我们将公共理性理解为一个政治哲学的概念而非广义的实践哲学(它包括政治哲学、道德哲学等)概念。道德争议需要一个政治制度的平台,而不是政治安排需要一个道德上的平台。政治为人类理性的运用划定了最后的界限。政治的界限是行动的界限。两个人可以围绕任何道德问题争论得不可开交,但他们必须共享某些作为前提的"政治共识",这种道德争议才能得以继续下去。比如说,他们都必须承认,在争论过程中不允许任何一方使用暴力或以暴力相威胁。它使人们在很可能无法取得道德共识的情况下仍然能够维持一个大致和平、稳定的局面。当然,人们在政治上也可能存在深刻的分歧乃至严重的冲突,但如果这种政治要成为一种理性的政治,那么在拼得你死我活的两派或多派势力之间仍然必须共享某些“原则”。就像我们在当今美国政治中所看到的,无论共和党与民主党之间的政治分歧有多么严重,任何一方都不能通过诉诸血腥暴力来解决这种冲突。我们将这种原则以及它的理性基础称为公共理性。我们将这种最低限度的要求一方面视为彼此基于互惠性的要求,另一方面视为任何一方基于自主性的要求。

宽版本的公共理性一般都假定了符合特定的道德理想的公民。比如在卢梭那里,公民代表了一种理想人格,他在就公共政治事务表达看法时总是本着秉持公义的原则。但对于罗尔斯式的窄版本而言,公共理性是严格意义上的政治哲学理念,公民的公共理性能力只不过是一种哲学建构的产物,并不需要假定某种道德理想的存在。道德外在于公共理性,前者无须依赖于后者而得到奠基。

我们从康德那里可以看到公共理性从宽版本到窄版本的过渡。道德并不由理性的公开运用来奠基,而是由绝对律令和自主性来奠基。这些绝对律令所扮演的角色是一种仁慈主义的观点,而我们在《法权论》和《论永久和平》中看到的康德式公共理性,乃一种正义主义(包括国内和国际正义)的观点。这表明康德所说的理性的公共运用通常只限于国内及国际政治领域,人类的道德生活并不依赖它。

从一种宽版本的公共理性角度看,罗尔斯式的窄版本对公共政治论坛施加了太多的、太强的、没有必要的限制,从而压制了公共领域中的政治慎议的民主活力,以哈贝马斯为代表的慎议民主论者大多持此观点。实际上,我们也将此视为罗尔斯与哈贝马斯的主要分歧之一。宽版本的公共理性存在许多种“子版本”。高希尔不愿意将公共理性的抱负局限于公共政治论坛,而是试图将之拓展到所有规范性的实践要求领域,将之当作这种探讨的一个基础性概念。

四、公共理性:实质理性和程序理性

公共理性包括实质性和程序性两个方面。其实质性方面指向这样一个问题,即统治者或主权者(民主社会中的国家)政治权力的强制性使用如何被证明

是正当的,或者对于被统治者(民主社会中的公民)来说是可同意的或可接受的;其程序性方面指向这样一个问题,即公共论辩是如何可能的,比如公民们如何可能在每个人都视之为政治正义观念的框架内展开他们的自由讨论。譬如,拿卢梭式的"公意"或罗尔斯式的"重叠共识"(overlapping consensus)概念来说,实质性公共理性关注"公意"或"重叠共识"的具体内容是什么,而程序性公共理性关注它们是如何形成的,当然,这两方面并非毫无关联,只是有所侧重。

公共理性的这两个方面仿佛折射了理想与现实之间的关系。从理想角度看,公民同侪之间所达成的"一致同意"应当包括哪些内容,这是公共理性的关注重点,而从现实角度看,在一个多元化的现实社会中如何能够达成这样一些"共识",也是公共理性的题中之义。一方面,我们不能完全迁就也许是很糟糕的现实状态;另一方面,我们又不能完全沉湎于理想的彼岸而罔顾现实状态,公共理性提供了基于现实状态追求理想彼岸的一条可靠路径。实际上,我们从罗尔斯的前后期工作中可以看到这种从"理想"到"现实"、从"实质"到"程序"的变化,前期他在《正义论》中告诉我们,一个理想的社会(正义社会)应当是什么样子,后期又在《政治自由主义》中提醒人们,要在一个多元化的现实社会中就"宪法要旨和基本正义问题"达成一致,应当在程序上具备哪些条件。这两种工作都很重要,但相对而言,相对于实质性正义原则的构造,对程序性的公共理性的讨论确实是一项更加基础的任务。

自由而平等的公民分享着政治权利,作为理性的且合乎情理的公民,他们同时还必须履行诉求于公共理性的公民义务。

公共理性仅仅是程序性的吗?对此问题的直觉性回答为:不是,因为还存在实质理性、目的理性和价值理性,它们当然不能算是程序性的、工具性的或形式上的。可是对公共理性的思考揭示出,公共理性实际上悬置了实质理性。我们当然可以举出很多实质理性模型的例子,罗尔斯所说的整全性学说就是如此。但问题在于,世上并不必然只有一种最正确的或唯一正确的整全性学说,实际上我们处于一个价值多元的社会中。两个及两个以上的整全性学说之间的冲突是难免的,甚至在这些整全性学说的运用层面,即人们运用理性来兑现这些整全性学说时,它们还可能自相矛盾。一个理性的人可能与自己冲突,一个整全性学说也是如此。

也许有人认为,公共理性只是诸理性或推理模型之一,公共理性仅是程序性的,或者它尽管在一阶层面上是实质性的,但它在二阶层面上仍然是关于价值理性的工具理性,这并不意味着其他的理性或推理模式仅是程序性的。这里的分歧在于“理性”与“公共”之关系。按照维特根斯坦式和罗尔斯式的观点,并不存在所谓的私人理性,所以“理性”几乎就必然意味着是“公共理性”,因此“公共”的修饰语在实质上是冗余的。更为深刻的分歧在于,不同人对何谓“公共”的理解是不尽一致的。

再回到“理性”上来。我们结合如下问题来讨论,即一个实际生活中的理性主义者是不是一个悲观主义者或保守主义者?悲观主义者的信条是“做好最坏的打算”,而相对而言的乐观主义者的信条是“争取最好的可能”。这两个信条经常出现在一个人的处世哲学中,但实际上它们经常是相互冲突的:在实际操作中如果采取“做好最坏的打算”的策略,就常常(尽管并非必然)意味着主动放弃了“争取最好的可能”的机会,反之亦然。在这种两难困境中,一个理性主义者可以扬长补短,吸纳这两种策略的长处同时借助一方来弥补另一方的短处,以便最终实现对困境的化解,即两者的兼容。这种理性主义策略容易让人联想起某种“中庸之道”。通过充分掌握相关信息、充分研究当下种种有利及不利条件并进行充分的理性分析(如对诸种可能性出现的概率分析),我们可以最大限度地理性行事,这就是所谓的“谋事在人”。但这一系列的理性分析实际上只是程序层面的,因为程序的尽可能完美并不必然导致同等程度或相似程度的结果的完美性。原因在于,在实际情况下,人类不可预见、不可控制、不确定性的因素始终是难以避免的,它是偶然性和运气的核心特征,这构成了我们所说的“成事在天”。

悲观主义者和保守主义者如果并不是理性主义者,那么他们就会成为某种程度上的“后果主义”者,即他们运用了“价值理性”,对事物的结果作出某种悲观或者乐观的预期。而如果他们都是理性主义者,那么,他们之间的实际分歧就会随着其理性程度的增强而减弱,在理想情况下就是完全消失,这样他们就失去了原先的悲观主义或乐观主义的身份,取得了理性主义者的新身份。专注于“谋事在人”的理性主义者,他们当然可以有自己的价值目标,因此似乎发挥了其价值理性的功能,但他们的主要任务并不在于制定什么样的目标,而是如何实现这些目标。这里的问题不在于目标是否重要,而在于目标是否清晰,它在极大程度上依赖于程序理性的塑造。而且对目标的反思如果不依赖于程序理性,那么这种目标并不是理性目标,因为它已经不容反思,不再有讨价还价的余地。在诸种有分歧并常常对立的目标之间,出现最多的不是大家心平气和的讨论、有理有据的争论,而是非理性的攻击,甚至出现霍布斯式的"自然状态"。

由于公共理性并不对理性的实质内容(如正义法则的具体条款)进行过多的研判,而是对理性的研判之可能性进行探讨,这意味着它所追求的是理性的最低要求。它并不意在探寻一种或若干种确定的实践理性学说,即罗尔斯所说的在道德、宗教等领域的整全性学说,而是探寻一些可能性条件,仅当这些条件具备了,在理论上极可能出现并且现实中已成多元化常态的诸种不同甚至相冲突的整全性学说之间进行论辩才成为可能。对于霍布斯式的个体理性之分歧来说也是如此,没有这种公共理性,成为常态的除了永无穷尽的多元化个体理性,还有永无宁日的战争状态。

公共理性的程序性体现在实践理性中,它对理论理性保持中立。除去价值理性的多元化的整全性特征以及理论理性维度,公共理性被限制在一个较为狭窄的范围之内。罗尔斯说,它大致包括生活常识、科学定律以及与公共理性关系最为密切的公共政治文化这三个方面。公共政治文化进一步大致包括三个方面:自由、平等和包容。对于理论理性中的价值论部分即"真理"和"知识"层面,以及实践理性中的价值论部分即诸种霍布斯式的个体理性及罗尔斯式的整全性学说层面而言,自由、平等和包容是远远不够的,真理和价值最多只愿意承认这三者的最低要求,即将之视为必要非充分条件,没有它们是不行的,但有了它们也是远远不够的。罗尔斯和经过大卫·高希尔改造过的霍布斯式的公共理性要达到的目标,正是这样最低限度的理性要求。这对于真理和价值是低要求,同时又是最低的要求。真理和价值的直观性反思并不自然而然地导致这种要求的出现——当然这是霍布斯与罗尔斯的分歧所在。

公共理性是一种"形式政治哲学",它并不确保如罗尔斯的"作为公平的正义"的正义论优先于其他类型的正义理论的正确性,而只是确保如果有任何一种不同于、冲突于或者自诩高明于罗尔斯正义论的其他正义论出现,它将会为其提供一个合适的并且更重要的被各方的公共理性所认可的论辩场合。公共理性的出场并不取决于任何一个单个人的个体理性(在此不要将霍布斯式的"利维坦"想象成一个单独的人类个体),甚至也不取决于多个人以至全体人类个体的个体理性,而是取决于理性自身。理性并不必须依赖于主体性,也不必然取决于主体间性,它在某种意义上是客观、自足的。公共理性并没有主体及人数(数量)限制,只有理性内部的限制——这是康德式观点。因此,这里的"被各方的公共理性所认可"并不需要一种民意调查或者统计学上的辩护途径——这也许是康德与罗尔斯的分歧所在。

还有一个有趣的问题是,除了罗尔斯所说的自由、平等和包容,政治哲学还有其他事情可做吗?也许有人会指出,即便达成了这三点,也未能触及政治哲学的实质问题。比如,在自由主义与社群主义之间,进而在罗尔斯式的"平等自由主义"与诺奇克式的"放任自由主义"之间,这些相互冲突的实质理论孰是孰非,公共理性居然对之保持中立。罗尔斯是否注意到了,当自由、平等和包容之间相互冲突时,各方如何达成"重叠共识",公共理性又如何可能?这是否意味着,无论多么形式化的政治哲学,也无法避免实质问题?而如果罗尔斯试图在自由、平等和包容之间作出任何一种排序,这本身是否预设了某些他原本想"悬置"起来的整全性学说?

从一种霍布斯式的、康德式的甚至是哈贝马斯式的观点看,罗尔斯似乎"矮化"了公共理性,主动将公共理性原有的实质性地盘拱手让给那些罗尔斯式的整全性学说。也许在罗尔斯看来,在现代价值多元化民主社会,这种"矮化"既是迫不得已的,也是必要的。如果将罗尔斯式的政治自由主义或者公共理性视为对当代美国政治现状的一种"辩护",就可以理解了。甚至可以从中发现一些实用主义的哲学精神。典型的公共理性是美国最高法院的理性,罗尔斯如是说。在形式上这没有问题,但即便如此,美国最高法院又如何处理自由、平等和包容这三者的内部关系呢?这不仅是一个政治哲学理论问题,也是一个政治活动的实践问题。但无论如何,美国社会基本满足了罗尔斯式的公共理性条件,即为一个多元化民主社会进行辩护。无论多种道德、宗教和整全性学说之间孰是孰非,公共理性或美国最高法院为它们提供一个可公开辩护的舞台,并且制定一些原则上理应得到各方认可和遵守的"议事规则",这些规则是中立的。这也许意味着人们的理性论辩(无论论辩结果胜负如何)需要一个最为基本的政治哲学框架,即政治自由主义。而罗尔斯所能做的是,让参加论辩的各方都认可这样一个框架,并且确保这个框架本身不至于成为论辩或争论的对象。问题在于,这如何可能?

公共理性何以可能？公共理性的一个麻烦是，在不诉诸任何整全性学说的前提下，也就是在不寻求关于公共善的唯一真理的前提下，如何寻求一种合理的慎议框架？并非基于道德分歧任何一方立场的公共善，而是与各方兼容并为之提供有意义的可能性、稳定性的平台，这是公共理性的公共善概念。在政治理论上表达了不同意，不能妨碍寻找培养尊重道德差异的方式，不能妨碍在实践中探求某些经济性和重叠共识的方式，这需要有公共理性和实践智慧（practical wisdom）。

第二节 公共理性的适用范围

一、休谟对社会与国家的区分：人性政治论

休谟对公共理性的怀疑论观点，可以视为他的实践理性怀疑论在政治领域的一个投射。对休谟来说，社会契约并不需要公共理性的支撑，如果分工、合作和互助符合人性，那么社会就必须建立起来。凭借合作，我们的能力得到了提高；凭借分工，我们的才能得到增长；凭借互助，我们就较少遭到意外和偶然事件的袭击。社会就借着这种附加的力量、能力和安全，才有利于人类发展。①

在休谟看来，社会契约的产生与政府的"发明"是两码事。从演化上看，个人（家庭）在社会之前，社会在国家之前。他提醒人们从积极方面看待社会对人类所起的作用，有了社会，人类更有机会活下去，还能活得更好。但政府的出现则应当从消极方面看，如果不是人性固有的那种"舍远求近"的短视和"搭便车"的心理在作怪，那么一个没有政府的社会亦可是正义的。社会上存在的"搭便车"现象，从积极方面给人们展示了那样做的好处，从消极方面也让人感觉到，如果不那样做会显得太"愚蠢"。但这样一来，原本稳定的社会就会迅速走向崩溃，因此，政府的出现对于维持社会的统一和稳定是必要的。当然，政府的出现还有另外一个考虑，就是团结一个社会内部的成员来抵御外敌，"他者"的

① 参见［英］休谟：《人性论》，关文运译，商务印书馆1980年版，第485页。

出场意味着政府的必要性。

然而,这两种必要性未必能被人们意识到。仅当人们处于某种平等的“自然状态”下时,才能谈得上订立一个社会契约。我们从霍布斯和洛克的自然状态和罗尔斯的“原初状态”中可以看到这一点,尽管它们在细节上差别甚大。卢梭的自然状态也是平等状态,或者更准确地说,他的自然状态无所谓平等不平等,因为这些政治上的概念不太适合用来评价自然状态。无论如何,真正的公民社会建立之前的社会状态是不平等的。据此,在卢梭那里,平等不再是社会契约的理论前提,而是社会契约的结果。可是,如果没有平等在先,社会成员如何能够订立一个旨在追求平等自由的社会契约?而如果平等在先,那不正好说明某种意义上的社会契约已经订立好了?为了避免这种循环论证,卢梭最终诉诸公意的概念。当然这是一个极高的道德要求,让社会契约既不落实到历史事件,也不像康德那样寄希望于人类普遍的理性,这里有一点浪漫主义的味道。

卢梭没有区分社会契约与政治契约,因为他没有区分社会和国家这两个不同层面。一个人与他人订立契约的过程,同时也是一个人与他的国家(政府)订立契约的过程,而且这份契约的内容也是相近的。当然,卢梭很高明地看到了道德与政治的密切相关性。政府的出现的确旨在维持一个社会的基本道德面貌。除此之外,政府还有更加宏大的追求,比如团结所有社会成员一致应对外敌,比如国家作为一个实体,就像一个人那样,有它自己的目的和追求。

休谟比较严格地区分了社会和政治两个层面。政府对社会和个人都有不同的限制,反过来,社会有其自身的独立性,个人作为公民也对政府有所限制。政府的权力是强制性的,与社会舆论对一个人的柔性约束相比,它更加具有刚性,但这种权力并非不受约束,公民服从政府是有条件的。公民在原则上终归必须服从政府,并不意味着他们必须服从某个特定的政府。当然,如果政府与公民的实力悬殊太大,那么公民的容忍底线就会非常的低,直到他们意识到反抗一个政府比忍受它或许还能更有活路时为止。这种思路显然不是卢梭式的,倒是与霍布斯有点相近。在霍布斯和休谟看来,政府至少起初是依赖暴力或以暴力相威胁建立起来的。政府并不是民主而平等地代表全体臣民的利益,而是首先着眼于其自身或曰“统治阶级”的利益。对于休谟来说,人们选择服从一个政府,并非像霍布斯那样全然出于个体理性的考虑,而是在很大程度上依赖于心理惯性,也就是习惯。

在社会由于人们舍远求近的本性和"搭便车"心理而处于崩溃的边缘时,为什么政府会挺身而出主持公道呢?当然不是因为政府特别的高尚,而是出于其自身利益的考虑。休谟指出,在人们为了眼前利益而罔顾长远利益时,政府会毅然站出来,利用其手中的暴力工具来维持一个社会的基本统一和稳定,因为老百姓的长远利益恰恰是政府的眼前利益。因此,政府并没有比民众更为高尚,它的一切作为都只不过是出于普遍的人性。但无论如何,政府在客观上起到了维持社会大致统一和稳定的作用。一个社会的崩溃危及民众的长远利益,同时危及政府的眼前利益。将一个社会通过其自身演化而逐渐形成的那一套契约体系维持下来,是每个政府都愿意做的事情。无论一个政府多么强大,它都不会去冒险彻底摧毁这种契约体系,而是试图在其政治体制中迎合它。对于政府来说,它要打碎和重建的是前任政府的那些制度或政策,而不是那些一以贯之的社会契约。契约当然不是死的,也会随着政治制度和社会方方面面的变化而改变,但它仍然有其自身的规律可循。这就是社会相对于政治而言的独特之处。

考虑到其多义性,这里的国家概念应当从狭义政治角度来理解,指其为"唯一合法暴力机器",政府的概念也是在此意义上使用的。按照埃德蒙·柏克(Edmund Burke)的说法,"国家不仅仅是一个关于地方幅员和个人瞬时集合的概念,而是一个跨越了时间、数字和空间的持续性概念……它由特殊的环境、机遇、性情、素质,以及人民的道德、礼仪和社会风俗而造就,这些只有在较长的时间内才会显示出来"①。这里特别提到了社会风俗,实际上是在社会学意义上理解国家概念。由此角度看,国家与社会概念之差异就没那么明显了。

二、公共理性的三个向度

公共理性所涉及的主要问题,经常被简要地概括为:公民究竟应该如何就公共政治议题进行推理和论辩?进一步,我们将此问题拓展为:什么样的公民应该就什么样的公共政治议题进行什么样的推理和论辩?因此,这里涉及三个具有规范性质的子问题:首先,公民应当是什么样的?对此,哲学家提出了关于

---

① Russell Kirk, *Edmund Burke: A Genius Reconsidered*, Arlington House, 1967, p. 99.

公民能力和公民资格(citizenship)[①]的理论。其次,公民讨论的议题是什么样的?对此,不同的哲学家划出了不同的讨论范围,比如罗尔斯将议题范围限定在"宪法要旨和基本正义问题"方面,这个范围要比其他哲学家所划定的范围狭窄得多。最后,如何进行推理和论辩,它应当坚持哪些原则?许多哲学家倾向于将公共推理与慎议民主联系起来。

当然,这个简要的问题背后还隐藏着其他一系列问题。首先,为了使公民讨论政治议题成为可能并且必要,必须在事实层面上假定国家的存在。进一步,为了使这里的国家能够满足公共理性对公民就公共政治议题展开讨论所提出的规范性要求,公共理性还必须对国家"应当如何"在规范性层面上提出要求。此问题涉及如何运用公共理性为国家的合法性提供辩护,也就是"公共辩护"的问题,还涉及国家权力的适用是否应当设定界限,以及应当如何设定界限的问题,因此,除了证成国家,公共理性还必须考虑的一个议题是"有限政府"。

其次,如果说为了保障公民的自由、平等等基本权利,必须证成一个国家,那么,同样,为了保障公民的自由、平等和独立,必须限制政府的权力,那么在政府权力范围之外的领域,构成了我们常说的"社会"范畴。显然,这里的"社会"不再是一个单纯的政治概念,而是一种罗尔斯意义上的"文化"概念,因为公民除了以公民身份参与国家事务和公共政治议题讨论之外,他们当然还可以"私民"身份参与社会—文化活动,比如他们可以有属于自己的宗教信仰、道德信念、形而上学,拥有自己的文化社区、协会、俱乐部等。国家没有资格干涉公民的文化身份和社会—文化生活,当然这并不意味着国家在社会领域毫无作为,而是说它在这里的作用是消极的,也就是保障公民们享有属于自己的社会—文化生活的平等自由权利不受国家和他人的侵犯,并且考虑到公民同侪之间彼此的文化身份可能产生冲突(相当于罗尔斯所说的"整全性学说")——事实也必定会彼此冲突——国家要做的是在这些彼此冲突的身份和信念之间维持一种最低限度的和平与和谐。国家权力在这些分歧或冲突之间保持中立,既不当"运动员",也不作"裁判",只是在这些冲突严重到危及宪法要旨或基本正义原则时,提供统一、安全、和平及稳定的制度保障,不至于因为分歧或冲突的存在

① citizenship 这个词常被译为公民身份,但它还表示公民权利、公民状态、公民地位等意思,这里译为公民资格。

而撕裂整个社会,导致国家崩溃。

据此,我们可以提出公共理性的三个向度,它们分别是公民、社会和国家。公民拥有两种不同的理性能力,它们分别是公共理性能力和非公共理性能力;公民还拥有两种不同的身份,它们分别是政治身份(公民身份)和文化身份(可以作"私民身份"理解)。公民理性能力,在罗尔斯那里被还原为一种集合理性和合情理性于一身的理性能力,这两种理性能力对理性的公共运用和非公共运用提出了不同的要求。而公民身份,在罗尔斯那里主要体现了自由而平等的政治身份,同样,这种公民身份对于公民的政治生活和文化生活提出了不同的要求。这两种能力、两种身份之间的界限是清楚的,它们有不同的功能和适用范围。实际上,我们将这种"划界"工作视为公共理性为其自身的功能和适用范围所做的限制或界定。一方面,公共理性要求公民们必须以政治身份参与公共政治议题的商讨和争论,在公共政治事务——典型的是罗尔斯所说的"宪法要旨和基本正义问题"——中并没非公共理性的地盘;另一方面,公共理性要求公民们必须以文化身份参与到社会—文化生活当中,比如参与宗教活动、非公共政治议题的学术研讨,这些活动并不属于公共理性的适用范围,它没有资格对这些活动进行干预,相反,它应当为这些活动的多元而有序的进行提供制度保障和理性支撑。

现代民主社会是一个多元化社会。公共理性的观点认为,这种多元化特征是一个永久性的、深刻的事实,我们既没有可能也没有必要取缔社会文化的多元性。这种多元化既包括社会生活领域的多元化,其中没有一个领域足以涵盖或者归并其他所有生活领域,也包括生活方式和价值观、"整全性学说"的多元化,其中没有一种生活方式或价值观足以凌驾于其他所有生活方式或价值观之上。在托克维尔(Tocqueville)看来,一个社会由四个截然不同的领域构成,它们分别是家庭生活、经济生活、政治生活和宗教生活。[①] 公共理性的观点认为,政府没有过多权力干涉公民的非政治生活以及多元化价值观,比如,一个现代民主国家不允许通过立法强制让所有的公民都信奉或者不信奉宗教、信奉这种宗教而不信奉那种宗教等。在私人、家庭、文化、经济、宗教等生活领域,公共理性所扮演的角色是消极的或防御性的,它旨在保证这些领域中的人们——作为

① 参见[法]托克维尔:《论美国的民主》,董果良译,商务印书馆1989年版,第52~60页。

公民——仍然能够享有最基本的政治权利，比如生存权、人身安全权，因此，相对于公共理性为政治领域内的活动（如公共论坛上的慎议活动）提供种种程序性和实质性的同时也是比较“厚实”的规范性要求而言——公共理性对它而言是积极的、建构性的——可以说上述非政治领域中的公共理性是“稀薄”的。譬如，人们围绕公共事务的慎议必须受到公共理性的范导，但在一个宗教团体内部的讲经布道活动并不受到这种制约，就此而言，公共理性在非政治活动中的积极运用是受到严格限制的。

罗尔斯式的公共理性支持一种“合乎情理的多元论”观点，它一方面主张公民社会是多元化的，另一方面又强调这种多元社会的运行必须是有序的，而不是混乱无章的。从公共理性角度看，这种有序性被称为“合情理性”。这意味着公共理性为社会的多元化划定了最低限度的条件：它必须是有序的。为了保障多元社会的有序化运行，公共理性要求国家权力通过法律和政府对社会进行最低限制的管理而非干预。

实际上，对国家权力的辩护吸引了大多数政治哲学家的注意。霍布斯的“利维坦”学说、洛克的政府论、卢梭的社会契约论、康德的共和主义理论、罗尔斯的政治自由主义，这些都可视为国家理论的不同版本。同样，在那些主张建立一个公民社会的哲学家们看来，由政府所代表的国家权力对公民和社会生活的干预应当是有限度的，因此，作为主权者的公民或者公民代表（议会）必须限制国家权力的运用，以便更好地保障公民享有自由、平等、独立的社会生活。对于公民而言，政治生活并不是生活的全部，他们还可以有并且必须有私人生活、家庭生活和社会生活，因此，他们不希望国家权力支配自己的一切生活领域。

基于以上分析，本书认为，一个完整而严谨的公共理性的建构程序至少包含以下内容：

首先，从国家向度看，其内容包括：国家权力的正当性论证，即如何为国家的合法性提供辩护；作为暴力机器的国家权力的运行必须基于公共理性而非暴力（包括诸如欺诈这样的“软暴力”）或“临时协定”的辩护，即称为“公共证明”；政府所代表的公共权力的有限性论证。

其次，从公民向度看，其内容包括：公民能力的建构，即建构一个拥有公共理性的人格理想或拥有合理性、合情理性的理性能力的公民理念；公民身份的建构,即建构一个自由、平等、独立和宽容的公民理念。

最后,从社会向度看,其内容包括:社会的多元性辩护,即为一个包含诸多彼此冲突的整全性学说的多元化社会提供辩护,论证这种多元性对于得到正当性证明的国家(在西方语境下特指现代民主国家)是必要的;社会的有序性论证,论证在一个内部有诸多整全性学说且彼此冲突的社会中维持一个最低限度的有序性是必要的。

因此,从逻辑上说,公共理性对待"他者"(制度、观念等)的态度,依据从肯定到否定的顺序分为以下五种情况:其一,公共理性的,亦即它本身就是公共理性所蕴含或所要求的,因此并不构成真正的"他者";其二,符合公共理性的,亦即它本身虽未必由公共理性所蕴含,但它符合公共理性的基本原则,比如罗尔斯式的政治自由主义;其三,受公共理性所尊重、包容甚至捍卫的;其四,公共理性在有限度、有条件地包容其言论的同时限制其实际行动的;其五,与公共理性的根本理念相冲突的,亦即它应当成为公共理性所压制或克服的对象。

例如,对应于上述第五种情形,在一个现代的多元化社会中,某些价值观或者整全性学说与公共理性的根本理念相冲突,比如奴隶制度、种族灭绝的价值观违背了自由、平等而宽容的公民理想。对应于上述第四种情形,多元化社会中存在种种自我中心主义的观念,理应成为公共理性在言论上包容而在行动上限制的对象,与种族灭绝的价值观不同的是,公民有权利信奉诸如自我中心主义这样的"合乎情理的"整全性学说。① 对应于上述第三种情况,多元化社会中的诸多彼此冲突的道德学说(如后果论伦理学与义务论伦理学)、宗教教条(如基督教教义与伊斯兰教教义)和形而上学学说(如柏拉图主义与亚里士多德主义),它们各自博大精深且能自圆其说,不能指望找到一个绝对的外部权威来评判它们孰是孰非,②它们虽然未必符合公共理性,但受公共理性尊重,也被公共理性保障。

---

① 自我中心主义不是公共理性的,而且不符合公共理性精神,它无法通过康德的公开化、可普遍化检验和罗尔斯的相互性检验,因为一名自我中心论者并不必然排除损人利己或损公肥私的可能性,而这正是其他的自我中心论者所反对的。

② 罗尔斯在此问题上持有一种"不可知论"态度:他不承认在诸多彼此冲突且各有其理(合乎情理)的整全性学说之间存在一种"客观真理",作为评判这些学说的唯一标准。当然,他将常识(经验证据和日常信念)、科学(无争议的科学方法及结论)和逻辑(推理规则)排除在整全性学说之外,因为它们符合公共理性。然而,我们将会在后文看到,他这个观点引起不少批评。

当然,以上建构程序之间是密切相关的,尽管在不同的哲学家那里会有所侧重,但对于公共理性的建构来说都是必不可少的。

三、公共理性与政治权力的限度

尽管对于国家权力是否应当受到约束这一根本问题,霍布斯倾向于持否定回答,但“政治权力的边界何在?”这一问题一直困扰着后来的理论家。对这两个问题亦可作“积极”和“消极”的处理:从积极方面看,我们是问,鉴于政治生活不可或缺,政治权力影响了多少人类生活的其他领域?从消极方面看,政治权力的作用范围的边界在何处?根据威廉·洪堡(Wilhelm Humboult)和马克斯·韦伯(Max Weber)等人的看法,一方面,国家权力内在于政治活动本质的最终形式,主要是将这些形式限定为维护社会内部的法治和秩序,保护社会不受外部入侵。① 譬如,早在1792年《论国家的作用》一书中,洪堡就曾指出,国家本身不是目的,国家的主要——倘若不是说唯一——任务便是保障公民的自由,关心他们的“负面的福利”,即保障公民的权利不受外敌和其他公民的侵犯。另一方面,政治权力试图规定其他社会生活领域的适当权限,以及个人的自然的、天赋的权利,从应该尊重社会生活的权限和确保个人权利实现的原则中,政治权力获得了它的合法边界。此外,政治权力也应当就哪些物品属于“公共物品”的范畴从而在整个社会进行独占性的、宏观的调控和配置,决定将哪些物品留给市场来进行生活分配,为“公共物品”与“非公共物品”划定界限,这样才能实现社会福利的最大化。

根据贾恩弗朗哥·波齐(Gianfranco Poggi)的解释,国家所代表的政治权力具有排他性、终极性等特征,一方面,它通过诉诸暴力或以暴力相威胁来确保其作为一个社会内部的暴力的唯一合法使用者,强行在一个社会内部建立起一种制度性的“命令—服从”的权力关系;另一方面,它通过使这个社会的全体成员确信命令的发布者在道德上有权利获得服从并且相应地自己也有义务服从命令,建立一种“权利—义务”的方式,从而确立自己的正当性。②

---

① 参见[美]贾恩弗朗哥·波齐:《国家:本质、发展与前景》,陈尧译,上海人民出版社2007年版,第14~15页。

② 参见[美]贾恩弗朗哥·波齐:《国家:本质、发展与前景》,陈尧译,上海人民出版社2007年版,第4~7页。

对于国家的本质存在两种不同理解:其一,被称为积极的国家观,它强调国家作为推动人类社会发展工具的重要性;其二,被称为消极的国家观,它的抱负要小得多,强调国家仅仅扮演防止社会秩序混乱的镇压性的、防卫性的角色。按照亚里士多德以来的"古典"看法,政治生活是人类生活的一个关键领域,因为它体现了人类的最高价值:人类作为理性的、政治的动物,只有过上一种旨在追求"共同善"的城邦生活,才能实现个体的"至善",充实人类德性。根据霍布斯以来的"现代"看法——当然,这种看法从根本上是基于一种截然不同的人性观——权力是整个政治生活的绝对中心,而政治活动被视为用来救治人类本性中内在的缺陷的手段,而不是实现人类的"至善"潜能。

波齐从社会演化的角度指出,在政治生活中,现代国家是承担某个特定领域内所有政治活动的一种机器。与现代化相伴随的理性化和世俗化过程,最终使国家积极地将自己从宗教的束缚和负担中解放出来,从它对教会的依附和义务关系中解脱出来。国家宣称它独立于宗教,只关心它自己的统治对象即公民,公民自由地培养宗教信仰,宗教事务被理解为一种私人的事务,是个人的良心问题。①

现代国家并非将它的国民当作"人"来对待,而是当作"公民"来对待。公民是一个规范性概念。公民身份的获得是一个宪法学问题,但公民身份的规范性内涵则是一个政治哲学问题。一个人必须按照一种公民性理想来积极参与到政治事务当中,积极行使他的权利,履行他的义务,当他就公共事务表达意见或作出决策时,他应当站在"每一个公民"而非他的一己之私的角度,他应当以"普遍意志"(用卢梭的术语来说)和公共理性(用罗尔斯的术语来说)作为自己的行动指南。当然,公民也有权利要求他享有公开表达意见和作出决策的自由,这就要求现代国家必须具备某些规范性特征,比如,它应当以宪法的形式保障每个公民的言论自由的权利,或者选举以及被选举的权利。

一个人只有在作为一名公民时,才需要受到国家权力的约束,正如只有以公民身份发言时,他才能享有他所应得的言论自由。每一个人除了拥有自己的政治身份(公民),同时还拥有自己的文化身份,他是一个"人",他有自己的文

---

① 参见[美]贾恩弗朗哥·波齐:《国家:本质、发展与前景》,陈尧译,上海人民出版社 2007 年版,第 90 页。

化背景。当他以特定的文化身份而非公民身份说话行事时,他的言语行为就超出了国家权力的功能和约束范围。国家既没有权力干涉公民的宗教信仰,也没有权力干涉公民的道德价值观和形而上学观念,这些都属于文化背景的范畴,也就是罗尔斯所说的"整全性学说"。国家权力在这些领域保持中立态度,只有当这些事务(私人事务)触及某人作为公民的权利和义务时,才构成了国家权力的作用对象。比如,当某个公民的宗教信仰自由的权利被人强制限制时,或者当他未能履行身为一名公民的基本义务时,才会受到国家权力的干涉。

公共理性为国家的政治权力进行划界,它从积极方面规定了国家有权对哪些领域产生影响,它解释了国家权力为什么会有这些作用,也从消极方面规定了国家权力的限度在何处,它解释了国家权力为什么必须有这样的限制。基于此,我们不难理解罗尔斯为什么坚持主张将他的公共理性理论严格限制在政治哲学的范围之内,并不试图踏出半步,僭越到政治之外的领域,比如道德、宗教、形而上学等整全性学说,它在诸多彼此冲突的整全性学说之间始终保持中立的态度。作为对国家的要求,公共理性保证政府官员不能滥用他们的公权力,不能以国家之名对公民的背景文化横加干涉,同时也保证政府必须履行其保障公民基本权利和捍卫国内和平安定的义务,不能以任何借口来推脱。作为对公民的要求,公共理性保证公民必须正确地履行自己的义务,必须在公共事务中彰显自己的公民身份而不是随意地将一己之私、背景文化和整全性学说带入公共论坛之中。公共理性就像一架天平,在国家和它的公民之间起着一个重要的平衡作用。

四、三角构架:个人、社会与国家

对一个社会来说,无论是共同的外部敌人的存在催生了政府的出现呢,还是政府为了其自身的合法性而构造(可能是树立也可能是虚构)了一个所谓的"社会公敌"呢?也许在这里可以看到社会的界限,就是那些跟一个社会的成员并不共享同样的社会契约的人群,他们作为这个社会的"他者",就会成为它的敌人。而这样一些人就与这个社会构成了敌对关系,而敌对关系的存在就催生了政府的出现,因此,政府的出现从内部和外部两个方面来看都是必要的,从内部看,它可以维护一个社会内部的和平和稳定,从外部看,它可以团结一个社会来一致对外。

休谟提到了政府的两大职能：一是作为一个坚强有力的执法者，二是作为一个公正中立的司法者。社会的自然演化形成的制度或契约通过立法、司法和执法来维持一个社会的和平稳定统一，它和政府扮演了类似的角色。但是它们在三个方面的程度不一样。从政府来看，首先，它在执法方面扮演了最重要的角色，因为毕竟它是国家合法暴力的垄断者；其次，它作为一个中间者，作为司法者或裁判而存在；最后，政府也会制定法律，一方面用来巩固社会秩序，另一方面用来实现政府自身的价值目标。当然，社会也同样有这三个层次的功能。但是对社会来说，其最强的功能是制定社会契约，因为没有政府的出现，社会本身亦可从内部演化出这些契约。但是如果没有政府，社会只能通过舆论来对社会现象进行正义与否的评价或裁判。这种舆论虽然也有公正性，但社会上缺乏专业机构来承担此职能。相对来说，政府就有这样的专门职能和机构。此外，社会舆论是一种柔性的监督或裁判机制，相较于政府通过暴力来执法以维护社会稳定，它就显得有点弱。

据此，社会和政府（国家）在立法、司法和执法这三个方面的职能上所扮演的角色的重要性是彼此颠倒的。政府角色的重要性，依次是执法、司法和立法，而社会角色的重要性则依次为立法、司法和执法。政府与社会之间存在相互补充、相辅相成的关系。在休谟看来，政府和社会对人来说都是必要的："人离开了社会便不能生存，离开了政府便不能结合。"①

社会还有一个特别的功能，就是在个人与国家之间维持一个巧妙的平衡。经历千百年演化形成的社会习俗在个人与国家之间起着重要的调和作用，它与深受社会习俗浸染的个人习性一道，一方面避免了极端个人主义的出现，另一方面也拒斥了忽视个人主义对现代政治共同体的基本价值。无论通过社会习俗的约束也好，还是通过个人习性的调和也好，"如何在个人主义与公共利益之间巧妙平衡，就是现代国家进行精神的自我净化与制度的有效改良所需要处置的关键事务"②。

必须指出，"社会"（society）及其形容词"社会的"（social）都是模糊且混乱的概念。哈耶克曾经写过一篇专文，题目就叫《何谓"社会的"，它是什么意

① ［英］休谟：《人性论》，关文运译，商务印书馆1980年版，第440页。
② 任剑涛：《公共的政治哲学》，商务印书馆2016年版，第527页。

思?》。据他考证,society这个概念,其原初的学术含义是用来描述一种自发产生的人际关系的秩序,以区别于特意设立的国家组织。当我们谈论"社会结构"——譬如语言和习俗,或同特意授予的权利相对的那种逐渐得到承认的权利——时,我们仍然是在原初的含义上使用该词,意指这些事情并不是某种个人意志的产物,而是无数个人和世世代代的偶然行为的意外结果。[①] 据他观察,这个词后来逐步包含了"共同体的"(communal)这层含义,带有很强烈的人类控制和理性建构色彩,指"符合社会利益",或者"按照社会意志",作为把社会人格化的结果,使人们根本无法认识到它是一种自发的秩序。"社会的"这个词普遍被用来描述有意安排的行为目的。[②]

若从休谟和哈耶克意义上来理解"社会(的)",那么,我们就能在个人、社会与国家这三者之间建构一种"三角互动"的关系。个人与社会作为这个三角的底线,而国家作为顶点。个人之间通过演化和博弈形成社会,这就意味着社会本身有一些契约或规范性的东西。而个人与国家之间,我们通常所说的政府权力和义务,比如平等、自由、包容和独立的公民身份,这些只在国家层面上才是有意义的。国家而非社会赋予了公民参与社会团体或宗教活动的自由,仅仅从社会内部无法演化出个人是否有平等自由的身份参加这些活动的权利,因为社会层面不谈权利,不谈这些应然的东西。从国家与社会的关系来看,如果一个社会要维持其存在就必须以国家为前提,根据休谟的观点,如果没有国家作为暴力机器来公正执法,社会就会崩溃。另外,当它面对他者或外敌时,彼此之间难免产生冲突,这时有必要由政府团结起所有社会成员一致对外。毕竟社会是有边界的,世界上不只有一个社会。因此,国家在此层面上超越了社会。但是,国家也有限度,一个好的或民主的国家对国家的强制权力也有所限制,它不能无条件地干涉社会,社会虽然是柔性的,但它也有很强的韧性。一个国家就其政府而言可能被推翻,但一个有着长期契约或习俗传统的社会无论如何不可能在一夜之间彻底崩溃。国家的合法性基础部分地源于它符合一个社会的传统习俗或演化而来

① 参见[英]弗里德里希·冯·哈耶克:《何谓"社会的",它是什么意思?》,载[英]弗里德里希·冯·哈耶克:《哈耶克文选》,冯克利译,河南大学出版社2015年版,第375页。

② 参见[英]弗里德里希·冯·哈耶克:《人类行为的结果,但不是人类设计的结果》,载[英]弗里德里希·冯·哈耶克:《哈耶克文选》,冯克利译,河南大学出版社2015年版,第673页。

的社会契约。

国家的建制或立法,具有很大的理性建构色彩,无论这里的理性指的是霍布斯式的个体理性、康德式的普遍理性还是罗尔斯式的公共理性。霍布斯的契约是一种社会学意义上的契约,也就是说,无论契约是否基于自由、平等而订立,它一旦被订立,双方就必须无条件地遵守。但是,卢梭的契约更多的是一种理性的结构,一个政府的政治正当性必须基于这样的契约才能得到证成。对于霍布斯来说,一方面,这种社会契约实际上是一种实力博弈和社会演化的结果,它亦可作为道德约束,如果契约不被遵守,那么就会危害整个社会,首当其冲的就是弱势群体。但是,国家的存在对社会的契约会有所干预,无论是实力博弈还是理性建构意义上的国家,都可能会通过自觉地制定法律来干涉那些通过自发的演化而形成的社会契约。国家权力对于契约的履行起着两方面的作用,契约作为演化的产物,它是脆弱的,休谟也表明了这一点。霍布斯的说法是,在单纯自然状态下,双方订立的契约并不立即履行,因为双方履行契约都以对方履行在先为前提,不然没有任何理由可以消除对方不履行契约的猜疑,这样契约就无法履行。但如果双方之上有一个共同的权力,它具有足以强迫人们履行契约的权利和力量,这一契约就不再是无效的。①另一方面,当民间的契约触犯国家的法律时,法律可以宣布民间契约无效,也就是说个人与国家订立的契约,其地位凌驾于民间契约之上。② 没有任何一种社会契约可以违抗国家法律。当然,一个国家的法律只有充分尊重一个社会的契约,才能更好地得以遵行。

---

① See Hobbes, *Leviathan*, Oxford University Press, 2012, p. 103.

② 霍布斯是否认为个人与主权者或国家之间存在契约关系?对此有不同的解读。一种观点认为,在霍布斯的契约论中,建立国家这一公民联合体是“一切人与一切人的契约”,这一契约并不像传统契约那样是主权者与臣民之间的契约。因为在通过契约建立国家之前,主权者尚未出现,当然不可能通过每个人与主权者的契约来建立国家。换言之,主权者作为公民联合体统一意见的体现,是“契约”的结果而非订约方。参见李猛:《自然社会:自然法与现代道德世界的形成》,生活·读书·新知三联书店 2015 年版,第 388 页。

第三节 本书研究的问题与结构

本书各章节脉络如下:第一章是对霍布斯式公共理性的重构及批评,包括大卫·高希尔对霍布斯式公共理性的重构,以及迈克尔·里奇(Michael Ridge)对霍布斯式公共理性的批评;第二章从演化、契约与卢梭"公意"概念的角度切入对公共理性进行讨论;第三章是对康德式公共理性的再阐释和评价,包括欧诺拉·奥尼尔(Onora O'neill)对康德式公共理性的重构,以及汉娜·阿伦特(Hannah Arendt)对康德政治哲学的重构;第四章是对罗尔斯式公共理性的批评,包括罗尔斯本人在《政治自由主义》和《公共理性理念新探》中的公共理性建构、哈贝马斯和高斯从不同角度对罗尔斯式公共理性的批评,以及其他大量哲学家的批评;第五章探讨公共理性与慎议民主的关系。

本书为公共理性问题提供一种建构主义的解释。首先,作为一项前沿研究,不仅要准确梳理前人关于公共理性的思想,更重要的是对当代西方学术界关于公共理性的最新研究成果进行有针对性的阐述和评价。其次,不仅要评述国外学者的前沿研究,还要结合当今西方社会发展和国际关系的现状,做到理论从实践中来最终又能用来解释现实问题。最后,作为一种哲学研究,在研究公共理性问题时始终注意运用哲学的研究方法和视角,将之放到西方哲学史和现代西方哲学的大背景中,确保哲学上的深度,以便区别于一般的政策分析或社会科学研究。

公共理性的建构包括两层意思。首先,公共理性作为一套建构程序,它参与了政治哲学的理论建构,甚至说它是这项建构工作的核心也不为过。这种理论建构的工作在不同的哲学家那里有不同的侧重,比如,在霍布斯那里是以"利维坦"为标志的国家理论,在卢梭那里是以"一般意志"(公意)为代表的社会契约论,而在罗尔斯那里是基于公共理性、重叠共识等一系列政治理念的政治自由主义的建构。依据公共理性,这种建构程序亦可分为三个向度:一是国家,二是公民,三是社会。当然在不同的哲学家那里会有所侧重。后文中,我们将会看到,相对而言,提供了最为完整而严谨的建构程序的是罗尔斯式的公共理性。其次,公共理性作为一个政治哲学理念,它本身也是建构的产物;由于公共理性乃是政治建构的基础概念,所以我们无法进一步诉诸政治概念来为之奠基,我们只能诉诸人类的普遍理性能力。换言之,它是基于人类的理性能力所建构出来的,这项建构工作的核心角色,乃是诸如自然状态和个体理性(在霍布斯那里)、良心和同情心(在卢梭那里)、公开性和可普遍化(在康德那里)、公共性、相互性和原初状态(在罗尔斯那里)等一系列概念。

从研究方法看,我们首先特别重视概念分析方法:例如,通过对罗尔斯关于合理性与合情理性的澄清,将公共理性视为一种"公共合情理性"(public reasonableness)。对公共理性的研究将沿着罗尔斯的道路,大量运用概念区分、概念联系、语义分析、逻辑分析等广义的概念分析方法。其次是历史—解释学方法:例如将哲学史上霍布斯、卢梭、康德等人的文献放到现代学术背景中进行重构—解构,以便将诸种形态的公共理性放到同一概念框架中进行研究。一方面注重公共理性问题的哲学史渊源,另一方面又以新的视角、严谨的态度对哲学家们的观点和论证给出清晰的解释。再次是先验论证(transcendental argument)方法——将公共理性问题归结为对"公共理性何以可能"(包括是否可能以及如何可能)?这一根本问题的回答,这是一种康德式的先验论证研究方法。康德、斯特劳森(Strawson)等哲学家特别重视运用先验论证方法。另外还有反思平衡(equilibrium reflection)方法——这是罗尔斯在《正义论》中运用的重要方法,我们借它来处理三对重要关系:一是公共理性与非公共理性之关系;二是合情理性与合理性之关系;三是理性与非理性之关系。罗纳德·德沃金(Ronald Dworkin)和罗尔斯都注意到了反思平衡方法与公共理性之间的密切关系。复次是建构主义(constructivism)方法——此方法在认识论、道德哲学和政治哲学上都得到越来越多的注意,也是康德和罗尔斯等人研究公共理性问题的基本进路,也必定是我们研究公共理性的重要方法。奥尼尔尤其强调康德实践理性的建构主义解释,而罗尔斯特别强调政治自由主义的建构主义解释。最后是行为选择理论(behavioral choice theory)和博弈论(game theory)方法的引入。它们分别是当代行为科学和经济学的重要方法,但对公共理性的哲学研究颇有助益,比如高希尔运用行为选择理论对霍布斯式公共理性和康德式实践理性的重构,以及罗尔斯从博弈论角度思考正义问题。

从哲学史上(尤其是从亚里士多德和康德那里)寻求辩护资源的,会将公共理性与实践智慧当作最为重要的两种实践理性形态,并将公共理性定位成关于理性的公共运用的程序性要求,以区别于将实践智慧定位成关于理性的具体运用的程序性要求，着眼于提出一种建构主义的公共理性学说。实际上，本书是申请人之前的研究领域“实践智慧”的姊妹篇：公共理性侧重于实践理性的公共运用，而实践智慧是其具体运用，两者相辅相成。本书综合梳理和研究了西方思想史上最为主流的公共理性形态，并对之进行一以贯之的处理，总结其理论得失及理论预设，并揭示其中一些表面上不明显的联系：例如，罗尔斯式的公共理性是对霍布斯式公共理性的一种行为选择理论的重构，而哈贝马斯式的公共理性是对康德式公共理性的一种去先验的重构。本书从一个根本的、彻底的角度探讨公共理性在人类实践理性以及元实践哲学中的重要地位，并将公共理性处理成一种“元正义论”或“二阶正义论”，使它的问题域超出通常的政治学或政治哲学的范围，从而拓展公共理性问题的研究广度和深度。另外，本书用先验论证方法重构公共理性的根本问题，用反思平衡的方法解决公共理性所遇到的种种难题，尤其是代表性的罗尔斯式公共理性所遭遇到的诸多批评。换言之，为公共理性如何可能这一问题提供先验论证的重构以及反思平衡式的回答。

本书对公共理性的切入点集中在两个问题上：首先，为什么是公共理性？对此，我们选取了公共理性的不同版本，比如霍布斯式的公共理性、康德式的公共理性、罗尔斯式的公共理性、哈贝马斯式的公共理性，以及当代学者对它们的阐释、引申和批评；我们对此问题的回答策略是，试图在不同的公共理性版本中寻找某个或某些基本的概念。换言之，探寻不同版本的公共理性的不同的概念基础。在视野上，我们并不追求百无一漏，所以，对于卢梭式的公共理性我们更多地放到康德式公共理性框架下来谈，而对于比如说杰拉德·高斯式公共理性，我们不再分专章讨论，而是将之放到与罗尔斯式或哈贝马斯式公共理性的比较视域之中。其次，公共理性如何可能？对此，我们选取了以下考察问题的视角，比如，公共理性的适用范围是什么？它运用于道德或政治生活中哪些话题或领域？公共理性的相关规则或原则对谁来说是需要证明的？公共理性之适用主体应当包括哪些人在内？公共理性作为关乎原则的实践理性形态，它具有什么样的规范性内容？这些内容如何得到辩护？公共理性具有什么样的结构？换言之，为了使原则 X 通过公共理性的测试，为 X 提供辩护的理由或论证是否必须为这个论证之适用主体的所有成员所共享，或者说，X 是否可以通过诉诸不同的论证对不同的人们进行证明的方式来通过公共理性的测试呢？接下来,公共理性的理念会强加给个体哪些责任呢?我们生活中的哪些领域或部分会要求一种公共理性的运用呢?最后,我们还要考虑两类重要的问题:第一,公共理性会遇到哪些批评或异议,我们又该如何回应它们?第二,关于公共理性,是否还有一些进一步的相关问题未能引起足够的重视,但它们却很重要?

在公共理性这一主题下,我们时刻会思考上面的问题,但这并不意味着我们有足够的能力回答它们。此外,除了这些公共理性的"内部问题",我们实际上还提供了从"外部"进入公共理性主题的两种方式:一是现代西方的慎议民主研究,二是博弈论的尝试性视角。

在研究方法上,除了当代哲学中常用的概念分析、文本阐释、论证重构等方法,我们还会尝试运用一些重要的研究方法。比如,尽管我们将先验论证视为一种康德式方法,但其在当代学者斯特劳森、唐纳德·戴维森(Donald Davidson)等人的著述中并不少见。此外,反思平衡方法是罗尔斯在《正义论》中运用的重要方法,实际上,罗纳德·德沃金(Ronald Dworkin)和里奇都注意到了反思平衡方法与公共理性之间的密切关系。最后是建构主义方法——此方法在认识论、道德哲学和政治哲学上都得到越来越多的注意,也是康德和罗尔斯等人研究公共理性问题的基本进路,奥尼尔尤其重视康德实践理性的建构主义的解释,而罗尔斯特别重视政治自由主义的建构主义解释。

第一章　从自然状态到国家理性

作为与传统决裂的学者，霍布斯第一个感觉到，必须探寻一个关于人和国家的新的科学，他也第一个找到了这个新的科学。就像其他形态的社会—政治契约论一样，霍布斯的契约论同样围绕“如何辩护一个国家”这个基本问题来展开。不妨将霍布斯式的公共理性视为在个人主义和理性主义的双重框架内所做的一项调和工具理性与价值理性的尝试，这种尝试始于个体理性，终于公共理性。霍布斯式公共理性的建构，从对人类最基本的自然事实——生命的脆弱和死亡的迫切——的体认，以及由此而来的自然激情——对死亡的恐惧和自我保全的渴望；这种自然激情，不仅是人类征服自然的初始动机，也是“自由的起源”[1]，基于以生命权为代表的自然权利，最终提出了对国家主权的辩护。

本章讨论的公共理性是在通常所说的政治现实主义框架之内的。在这项调和中并没有道德哲学的位置，因此无须操心一个康德式问题，即如何调和自己的道德洞见与政治哲学。霍布斯式政治现实主义的一大特色是，它认为即便不去寻求道德基础对政治哲学又有何妨。

---

① [美]列奥·施特劳斯：《自然权利与历史》，彭刚译，生活·读书·新知三联书店2016年版，第184页。

第一节　自然权利与共同权力

正如我们在《利维坦》第 13 ~ 17 节中所看到的那样，霍布斯的辩护过程主要分为三个步骤：自然激情学说、自然法则学说以及共同权力学说。

一、自然激情或自然权利

霍布斯持有一种悲观主义的人性论。在他看来，个人是自私的，又是脆弱的，生活中时刻面临深刻的“生存悖论”：一方面生活在对强者的恐惧之中，另一方面又必须依赖这些强者的保护，才能获得基本的安全感，直到出现一个强大无比、至高无上的权威，才能给人带来终极的安定感。然而，为了减轻霍布斯的自然状态理论所遭受的批评的力度，[①]我们不妨认为他实际上只是做了一个思想实验，[②]而非描述了一个真实存在过的社会状态。或者可以这么理解：霍布斯本意并非基于自然状态假定，从而建构出一种指向共同权力的社会契约论，而是采取一种“反证法”：假如没有最强者的共同权力，一个社会就会堕落至可怕的自然状态。或者可以理解为，霍布斯采取了一种类似于罗尔斯的“反思平衡”方法，即通过在“理论建构”与“思想实验”的两端之间“来回校正”的方式，最终实现它们之间的融贯一致：一方面经由自然状态的思想实验着眼于建构一种国家契约理论；另一方面又反过来，在已然处于这种国家契约的制度背景下，反思如果没有契约，人类生活会是一个什么样的状况。

根据霍布斯的描述，在自然状态下，人们为了追求利益而互相竞争、相互排挤，为了追求安全和稳定互相猜忌，彼此之间毫无信任可言，而为了荣誉他们还相互轻视、彼此侵犯，人们要么处于战争状态，要么处于时刻备战的紧张气氛之中。在这种情况下，没有人能够“安居乐业”，人人都过着胆战心惊、朝不保夕的生活，社会也不可能发展任何繁荣的农业或者商业，“孤独、贫困、卑污、残忍而

---

① 这种批评不计其数，其经典代表分别来自卢梭和洛克。由于这些批评部分来自自由主义阵营，霍布斯常常被戴上“反自由主义”或“集权主义”的帽子。

② See Alan Ryan, *Hobbes's Political Philosophy*, in Tom Sorell ed., The Cambridge Companion to Hobbes, Cambridge University Press, 1996, p. 218.

短寿”成了自然状态下的众生相。而之所以如此，并非像《圣经》上所说是由于人的原罪，在霍布斯看来，没有共同权力的地方就没有法律，而没有法律的地方就无所谓不公正。在人们不知道这些行为被法律禁止之前，从这些自然激情中产生的这些行为都是无辜的，也无人因此而应受到道德谴责，所谓善恶是以法律作为参照的。甚至单纯从“战争理性”角度来看，暴力与欺诈在战争中是两种主要的美德。①

霍布斯式的自然状态具有两个特征：首先，每个人都被设想为既富有欲望和激情又精于算计的人，每个人都相当理性。诸如“生存还是毁灭”这样的“哈姆雷特问题”是摆在每个人面前的那个最为重要和急迫的问题，每个人都必须为之殚精竭虑，死而后已。他们出于对不安全状态的恐惧而互相猜忌，出于自保之道最合理的方式就是先发制人，因为在许多情况下进攻是最好的防守，越是彼此之间缺乏信任，缺乏沟通，越是如此。霍布斯持有一种工具理性的观念。在他看来，作为一个规范性概念的“理性”是根据自我利益来辩护的，因为最有助于达成其目的的行为才可能被视为最理性的行为。其次，他们的政治身份是原始平等并且原始自由的：每个人都只受自己的激情和理性支配，没有人能够真正而长久地支配他人。而且每个人在体力、智力上都处于一种大致上的平等地位，他们实现目的的可能性也是基本相同的，尽管他们都自以为是，一方面总觉得自己在能力上优越于他人，另一方面又特别害怕被人看不起。

在霍布斯看来，这种普遍存在的人际冲突具有三个根源：其一，生存资源的稀缺性；其二，人们彼此之间的恐惧和不信任；其三，自尊或虚荣心作祟。然而，这种平等和自由是脆弱的，甚至是自我挫败的，因为不可能人人都能够享受自由而平等的权利，运用激情和理性来支配自己的行为，保护切身利益。这意味着自我保存的原始需求与同样受到自然法则约束的安全的原始需求之间产生了冲突，换言之，原始的自由而平等的生活实际上违背了安全性和稳定性的要求。而一种真正的自由而平等的政治身份必须与安全性、稳定性相容。据此，

---

① 《孙子兵法》云：“兵者，诡道也”（《计篇第一》），又说“兵以诈立”（《军争篇第七》）。在战争中，诡道和诈道都是必要的。如果说诡道是不要让敌人看清自己的真实情况，那么，诈道是故意要让对方看到自己的虚假情况，或为之提供虚假信息。为了确保这种诡诈之道能够奏效，不能将它事先公布出来。所以孙子说：“兵之胜，不可先传也。”（《计篇第一》）《孙子兵法》所讲的国际战争道理，同样适合于自然状态下的“人际战争”，正如我们在国际正义阙如状态下的国际关系中所观察到的那样。

我们将霍布斯式公共理性看作调和这两者之冲突的一种可贵尝试。

自然权利是一项自由的权利，当然首先是自我保全的自由。它相当于以赛亚·伯林所说的"积极自由"，也就是外界障碍不存在的状态。一个人只有处于这种自由的充分保障状态，他的安全和稳定的生活才能得到基本的保障。然而，这种积极自由注定是得不到充分保障的。霍布斯曾经说过，恐惧是他在这个世界的一个孪生兄弟。他将谨慎视为一个主要的政治美德，认为焦虑是宗教信念的主要刺激，相信恐惧在宗教信念中占据了一个非常重要的焦点。[①] 在自然状态下，每个人生来就陷入"一切人反对一切人的战争"中无法自拔，人们感到无比的恐惧，唯一能让人们走出自然状态的办法就是建立一套权威来震慑住所有人。霍布斯并不承认自然状态中有道德的位置，从个体理性来看，人们加入战争在很多时候是迫不得已的，避免打败和自我保存的唯一方式是战斗或准备战斗。他人的和平承诺往往不可靠，因为根本没有合作和信任的社会基础。

二、自然法则及其论证

所谓自然法则，乃由理性所奠基的戒律或一般法则。首先是自我保全的法则，这是每个人在世间所肩负的首要的自然义务。也就是说，自我保全既是一个人的自然权利，也是一个人的自然义务。但问题在于，自然权利所要求的以自我保存为首要目的的自由，与同样以自我保全为首要义务的自然法则之间存在某种张力。霍布斯认为，缓解这种张力的一个办法是每个人为了自己的自我保全的自然权利而约束自己的自由，也就是约束自己为自我保全而采取的包括"先发制人"在内的妨碍他人自我保全的行为的权利。

这种自然法则是由每个人的理性所奠基的，它符合个体理性的基本原则，比如基于合理性的一致性原则，[②]同时它还要满足一些更高的原则。

霍布斯的第一自然法则是："每个人只要有获得和平的希望，就应当力求和平；在不能得到和平时，他就可以寻求并利用战争的一切有利条件和助力。"[③]可以将之简化为"和平优先，积极备战"原则，霍布斯称为一般理性规则，因为在我

---

① See Hobbes, *Leviathan*, Oxford University Press, 2012, p. 76 – 77.

② 参见[美]詹姆斯·D. 莫罗：《政治学博弈论》，吴澄秋、周亦奇译，上海人民出版社2014年版，第19～23页。

③ Hobbes, *Leviathan*, Oxford University Press, 2012, p. 92.

们看来,这条法则可以通过理性所要求的“可普遍化论证”得出。这个原则的两个方面是相辅相成的:一方面,如果不坚持和平优先,那么就可能落得“好战必亡”的下场;[①]另一方面,如果在和平无望的情况下不去争取胜利,同样可能导致自我毁灭。这样做违背了人的自然义务。

第二自然法则可以简化为著名的“金规则”:“己所不欲,勿施于人”。在我们看来,这条法则可以通过理性所要求的“相互性论证”得出:彼此让渡自己的积极自由的自然权利,换取他人对自己的消极自由的自然权利的尊重或认可。对于自然权利而言,积极自由意味着,在必要时,为了自我保存,任何人都可以侵犯他人而不受妨碍。而消极自由意味着,任何人的自我保存的自然权利在任何时刻都不许以任何理由而受到他人侵犯。这意味着,为了享有充分的积极自由,人们难免各自为政;而为了享有充分的消极自由,人们必须达成和平的契约。

接下来,在《利维坦》第15章中,霍布斯还列举了另外13条自然法则,并且最终归结为一条简易的“总则”,也就是上面所说的“己所不欲,勿施于人”。[②]至于达成这种总则的办法,他的建议是“权衡法”,其实质内涵与上述的相互性原则是一样的。这种方法亦可被称为一种“反求诸己”的方法,用霍布斯自己的话说,一个人如果要统治整个国家,那就必须对自己的内心进行了解,而不是去了解那些个别的人,因为只有对自己的内心了解,才能真正了解整个人类。他的意思是说,如果对形形色色的个体的观察有助于了解人性或自然权利,那么,对人类自然法则的了解就不能通过这种观察的方式了,而是必须“反躬内省”,因为仅仅从一个人的理性内部可以找到人类自然法则(同时也是理性法则)的所有要旨,只要他是一个理智健全的正常人。

出于理性的规范性考虑,霍布斯提出了与自然状态相对的规范性概念,即自然法则。它假定所有人都会同样行事,所有人都知道怎么做对于每个人才是最好的。然而,无法指望个体理性能够达成这样的合作协议,因为每个人遵守自然法则都以其他人先遵守自然法则为必要条件。在自然状态下,即便有一些人率先遵守自然法则,往往也无法得到他人遵守同样的自然法则的回报。不过

---

① 《孙膑兵法》云:“用兵无备者伤,穷兵者亡。”(《孙膑兵法·威王问》)在自然状态下的“人际战争”语境中,情况与其类似。

② See Hobbes, *Leviathan*, Oxford University Press, 2012, p. 109.

对于霍布斯来说,从个体理性上升到公共理性,是整个人类得以保存和发展的唯一路径。他认为走出个体理性对公共理性之叛逆困境的方法是创立一位能严厉惩罚违反自然法则的主权者,并为此提供了公共理性之人格化代表的主权者存在的可能性和必要性论证。

如果霍布斯从经验主义角度认为,公共理性的产生事实上是所有人经过无限次重复博弈之后逐步形成一致同意的产物,每个人最终都选择自愿地将一部分自由权利让渡给某一个扮演仲裁者角色的个人或者团体的"中间人"。自由而稳定是妥协的产物,否则无法相互订立契约。① 但这不是一个很好的论证思路。因为事实上很难在一件事情上取得所有人的同意,而要求所有人自愿对同一个公共理性模型产生普遍认同感的可能性就更小了。霍布斯所关心的不是人们出于自愿而一致同意,而是公共理性的强制使人们不得不同意。这种公共理性使每个人将主权者所做的一切视为自己所做的,服从这个主权者就像服从自己一样。这是将公共理性内化为一种个人理性,或者它要求公共理性凌驾于每个人的个人理性之上。事实上,这不是一个道德要求,而是一个政治要求。正是这种政治要求使人格化的公共理性成为必要。

三、共同权力或仲裁人

在霍布斯看来,仅有自然法则仍然不够,因为人们需要真正的契约。这种契约的订立和履行所需要的东西,与自然法则所需要的那种理性不同,因为在霍布斯看来,人们不会由于一份契约仅仅是"理性的"而不得不去遵循它,它还必须是"令人恐惧的"。两者之间的区别在于,就对于自然状态下的人们的威慑力而言,理性的权威无法真正取代强力的权威。

这种自然权利或自由的让渡是相互的,这意味着,当一个人放弃或让出自己的权利时,并不是将这些权利给予了其他人,因为没有人得到了他所放弃的那些权利,而是所有人都像他一样放弃了那些权利,将它们统一托付给一个"共同权力"的代表手中。每个人所让渡的权利,实际上正是那些假如他们不这样做就必然导致冲突各自为政的个人权利,这些代表"积极自由"的权利一旦让渡出去,就为每个人所追求的"消极自由"清除了障碍,这一点符合个体理性的相

① 由此可见,罗尔斯的相互性标准在霍布斯式的契约论中同样发挥了关键作用。

互性原则。不过对于霍布斯来说,人们之所以愿意这样做,在很大程度上,是由于对毁约或者拒绝订约所产生的致命后果的恐惧心理。

从一阶层面看,一个人在必要时侵犯他人的积极自由会妨碍他人同样的积极自由,但不受他人侵犯的消极自由并不妨碍他人同样的消极自由。[①] 同样的积极自由之间存在冲突的可能性,而同样的消极自由之间存在共存的可能性。从这个角度看,政治契约作为更具有强制性的契约,提出了比道德契约更高的要求。对于道德契约来说,仅靠自然法则就可以证明道德的合理性,但是一个国家的辩护性还需要一种像"共同权力"那样更加强大的力量。从每个人自身内在的个体理性出发,依据可普遍化原则和相互性原则,就可以得出自然法则,但是只有一个来自外部的强大的共同权力才能保障这些自然法则的运行。

让渡自然状态下的平等、自由的自然权利,换取共同权力下的安全和稳定。这种权利的互相转让,就是人们所谓的契约。当亚里士多德说人是政治动物时,他心里想的除了人类,还有像蜜蜂、蚂蚁这样的能够相安无事地过群居生活的动物。政治动物之间需要合作,而合作需要最低限度的和平和互信。霍布斯对自然状态下的人类合作的前景相当悲观,他在《利维坦》中甚至列举了人类"合作难题"的六大病根。动物仅仅出于自然本能而无需共同权力就可以形成合作,但人类之间的协同一致必须诉诸人为的契约,用他的话来说就是需要一个"人造的人",这样才能一方面抵御外来侵略,战胜敌人,另一方面制止内部的相互侵害,谋求和平,这就要求大家将所有的权力和力量托付给某一个像君王那样的人或一个能通过多数的意见将大家的意志化为单个意志的由多人所组成的像议会那样的集体。

对于霍布斯来说,仅有这种让渡是不够的,因为这种让渡不能仅仅发生在自然状态下的单个的人之间,显然,这种状态缺乏最基本的相互信任,任何一个先履行契约的人都有理由担心对方无法按照约定履行契约,这和我们在"囚徒困境"中所看到的情形一样。在此困境中,无论各参与方之间是否存在通信的可能,其作出的"合作"承诺都不是一个可信的承诺,如果我们不考虑重复博弈的情况,那么,一个外部的权威对于各个参与方走出困境达成合作是必要的。

---

① 之所以要"从一阶层面看",是由于积极自由可能被处理为二阶层面的消极自由,比如"想要……"的自由可以被说成是"不要不要……"的自由。反过来,消极自由也可能被处理为二阶层面的积极自由。

况且在自然状态下,重复博弈并不是一件非常值得期待的事情,因为在第一轮博弈结束后,那些当初选择“合作”的参与方可能由于对方的背叛而付出了生命的代价。这种由“讨价还价”促成的契约,最终必须在一个作为最强者的外部权威的监督、震慑和仲裁之下,才能得以履行。所以,每个人对于违约或拒不签约的恐惧,根本上并不源于任何一个具体的“他者”,而是源于一个作为共同权力的“他者”。利维坦不仅承担了监督和惩罚的功能,还扮演了“仲裁者”的角色,正如霍布斯的第十五条自然法则所规定的:当存在纠纷或争议时,各方应将其权利交付一个仲裁人来裁决。

四、君主制或主权者的必要性和可行性论证

在霍布斯那里,法律的意志,既是理性的意志,也是“最强者”的意志。法律决不能违反理性,这里的关键是谁的理性将被接受为法律。从相互性角度看,理性并没有人际差异。换言之,从每一个人的理性出发,将会得出一样的法律。所以,被每一个人的理性都认为是法律的东西,必然是符合所有人的理性的东西,这就是霍布斯称其为“自然法则”的原因。因为除了它,没有其他的法律具备这种相互性特征。然而,这里的“每个人”又必须在某种抽象意义上被理解,因为任何一个具体的个人都难免带有自己的“私心杂念”,从而无法完全体现相互性原则。而且,霍布斯也反对那种经过长期研究、观察和经验得来的人造的“理性的完美”,因为长期的研究可能使错误的判决深入人心。

因此,在霍布斯那里,这种法律理性不能是某些抽象的东西,它必须最终落实为某一个人的理性。一个国家的主权必须最终体现在某些个人身上,他们是主权的代表。那些执行法律、从事审判的法官必须使其判断符合主权者的理性,它必须忠实执行那个主权者的意志。对此,霍布斯给出了两点论证:首先是“必要性论证”。霍布斯的思路大致如下:凡是君主制可能出现的弊端,民主制度下样样不少;而君主制的好处,民主制都无法媲美。将法律理性的至上权威最终指派给某一个君主,即使这个君主可能昏庸、幼稚或者被身边的一群宠臣和奸佞小人所包围,也比将主权交给一个议会更好,因为一个议会的众多成员也可能昏庸、幼稚或者被他们身边的一群宠臣和奸佞小人所包围。由于一个议会的成员更多,在这方面所受的危害甚至更大。况且那些议员们往往分歧不断,相互攻讦,实际上他们真正在乎的都是各自的私人利益,这些私人利益会与

一个国家的共同福利产生直接冲突。相较而言,在君主国家中,君主的私人利益与国家的公共福利是同一回事,这意味着君主制能最有效地保障全体臣民的共同利益,因为在公私利益结合得最紧密的地方,公共利益所得到的保障也就最大。由此看来,君主制对于克服自然状态下的诸多弊端,实现国家和平稳定,抵御外敌入侵以及促进共同福利等都是必要的。

其次是"可行性论证"。霍布斯的思路大致是,一个国家中最有能力自我保存的人,才是法律至高无上的代表,也就是这个国家的主权者。通过这种方式,可以实现理性与力量的统一。这种统一对于霍布斯来说是绝对必要的,因为那些实力不够强大的人,无法执行法律所代表的理性的意志。如果一个国家的主权者由这种人来担任,那么这个国家就会时刻处于摇摇欲坠之中,因为他们对内无法主持公道、惩罚不义、促进国内和平,对外无法抵御外侮,捍卫国家安全。因此,对于霍布斯来说,作为这种理性与力量统一的人格化代表的君主,是这个国家唯一合法的主权者。然而,如果没有这种最强者的"君主独裁",人与人之间的战争就永远无法停息,那些深受战乱之苦的人们最终会深刻体会到,使法律具有力量和权威的不是基于理性的"可普遍化原则"和"相互性原则"的自然法则本身,而是人和强力。因为如果没有最具有强力的那个人站出来"主持公道",那么,无论是理论上多么公平正义的自然法则,最终都只不过是毫无震慑力的一纸空文。从这个角度来看,我们不难理解为什么霍布斯会坚决反对亚里士多德的著名论断:"我们绝不允许让某个人来统治,除非是理性的原则,由于人按自己的喜好行事,因而会成为一个暴君。"①在霍布斯看来,没有一个公认的最强者来担任主权者,一个国家必定会陷入无政府主义的各自为战状态。即便这个主权者可能成为一个暴君,但只要其具有最起码的理性,有政府总比无政府要好。

在拥有主权者的社会中,每个公民都放弃自己使用强力的权利,并将它统一地让渡给主权者,在他们受到他人侵犯时请求主权者出来主持公道,对侵犯他人的行为实施强力制裁。当人与人之间遇到那些可能通过诉诸强力来解决的利益冲突时,主权者是唯一在法理上有资格并且在强力上有能力充当仲裁者角色的人。对于霍布斯来说,强力和理性的力量同样重要,只有它们彼此结合

① [古希腊]亚里士多德:《尼各马可伦理学》,廖申白译注,商务印书馆2003年版,第148页。

才能实现国内和平和抵御敌人入侵。不妨这样说：没有刀剑威胁确保强制执行的社会契约是“空”的，而没有社会契约的刀剑威胁则是“盲”的。

列奥·施特劳斯（Leo Strauss）指出：“自然状态的本来特征就是，其中有着不折不扣的权利，而没有什么不折不扣的义务。”[①]国家的出现满足了这样一种最基本的权利要求，在此意义上，最坏的国家也比没有国家要好。生命权是压倒一切的权利，但是，国家不能仅仅满足于对公民生命权的保障。从卢梭、康德、罗尔斯和现代慎议民主论者那里我们还可以发现，除了生命权，人们还需要言论自由权、选举权以及公共慎议的权利。在这些权利得不到保障的地方，对公共权力的服从就变成了公民的一项义务，由此就出现了国家和公民的权利不对等情况，仿佛国家除了保障公民的生命权就没有其他的义务，而公民除了生命权就没有其他权利。从积极角度看，自然权利本身没有向公民提出任何一项义务，但是，从消极角度看，由权力的集体让渡而产生的强制性国家权力，必然会超出其合法的范围。当国家保障公民生命权不得被侵犯时，其强制权力是正当的；但当国家除了限制公民不得伤害他人生命权之外，还对公民的义务作出更多的限制，或者不承诺、不保障更多的公民权利时，国家离暴政就不远了。关键还在于，如果言论自由权、选举权、公共审议权等其他权利得不到有效保障，就不会有一种更加强大的权力对国家权力的僭越构成有力的限制。基于保障生命权的国家主权对于公民的生存权利是绝对必要的，但对于公民的其他权利是绝对不充分的。美好的生活以生命权得到有效保障为前提，但是仅仅保障了生命权，美好的生活仍然遥不可及。

第二节　对霍布斯式公共理性的重构及其问题

一、霍布斯的传统批评者

霍布斯的公共理性可以被视为一种国家理性学说：他首先将公共理性落实到法律理性，进一步又将法律理性落实到“最强者的理性”，并将这种理性视为

① ［美］列奥·施特劳斯：《自然权利与历史》（第3版），彭刚译，生活·读书·新知三联书店2016年版，第188页。

国家理性。他对国家的辩护遵循一种“先验论证”的思路:仅当有一个人格化的公共理性时,自然状态下的自由平等与安全稳定之间才能避免互不相容。由于这种人格化的公共理性权威身兼公共政治的权威角色,这就使霍布斯为开明专制的可能性提供了一个公共辩护的论据。而这种契约一旦订立,相关各方就自动丧失了拒不服从的权利,那么集权制出现的可能性就要高于民主制出现的可能性了:它无法保证那个同样富有欲望和激情又精于算计且相当理性的主权者没有私人理性,以及这种私人理性不会与契约所代表的公共理性发生冲突,而这时主权者对公权力的滥用就会难以避免。

卢梭就是这样一个挑战者。他将霍布斯式的私人理性称为自然倾向。这个提法实际上在消极方面有助于得出一个罗尔斯式结论,即不存在所谓的私人理性。康德不用私人理性而用理性的私下运用这种说法也有此考虑。它在积极方面主张一种与公共理性相对立的自然倾向的存在,这里的对立包括密切相关的两个层面:一是公共性与自然性的层面,二是理性与自然的层面。在卢梭看来,一个家庭的父亲只需保护好他自己免致堕落以及防止他的自然倾向变腐败。为了恰当地行动,前者只需要诉诸自己的良心,而后者若只听他自己的良心,也就会变成独裁者。即便他自己的理性也应当加以防范,而他应当遵守的唯一规则就是公共理性,也就是法律。在卢梭看来,自然倾向或个人良心与公共理性或公意恰恰是相互对立的,主权者并不能有丝毫的私人理性。不过就连卢梭本人也承认,这是一个过于严苛的限制。

相较而言,霍布斯对主权者私人理性的限制就宽松多了。他对上述挑战的回应相当有意思。第一个回应是,从消极方面讲,即使人们所担忧的假公共理性之名行私人理性之实的公共权力的滥用无可避免,它也要比毫无公共权力可言的自然状态好得多。第二个回应是,从积极方面讲,人们将公共理性内化为支配自己政治行动的理性准则的过程,同时也是主权者将自己政治行动的理性准则外化为公共理性的过程,这样一来,在主权者身上也就不存在私人理性与公共理性之对立的问题。换言之,在主权者身上公私是一体的,他的私心就等于公意,反之亦然。理由很简单,公共理性或契约是有穷尽的,除了与另一个主权者,主权者已经无法再与其他任何人订立任何自由而平等的契约。这时,主权者对内扮演了公共理性之人格化代表的角色,对外则扮演了一个庞大无比的自然人角色。为了使更高一层面的(相当于国家层面的)原始自由而平等的生活与安全而稳定的生活相容,这个主权者只有参与与其他主权者之间的契约——实际上霍布斯意义上的世界政府迄今并未建成。但公共理性到此为止,最终且最高的那个主权者仍然无法与谁订立契约。

与主权者身份的双重性相对应的是其功能的双重性,即其一方面作为庞大无比的公共人即仲裁者对内维护正义和稳定,另一方面又作为庞大无比的自然人,在与其他可能的同样作为自然人的主权者发生冲突时,促进民众的团结使枪口一致对外。换言之,它一方面要维护国内和平稳定,另一方面要抵御外来侵略(从消极方面看)或干预他国(从积极方面看)。相对于主权者对内的仲裁功能,其对外的团结功能比较不受学术界重视。团结对于主权者对外的消极功能即抵御外来入侵尤其重要,这一点更加彰显了它的主要价值。即便存在凌驾于各国政府之上的作为地球上终极主权者的世界政府,各国内部的团结对于维护国际关系而言也是重要的,此外,对于世界政府而言团结各国政府在某种情况下也是必要的——比如在假设中的外星人入侵的情况下——尽管世界政府在更多情况下扮演的是对内仲裁者角色。团结作为一个重要的政治价值,在当代被理查德·罗蒂(Richard Rorty)所珍视。①

对霍布斯式公共理性的另一种论证借用了"溯因推理"模型,它将开明专制或君主立宪制直接视为现实的。有些人将他的政治哲学视为对当时英国政治体制的一种合理化辩解。首先假设——如果不是认定——当时的政治制度是合理的,然后再往后追溯,寻找该体制为何合理的最佳解释。最佳解释的结论并没有让该体制的支持者失望:无论它有多少弊病,但仍然不失为史上最好的一种体制。典型的与它相对立的自然状态,人们永无宁日、朝不保夕地过着一种原始、恶劣而悲惨的生活,他们为了自保,时刻都在参与"一切人针对一切人的战争"(war of all against all),但最终又无可避免地走向自保的反面:自取灭亡。

霍布斯充分考虑到了修辞术在人们的理性运用中所发挥的作用:"动物虽然也能用一些声音来相互表达自己的欲望和其他感情,但它们却没有某些人类的那种语辞技巧,可以对别人把善说成恶、把恶说成善,并夸大或缩小明显的善

---

① 参见[美]理查德·罗蒂:《偶然、反讽与团结》,徐文瑞译,商务印书馆2003年版,第九章。

恶程度,任意蛊惑人心,唯恐天下不乱。"①

二、霍布斯的问题:高希尔与里奇的交锋

高希尔的《协议道德》旨在表明,道德原则能够作为一种理性约束来生成,这种理性约束来自理性选择的道德无涉的前提。换言之,那些致力于自身利益最大化的行动者,将会拥有理由来约束他们对个人利益的追求,因为如果他们遵循某种基于互利的合作规则,就会在最后获得更大的成功。

高希尔可谓"新霍布斯主义者"的一个代表,他致力于从一个非道德的来源即霍布斯传统进行道德建构,这一工作见于其著作《协议道德》中,他把道德视为出于理性的订约(讨价还价)与同意而进行的建构,这种订约与同意首先假定满足先在的个人偏好为基本的价值追求。

首先,高希尔的这种道德观以消磨个体理性与公共理性的张力为代价。仿佛一个人的公共理性水平不高必定意味着他的个体理性水平不高。其次,这种道德观消磨了当下理性与永恒理性的张力。但问题在于,在这种"理性"与"永恒"的形式下(*sub specie aeternitatis*)观察世界的那种形而上学的渴望——一种激发了主流启蒙思想的渴望——如何相融贯?

个体的寿命相当有限,并且充满了不确定性。个体理性在这种有限性和不确定性面前,往往不会选择那种基于无限性和绝对确定性来考虑的理性策略。我们如何将合作视为一种美德,而不是实现自我利益最大化的策略或曰"权宜之计"?如果仅仅是为了自我利益最大化,一个人为何要选择真诚地与人合作,而不是在表面上合作、却时刻准备着只要有机会就利用那些真正希望合作的人?非无限重复博弈如何能够取得无限重复博弈的合作结果?没有什么途径可以从审慎(prudence)直接推出道德。②

不禁要问,霍布斯的问题出在何处?需要重构的是霍布斯式的理性概念,还是霍布斯式公共理性的论证?高希尔试图从这两个方面同时着手。高希尔关于公共理性的一个核心观点是,作为公共理性之表达形式的法律,它所宣称的超越公民判断和行动之上的权威,必须最终基于公民们自己的理性之上。公

---

① Hobbes, *Leviathan*, Oxford University Press, 2012, p. 130 – 131. 这与罗尔斯对意识形态或虚假意识在理性运用中发挥作用的担心如出一辙。

② 参见[美]查尔斯·拉莫尔:《现代性的教训》,刘擎、应奇译,东方出版社2010年版,第53页。

民们自己的理性,这是一个中立的表述,因为这种理性仍有被公共化的可能和必要。霍布斯式的公共理性正是基于此可能性和必要性而形成的。问题的关键不在于公共理性的权威是否基于作为复数的公民自己的理性,而是以何种方式将公共理性与公民们自己的理性联系起来。高希尔青睐的方式是:反罗尔斯之道而行之,将合情理性最终还原为合理性。高希尔诉诸理性人的一致同意而从合理性直接推出合情理性,对霍布斯式公共理性的这种改造并未改变它的一阶公共理性实质。

高希尔对霍布斯的主权者作了去人格化解读,认为作为仲裁者的乃是法律而非君主。在《公共理性》一文中,高希尔首先对(实践)理性概念进行了重构。[①] 在他看来,实践理性作为一个存在者出于理由而行动的能力,它包含两个维度:一是动机性能力,二是规范性能力。而语言被视为出于理由而行动的动机性能力的拓展。不过,他只强调规范性能力的一个方面,即工具性层面,即行为与信念之间的逻辑一致性。这实际上是实践合理性的一个主要准则。这种规范性能力还有一个价值性层面,被高希尔故意忽略了。因为在他看来,尽管理性的出现和发展离不开群体,但理性的实践运用并不要求任何形式的群体,而价值理性只有在主体进入群体并面对他者时才是必要的。据此,社会性或可公共性被排除出理性实践运用的必然要求之列。

接下来,高希尔对理性的可靠性诉诸个体的可错性和社会性要素的尝试进行了驳斥。他同意霍布斯的一个观点,即理性本身始终是正确的,这种可靠性并不依赖于有多少人一致地赞同。霍布斯对理性的基本定位是一种计算能力,这种计算能力并不因赞同人数的多寡而有所增减。据此,扮演仲裁者角色的主权者完全有可能并且有必要将自己的理性设定为正确的理性,并命令仲裁各方服从,而无论这些公众是否赞同。然而,这并不意味着主权者的个人理性模式必然占据优先地位,而是说它总是从判断所有人有理由做什么的集合模式出发。这要求我们进一步理顺理性的运用与公众的同意之间的关系:不是因为理性被公共运用所以才得到公众的同意,而是先有公众的同意,然后再有理性的公共运用。就其可靠性而言,理性本身的发展成熟经历

---

① 参见[美]大卫·高希尔:《公共理性》,陈肖生译,载谭安奎编:《公共理性》,浙江大学出版社2011年版,第45~67页。

了一个从主体,再经由主体间,最后达到客观性的过程。个人的慎思模型属于理性的主体运用阶段,通过是否同意的方式来体现的公众的或人际的慎思模型属于主体间运用阶段,而主权者对理性的公共运用则属于理性发展的成熟阶段,即客观性阶段。反过来,从主观性经由主体间再到客观性的过程也是激情逐步减退的过程。于是,作为一种客观运用的理性的公共运用就提供了一种超越的旁观者视角,而这一视角正好确保了主权者的仲裁者角色的合法性,它杜绝了个人身上涌现的激情被当成正确的理性而被运用的可能。据此,其可靠性并不依赖公众同意并且由于最少受到激情和欲望的干扰而能保持客观性视角的主权者理性最适合扮演公共理性的角色,它为解决个体之间的争论提供了不偏不倚的视角。

如果每个人的理性都不会出错,那么所有人都会同意他们的判断并且没有任何争论。但既然显见的事实是人群之中争论不断,这就意味着个人理性容易出错。然而,即便个人理性容易出错,将之主体间化也不是克服这种可错性的合适途径。因为理性的可靠性并非源于它的主体间性或社会性,而是源于它的非客观性(包括主体性和主体间性)。在霍布斯那里,主体的理性必然地与个人的善相连并且又必然地与欲望相连,这意味着即便将理性运用于主体间性也无济于事,因为个人善和欲望之间存在深刻而永久的分歧。[①] 据此,既然主权者是扮演这种深刻而永久的分歧的调停者或仲裁者的最理想的角色,那么就只差一步了,即如何使它有机会扮演这种角色。为此,高希尔谈到了公众对仲裁者的授权。这种授权的霍布斯式表述是:“我承认这个人或这个集体,并放弃我支配自己的权利,把它授予这个人或这个集体,但条件是你也把自己的权利拿出来授予他;并以同样的方式承认他的一切行为。”[②]

高希尔的一个假设是先同意再授权。不过会遇到一些问题,比如这里的同意是谁与谁之间的同意?首先,不是个人与主权者之间的同意;其次,若说是人与人之间的同意也会遇到问题:既然他们在其他问题上都争论不休,为何单单在寻求一个居间的仲裁者问题上愿意且能够达成一致?抑或是出于一个经济(经济理性)上的考虑,即与其就每一个具体问题来达成一致,不如就一个总体

---

① 一种罗尔斯式类比是:各种合理且有理的整全性学说之间存在深刻而永久的分歧。不过对于罗尔斯来说,这种分歧是可能的并且必要的,而对霍布斯来说这种分歧只是可能的或充其量是现实的。

② Hobbes, *Leviathan*, Oxford University Press, 2012, p. 87.

问题达成一致？这个总体问题是能否就授权给一个仲裁者达成一致，然后只要遇到分歧就将裁决权交付于它，这样也就省了很多事。然而，倘若每个人的同意都以其他人的同意为前提，那么很难想象有谁愿意让同意首先从自己身上发生。因为在自然状态下，即便有人冒险先作出同意，也往往无法得到他人的立即同意。考虑到信息不对称的可能性和谎言及欺骗在自然状态下的大量存在，实在没有人敢随便拿自己的身家性命冒这个险。既然这种同意不会在经验条件下逐一地作出，那么它只能在一蹴而就的情况下作出。于是就出现了一个问题：公众对公共理性的自愿接受和一致同意，究竟是何种意义上的"自愿"和"同意"？

霍布斯坚持认为所有的服从都是自愿的。然而，前提是公众当初选择的是自愿同意授权。但事实上找不到这样的授权协议。霍布斯真正关心的不是作为事实的授权，而是作为假设或者作为理念的授权。授权本身乃是理性的公共运用的体现。

里奇高度评价了霍布斯的贡献，说他的理论是关于谁应该是公共人的第一个也是最有力的理论。[①] 同时还分享了一个霍布斯－高希尔式的观点，即从自然理性观念中引导出公共理性观念是可能的并且必要的。他清楚地意识到，这与维特根斯坦式的或罗尔斯式的公共理性概念背道而驰。

里奇指出，与所有的契约论者一样，霍布斯根据一个假设的契约——作为公共理性之人格化代表的主权者——辩护一种特定的政治制度。但鉴于霍布斯本人在无限主权者与有限主权者之间摇摆不定，高希尔要做的工作之一便是消除这种摇摆，为此他在霍布斯的"假设契约—公共人"的论证框架里添加了一环，变成了"假设契约—公共人—公共标准"。里奇为霍布斯式人格化的公共理性寻求了一种替代方案，即原则化的公共理性。他认为"公共人"的存在导致了一种"霍布斯式两难困境"，为此提供了一个解决方案，即"假设契约—公共标准"论证框架。解决争论和强制行动的权威不在于某个个体或团体，而在于所有人共同制定、为所有人所共享的原则。

里奇提到的"霍布斯式两难困境"其实包括两个层面：一是主权者的绝对权

---

① 参见［美］迈克尔·里奇：《霍布斯式的公共理性》，陈肖生译，载谭安奎编：《公共理性》，浙江大学出版社 2011 年版，第 80 页。

威与限制性权威的两难困境,二是旨在解决此困境的方案又进一步陷入了无穷倒退的困境。在里奇看来,霍布斯既想给主权者以绝对权力,又想以某种方式来限制他的权力。他一方面要求主权者的法令必须得到绝对服从,否则人们将会面临重新退回到自然状态的危险;另一方面又要求主权者的法令是公平的,否则将会面临"创造一个怪兽"的危险。霍布斯意识到了存在一种可能性,即主权者的法令并不必然是公平的。但问题是,人们是否应当绝对服从不公平的法令?对此,霍布斯给出了两个回应:一个是直言不讳的回应,即最坏的利维坦也比毫无法令的自然状态要好;另一个是有些语焉不详的回应,即主权者的绝对权威应当得到限制。问题是由谁来限制,直观的回答是诉诸一个超越于主权者之上的公共人或另一个主权者。但这会陷入无穷倒退的困境。这也是霍布斯本人所注意到的。他说:"所有的成文法与不成文法都需要解释……成文法中,文字短的容易因一两个字具有歧义而被曲解,而长的则由于许多字都有歧义而更加含糊。"[①]在绝对主权者那里,诠释是多余的,因为让拥有权威的主权者去诠释自己颁布的法令是毫无意义的。而要使诠释有意义,那就必须寄希望于一个权威。问题在于,这种诠释会陷入无穷倒退的困境。

我们需要一些二阶规范,虽然这可能导致无穷倒退,但其至少提供了一个控诉的渠道和合理性辩护。然而,如果允许在特殊情况下个体可不服从主权者,这又可能导致循环论证。

里奇注意到一个问题,即像康德那样拥有一个迥异于霍布斯的价值理论的道德哲学家,却在忧虑一个非常霍布斯式的问题。因为在康德的解释中,人际冲突的来源是在运用占有概念上产生的许多分歧,显然这是一个非常现实的问题。[②] 并非由于人是自私的,人与人之间才会有分歧。人际冲突无需利己主义和利他主义的道德基础,冲突是人类作为有限理性的、依赖性和群体性的存在者在相互交往中的一个"结构性特点",即便是利他主义者之间也同样会发生严重的分歧,宣扬利他主义的伦理观并不是解决人际冲突的最佳方式。对此,一个简单的反驳是,即便利他主义比利己主义更有助于化解人际冲突,维持社会稳定,但它可能缺少某些利己主义可能具备的优点,比如个人价值的最大化以

---

① Hobbes, *Leviathan*, Oxford University Press, 2012, p. 205 – 206.

② 参见[美]迈克尔·里奇:《霍布斯式的公共理性》,陈肖生译,载谭安奎编:《公共理性》,浙江大学出版社2011年版,第74页。

及基于此的社会总效益的最大化。

冲突的根源在于人类理性自身的复杂性，或更准确地说是人类理性在现实运用（典型的是实践运用）中的复杂性，而非人的自私本性。人际冲突有时候表现在工具理性层面，但更常见的也是更为深刻的分歧则表现在价值理性层面。工具理性本身无法为哪一种价值才是最正确的甚至是唯一正确的提供辩护。换言之，无法从工具理性直接推导出价值理性。① 只要存在价值多元化的可能，就必定存在分歧和冲突的可能，即便所有人都是工具理性的。人际冲突更多地表现在价值性层面而非工具性层面，那些违背工具理性规范的人们并没有加剧冲突，而只是使其更加复杂。

考察公共理性的一个角度是，将之视为关乎价值理性的程序理性。持有不同的甚至根本冲突的多元价值观的人们之间如果存在化解冲突和平共处的可能，那么，某种关于价值多元化的程序化要求是必备的。首先，它并不在价值上预设某个特殊的实质理性规范，以便在众多的实质理性规范之间处于中立位置。其次，它关心的是程序，与其说是价值冲突各方在行动层面上的冲突，毋宁说是它们在理性上的冲突。这里的"理性上"应当理解为理性各方为自己之所以如此这般行动所提供的工具性尤其是价值性上的辩护，其中既有动机性维度，也有规范性维度，而不只是理解为理性各方围绕各自的价值观念和行为选择都说了一些什么。②

关于公共理性的程序性特征可能引来一种批评，即价值相对主义。霍布斯式自然状态似乎暗含了一种似是而非的价值相对主义立场：在自然状态下没有哪一种理性所代表的价值是唯一正确的，甚至没有一种理性比其他理性更为正确。但这并不意味着霍布斯式的公共理性理应面对价值相对主义的指责。严格意义上的价值相对主义否认存在唯一正确的、最正确的甚至是更正确的价值，主张所有价值要么都同样的正确，要么都同样的不正确，其实就是无所谓在

---

① 这一表述类似于罗尔斯所说的合理性与合情理性之间无法相互推导。

② 康德式公共理性中暗含着一种实践理性的考虑，即实践理性真正关注的是意志而非行动。一个人应当对之负责的与其说是他的行为过程和结果，毋宁说是他关于行动的意志和表象。由此角度可以区别善良意志（良心）与善良行动（善行），义务论真正关心的是绝对命令作为理性的和自由的行动的必要条件，不管行动是否得到了无条件的执行，也不管行动执行的结果是否如人所愿。行动的执行显然是有条件的，它有一些经验的或自然的限制条件；行动的结果显然受到了经验或自然条件的限制，包括运气。行动的意志、过程和结果最终只能诉诸康德式的自然目的论才能得到令人满意的解释。

客观上或即便主体间上哪个正确、哪个不正确，而所谓的正确或不正确都是相对而言的，即相对于不同的主体以及情境。然而，公共理性并不需要做这样的预设，像罗尔斯这样的哲学家也并不打算为公共理性寻求一种价值观基础。价值相对主义或者与之相反的观点已经超出了公共理性力所能及的辩护范围。在实质性问题上，公共理性无法触及更深层次的真理，这是一种罗尔斯式的限制。公共理性并不是一种真理理论，而只是一种实践理性模型。这种模型的辩护是合理性而非真理性。如果一定要质问公共理性的价值观念，我们宁可说，它更加贴近于一种非理论化的常识立场：有些价值是正确的，有些价值是不正确的，但我们不可能也没有必要独断地确认某一种价值是最为正确甚至是唯一正确的。我们关心的不是在理论上是否有可能确认这一点，而只是审慎地主张这已经超出了公共理性力所能及的范围。在价值多元化背景下，我们认为存在不止一种正确的价值，相当于罗尔斯所说的合理且有理的整全性学说。公共理性也不是要去实质性地解决多元化价值之间的冲突，相反，它关心如何体面地维持价值之间的必要的张力，这是一项有点类似于维持生态多样性的工作。

一个坐实的公共理性模型容易遇到这种问题，无论是霍布斯的主权者理性，还是里奇式的原则理性，最终都无法回避这个困境。一方面，原则是刚性的，无规矩无以成方圆，没有原则就无法确保社会和平稳定；另一方面，原则是死的，人是活的，在某种特殊情况下，活人理应有不服从死原则的自由。罗尔斯寄希望于暂时性的重叠共识理念，康德则寄希望于公开性概念，在特殊情况下对主权者的不服从应当是能得到公开辩护的。理性的公共运用并不必然意味着服从权威，但它一定意味着自由，而理性自身的自由是言论和思想的自由。人们在求得理性行动的自由之前，必须先争取理性言说的自由，即嘴的自由、脑的自由和笔的自由。

公共理性作为一个理念而非现实描述，它可以有一种康德式的抱负，即自然目的论。除了公开性，还有一种反思平衡式的方式。公共理性作为一个目的，它通过反思平衡而消解“霍布斯困境”。

第三节　公共理性的一阶解释

一、自然状态下的合作

霍布斯认为,正是人们对于稳固的“福祉”,即在实现欲求对象上不断成功的追寻在自然状态下将会把人们卷入无休止的战争:人们要么正处于战争状态,要么处于随时准备战争的状态。为了获利,为了安全以及为了荣誉,人们不惜先发制人。没有人强大到能够永久立于不败之地,也没有人弱小到永世不得翻身。与其说这是出于残忍和自私,不如说这是出于欲望的本能、理性的算计以及对被打败的恐惧。

与霍布斯不同的是,洛克将自然状态看作战争状态的对立面。在洛克看来,即便没有一个“利维坦”,大体上人们至少在最初阶段仍有可能过一种尚可接受的生活。在洛克的自然状态中,物品不再极端稀缺。他将道德和神学上的考虑引入对自然状态的思考中,没有人能够拥有凌驾于他人之上的天然权利。每个人不再宁愿面临受报复或受惩罚的危险也要在必要时不择手段为自己谋福祉(这是霍布斯的自然权利),而是每个人都掌握一种在必要时惩治那些违反自然法则的人们的权利(这是洛克的自然权利)。

与霍布斯相反,卢梭对于自然状态持有几分乐观的看法,因为自然状态下的人们一方面只有少量的、容易满足的欲求;另一方面又有天然的同情心和合作意识(这种天生的怜悯之心不同于洛克的道德意识)。他们甚至比文明人更懂得尊重彼此的权利,常常通过创造更多的物品而不是抢夺他人来应对物品的稀缺。他对人类进化持一种极端并且悲观的看法,因为自然状态下的人们的合作和创造产生了闲暇,进而产生了奢侈品,产生了人们之间的虚荣、攀比、嫉妒和侮辱;但私人财产的出现导致了不平等和对穷人的奴役,真正的战争状态就开始了。为了避免这种战争状态的出现,人们有必要制定公正的社会规则以确保和平的方案,因此社会契约成为必要。

自然状态是一种原始无政府主义的状态。然而,有些理性无政府主义者,如葛德文(Godwin)和克鲁泡德金(Kropotkin)对自然状态下人们避免无休止的战争和堕落更为乐观。他们认为,合作在自然状态下会逐渐形成,即便是在自私的人们之间;人类性本善;即便在国家不存在的情况下,政治、社会结构与规则也会被构想出来以弥补自然状态的缺陷。当然,如果自然状态下的人们的个体理性臣服于公共理性,那么这种足够理性的无政府主义甚至已经走向了霍布斯等人的自然状态的对立面了。

自然状态下的“霍布斯变换”,可以理解为囚徒困境中的“合作变换”。我们在“猎鹿博弈”以及囚徒困境的“合作变换”中可以看到这种合作形式,它实际上构成了“合作的演化”的讨论对象。与竞合博弈相比,它更加依赖局中人之间起协调作用的强制性约定,当然,如果合作是演化的结果,那么,这种强制性具有内生稳定性,因此可以看作自发形成的社会契约。当同一个种群的不同个体之间为了争夺食物、领地或配偶等有限资源展开竞争时,我们会将之视为竞合博弈,但当它们在抵御外敌方面又采取协作行为,最终促进了整个群体的平衡发展时,我们看到的是合作博弈。合作变换缺乏“辩护性”,需要一个强有力的第三方制订有约束力的“合作协议”,一种人格化的合作协议。

猎鹿博弈(见图1-1)的最早版本源于卢梭的《论人与人之间不平等的起因和基础》。[①] 这个博弈的合作均衡解是(打鹿,打鹿),但这个均衡解缺乏稳定性,在缺乏彼此信任的机制、不充分信息下的背叛的诱惑以及对对方禁不起背叛诱惑的担心的情况下,这个猎鹿博弈处于不稳定状态,最终收敛为不合作博弈下的纳什均衡解(抓兔,抓兔)。

		猎人A	
		抓兔	打鹿
猎人B	抓兔	4 4	0 4
	打鹿	4 0	10 10

图1-1 猎鹿博弈

① 参见[法]卢梭:《论人与人之间不平等的起因和基础》,李平沤译,商务印书馆2007年版,第88页。

霍布斯自然状态的博弈论模型，通常被视为囚徒困境的零和博弈，但菲利普·佩迪特(Philip Pettit)反对这样的看法。[①]"囚徒困境"只有一个纳什均衡解，即(背叛，背叛)，但问题在于，这个解并不满足帕累托效率(pareto efficiency)。与之不同的是，猎鹿博弈有两个纳什均衡解，它们分别是(合作，合作)与(背叛，背叛)，并且其中的第一个解满足了帕累托效率。

对于"囚徒困境"来说，在没有外部惩罚机制的情况下，参与人之间难以形成合作。尽管重复博弈可能形成合作，但在霍布斯式的自然状态下，两个参与人之间的重复博弈机制未能建立起来，所以我们在很大程度上仍然将之视为一次性博弈。参与人之间的通信在很多情况下都是无效的，因为任何一个人的承诺都是不可信的。内部惩罚机制在很多时候也是无效的，因为自然状态博弈的失败者，很可能没有机会惩罚那个背叛了他的人。所以，在这种情况下建立合作的一个重要保障就是一个强有力的第三方仲裁者出现。

猎鹿博弈无需外部惩罚机制下的合作，参与双方仅凭自己的理性和共同知识就可以达成合作。但它具有两个纳什均衡解，在无通信条件下，容易产生双方的彼此不信任感，这种不信任本身就足以破坏合作的可能。并且，由于这种不信任的存在，"先发制人"(首先选择背叛)可能被双方各自认为是明智之举。

结论是，囚徒困境的合作变换和猎鹿博弈的稳定性，都需要霍布斯的"利维坦"来保证。

二、个体理性与公共理性

汉语中的"理性"有时用作名词，有时用作形容词或副词，即"理性的"或"理性地"。这里谈到的"个体理性"和"公共理性"也是如此。有时我们说公共理性如何如何，有时我们说某事非常"公共理性"。

公共理性与个体理性的关系不同于理想与现实的关系。只要具备一定条件，理想是可以实现的。但公共理性严格来说处于永恒的彼岸世界，而且从某种意义上说，个体理性亦是如此。理性存在者的个体理性是无法被完全超越的，每个人所掌握的信息并不一样多，每个人的理性程度并不一样高，借用罗尔

---

① Philip Pettit, *Made with Words: Hobbes on Language, Mind, and Politics*, Princeton University Press, 2008, p. 111 – 114.

斯的术语说,每个人处于不同的原初状态之中。“无知之幕”只是理论上的假设。反过来说,当亚里士多德说人是理性动物时,我想他应当包括这层意思,即人是公共理性动物。不过他是在不同的意义上来谈论公共理性的。当他说人是政治动物时,并不专门指人是政治上的个体理性动物。一个人只有从家庭进入城邦,才能实现公共善。

霍布斯从公共理性出发,认为自然状态下的人们可能会制定或遵守自然法则。不过在他看来,显然没有哪一个人能够确保这种自然法则可以得到普遍的遵循。也许只有一个利维坦能够这样做,而这正是公共理性超越个体理性的体现。国家是公共理性的产物。然而,这不是笔者的观点。一个部落之内可能通过血缘关系、力量比拼、传统权威等方式产生一个首领,两个及两个以上的部落之间同样可以通过这些因素来产生一个至少是暂时的胜者。只不过在诸部落之间的较量中,若不考虑运气等因素,欲望、勇气尤其是实力的差异占据更为重要的位置。在接近于一种霍布斯式的自然状态中,部落之间的冲突、蚕食和兼并仍是比较常见的。它们并非喜欢如此,更不是因为他们具有反道德的本能,而是在为形势所逼(如狭路相逢争夺必要的生存空间和生存资料)时,自我保存的本能驱使它们这样做的。然而,部落兼并战争总有一个至少是暂时的终结,这时就形成了原始意义上的国家。部落首领或首领阶层为了维持和巩固自己的既得利益而制定出种种法律乃至道德上的制度,并惩罚那些违反规则的人或部落。据此,一个实力和运气都不差的部落有可能通过个体理性来取得霍布斯式的利维坦的位置,而不或至少并不特别需要凭借公共理性的作用来取得它。当然亦可这样说,即霍布斯式的公共理性是对利维坦即国家统治的合理性的一种事后追加的辩护。然而,霍布斯反对仅凭个体理性就能坐上利维坦宝座的一个理由是,在自然状态下,世上并没有常胜将军,战争或准备战争是常态,一个胜利者可能在来不及为维持和巩固自己的统治而制定和完善自己的“上层建筑”时,就已经被下一个胜利者打败了。因此,利维坦是不可能从个体理性中派生出来的。

然而,霍布斯似乎过度夸大了人的侵略性、叛逆性和旺盛精力,而低估了人们在勉强能够活命时的忍耐、服从、疲惫和妥协的能力,也低估了胜利者取得哪怕短暂的胜利后对那些臣服者的肉体及精神控制的努力。尤其当被他低估的两点同时出现在一个社会之中时,胜利者的胜利将不再是暂时的,它至少能够维持一段时间。在许多情况下,时间会站在统治者一边,时间的流逝对于维持和巩固胜利者的统治并非无益。这种个体理性所支撑的利维坦并不具有永恒的寿命,但它符合人类历史的实际情形——大多数朝代能够支撑几年至几百年不等的时间。

由于对于自我保全的自然激情占据压倒性优势,无论何种情况下,对于个人而言,如果有人试图剥夺自己的生命权,那么自己就必须做出竭尽全力的反抗,甚至在一个人触犯死刑因而受到公正的死刑判决时仍然如此。从公共理性角度看,只要死刑判决是公正的,那么对这种判决的反抗就是不公正的。但是从自然激情和个人理性角度看,没有任何理由能阻止自己出于对生存的渴望和死亡的恐惧而采取的一切措施。因此,即便就狭义的生存权而言,如果仅从自然激情和个体理性出发,由政府代行的国家权力与个人自我保全的权利之间仍然存在无法解决的冲突。

个体理性并不是一种低级的理性,相反,在相当一段时期内,它是人类实践理性的基本形态。从自我的、当下的和此处的视角看问题,这是一种既符合直觉又符合事实的自然态度。有些人甚至认为,从他者的、长远的和彼处的视角看问题,也只不过是一种可被还原的折射。相对于政治理论而言,集体主义、整体主义和利他主义未必不可能是个体理性的某种版本,在政治实践中尤其如此。然而,正如霍布斯和卢梭、洛克等契约论传统中的哲学家所指出的那样,个体理性需要至少部分地被公共理性所超越。一方面,超越个体理性对于公共理性的合法性而言是必要的;另一方面,只有至少部分地被公共理性所超越,个体理性才能成为一种更加彻底的理性形态。借助对公共理性的批判,个体理性实现了自我超越——克服了个体理性中的狭隘或不合理性的成分。所以,从个体理性角度仍然可以理解契约论的初衷,而如果仅仅着眼于个体理性,那么可能就无法成功破解许多理性的困境,比如著名的“囚徒困境”。公共理性的实现并不完全依赖于契约自身的完美性和约束力,以及博弈各方信息的对称和无限次重复博弈。

相对来说,霍布斯的公共理性也许凸显了“理性”之维,但它很难说是“公共的”,因此,他所说的“理性”与后来公共理性中的“理性”也不一样。也许可以说,霍布斯式的公共理性,其作用对象是公共政治领域,比如它可以用来建构某种形态的政治契约论,或者为国家(利维坦)的政治正当性提供某种“公共辩护”。然而,如果按照现代的标准来衡量,首先,这种版本的公共理性,并没有假定主体的公共身份,比如公民身份。人格化的君主不是普通公民,普通公民也不可能被选为君主。即便是非人格化的国家(就其作为暴力机器而言),如果没有公民身份作为其主体支撑,其正当性也是有问题的:国家不应当被视为外在于甚至是凌驾于公民之上的某种政治实体,而恰恰是居间于公民的联合体;反过来,如果国家并不具有“公民自愿联合”意义上的公共性,那么其统治下的臣民因其不具有公共身份而只能是“私民”了。

其次,从个体理性推出的公共理性,与后来基于实践理性形成的公共理性有很大的差别。实践理性特别强调理性推理过程的可公开化、推理结论的可普遍化以及实施推理的主体所必须遵循的相互性特征。君主专制政体很难获得实践理性的可公开化、可普遍化和相互性辩护,在此意义上,它就不是一种公共的政治体制,而更像是某种“家天下”体制。① 如果人人都秉持相互性原则,将心比心、推己及人,就不会一致同意受一个君王的统治。此外,人际合作的概念在霍布斯那里显得很另类,如果臣民与君主之间的那种妥协或“临时协定”都能算是合作,那么被抢劫者与抢劫犯之间、被强奸者与强奸犯之间也有合作,这样合作就不再是一个难以实现的目标,毕竟根据霍布斯的自然法,对于任何人,活命才是第一位的。然而,在社会人际互动的背景下,根据每个人都想要活命的个体理性法则,最终得出的结论恰恰是每个人都活不好,甚至活不下去。现代博弈论通过“囚徒困境”模型证明了基于自我保存的个体理性无法顺利地过渡到基于相互性原则的公共理性,仅仅基于对个体理性的简单累加,不能形成公共理性,毕竟无论是康德意义上的可普遍化,还是休谟意义上的社会习俗,抑或是罗尔斯意义上的相互性原则,都不是个体理性简单累加的结果。

三、自然法与一阶公共理性

一个人出于对不利结果或遭受惩罚的恐惧而选择服从一个自然法则,但这并不意味着他是不自由的,相反,恐惧与自由是相容的。霍布斯举例说,一个人因为害怕船只沉没而将货物抛到海中时,他是十分情愿的。因为假如他不愿意的话,亦可不这样做。同理,人们有时仅仅是由于害怕被监禁而还债,由于并没

① 例如,《诗经·小雅·北山》云:普天之下,莫非王土;率土之滨,莫非王臣。

有人阻拦他不还债,所以这便是有自由的人的行为。一般来说,人们在国家之内由于畏惧法律而做的一切行为都是行为者拥有不为之的自由的行为。

法律决不能违反理性,问题在于谁的理性将被接受为法律。这当然不是任何一个臣民的理性,因为那样的话,法律中相互抵触之处就会像经院学派中的分歧一样多。而且这也不是那种一个人经过长期研究、观察和积累经验之后所得到的完整理性,因为长期的研究可能会强化一个人对一个错误判断的坚持。

然而,我们说任何一个臣民的理性都没有资格作为法律的基础,这并不意味着法律与臣民的理想无关。毋宁说,尽管法律的形成并不取决于任何臣民的个体理性,但它仍然取决于臣民的共同理性或公共理性。因为离开了这样一个理性基础,法律尤其是自然法则就没有存在的可能。对于自然法则来说,它的约束力并不来自某一个权威(人或机构)用成文法的方式将其公布于众。自然原则是被每一个人自己的理性认为是法律的任何东西,它必然是符合所有人的理性的东西。这一点除了自然法则以外没有任何法律可以具备。因此,自然法则不是由某个权威所颁布的,而是由整个大自然同时为每个人在他的理性中颁布的。在这里,自然法则的权威也就是人类理性的权威,而且它还是一种内部权威,它的正当性已经扎根于每一个人的自然理性之中。

正是依据这样一种自然理性,人们才得以克服与生俱来的恐惧和焦虑,获得真正的自由——它区别于原始自由。同时,这种自然理性并没有限制一个人的个体理性。对霍布斯来说,在法律未加规定的一切行为中,人们有自由去做自己的理性认为最有利于自己的事情。法律或公共理性的作用更多的是调节性的作用,与其说它规定一个人可以做什么,毋宁说它规定一个人不能做什么。在那些公共理性未加禁止的事务中,一个人拥有依据其个体理性作出决策或选择的自由。公共理性以一种消极的方式——可理解为说不或否决的方式——规定了个体理性的适用范围,但它并没有穷尽自由的概念空间。相反,一个人的自由必须在个体理性的运用中才能得到实现,因为毕竟在不违反公共理性的前提下,个体理性仍然大有可为。

然而,我们必须指出,作为一种宽泛的维特根斯坦解释,这也许违背了维特根斯坦本人的初衷,因为他从来没有直接探讨诸如理性的本性或自然理性与公共理性的关系问题。研究者从《哲学研究》及其他一些著作中发现其中的某些段落支持一个观点,即理性的私人运用是不可能的,而维特根斯坦的真正兴趣在于通常所说的反私人语言论证。维特根斯坦所说的私人语言大致是这样的：这种语言的语词是只有说话人能够知道的东西，因此另一个人无法理解这种语言；别人都不理解而我却"似乎理解"——一种主观的理解——的声音可以被称为"私人语言"，同时也表明了语言有一种最大范围的公共性——跨语言的公共性："共同的人类行为方式是我们借以对自己解释一种未知语言的参照系"。鉴于语言和理性都溯源于古希腊的逻各斯，维特根斯坦所强调的语言的公共性和规范性，经常被拿来类比于理性运用的公共性和规范性。但即便如此，这里仍然存在两种不同意义上的公共性和规范性。维特根斯坦着眼于从理解或解释上来论证理性的公共性，但里奇着眼于从运用上尤其是目的上来理解理性的公共性。人类的言语或其他理性活动并不存在根本上的私人性或不可理解性，这并不意味着人们不会运用理性为私人目的服务，而正是这种目的的私人性才决定了理性的私人运用特征。

基于维特根斯坦的考虑，我们有了进一步的理由来区分 public reason 的两个层面：其一，侧重于理性的公共性，据此就不存在维特根斯坦意义上的私人语言以及私人理性，进而认同康德和罗尔斯的一个观点，即不存在非公共理性；其二，侧重于理性的公开性（openness），它所针对的是那种出于私人意图或基于私人价值的理性的私下运用，尽管这些私下运用仍然是可解释、可理解的，并就此而言是公共的。若借用高希尔在《公共理性》一文中的区分，我们称维特根斯坦式的公共理性为一种动机性的公共理性，因为它是可表征的、描述性的，而称从霍布斯到罗尔斯这些政治哲学家所讨论的公共理性为兼具动机性和规范性的公共理性，尤其在卢梭、康德和罗尔斯等人那里，它更主要是规范性的公共理性。罗尔斯甚至还专门分别为动机性和规范性的实践理性制定了两个词，前者为 rationality，后者则是 reasonableness。[①] 正是这种基于兼具动机性和规范性的公共理性概念，哲学家才能不矛盾地预设一个主体在没有群体里的环境下运用自己的理性：如果从来没有人群，就不会有理性的出现；但一旦出现了理性，一个人既可能在私下里也可能在人群中出于自己的价值规范性考虑而运用理性。

理性从来都是客观的，但理性的运用并不总是客观的。被私人运用的理性

---

① 里奇也大致地将动机性的自然理性对应于罗尔斯的合理性，将规范性的公共理性对应于罗尔斯的合情理性。参见［美］迈克尔·里奇：《霍布斯式的公共理性》，陈肖生译，载谭安奎编：《公共理性》，浙江大学出版社 2011 年版，第 70 页。

是主观的,被群体运用的理性则可能是主体间性的,而在一个社会里被公共运用的理性不仅仅是主体间性的,它应当以客观性为目标。单纯主体间运用的理性也可能出错,而在根本上只有客观性才能提供纠错的机制。霍布斯出于类似的考虑,才认为"任何一个人或一定数目的人的理性都不能构成确定不移的标准"。从"主观性—主体间性—客观性"的"三角互动"解释模型来看,相对来说,霍布斯式人格化的公共理性甚至连主体间性都无法完全满足,因为它仍然无法根除理性的主观运用,作为主权者的个人首先是一个主体,它在运用自己的理性时难免带有主观性视角。而里奇所提供的替代性方案,即一种基于原则的公共理性仍将理性的公共运用维持在主体间性的水平上。原则并不是一成不变的,它本身只不过是有限理性的产物,就像人类自身一样是一种历史性的存在,就客观性相对于主体间性的超越性来说,它并不是客观的。即便是霍布斯也没有以下抱负,即主张主权者的理性是客观的,因此是永不出错的。从个体理性到公共理性的过渡,并不是一个从主观性到客观性的过渡,而是从主观性到主体间性以及社会性的过渡。

从积极角度断言冲突必然发生,与从消极角度断言冲突并非必然不发生相比,我们更加倾向于后者。公共理性要面对的与其说是冲突的必然性,毋宁说是一种可能性,或一种实现了的可能性即现实性。即便人们在工具理性上不会出错,也不能因此避免他们在价值理性上仍然可能存在冲突。理性的规范性有两个维度,一个是工具性的,另一个是目的性的。原则需要锻造,包括两种情况。一是已经设计出来并被接受,只需要加以适当的诠释和修改。为了避免无穷倒退,我们可以诉诸公共理性来评估公共理性。二是在模塑原则阶段,我们要有思想实验作为参考。模塑原则与人类及人类理性一同生长,任何时候总有一些已经被设计出来并被接受的原则等待被诠释和修改,问题在于如何处理有冲突的原则,而非没有原则。我们将公共理性视为一种集体智慧的结晶。公共理性的观念必定会随着时间推移而逐渐发展起来。实践中建构并隐含实践的原则对于公共理性来说并不是充分的,但它是必要的。实践和行动本身也必须依赖原则才得以成为可能。

公共理性所需要的原则包括四个层面。实践或行动所依据的原则是第一原则。能够交流、加入团体,自己与他人相互理解的原则是第二原则。在交往中产生的不同价值取向是第三原则,它是个体化的产物。非个体化的原则冲突是第四原则,如整全性学说之间的冲突。让一个共同体面对共同的敌人(自然界的和社会上的),更有助于增进集体意识和公共理性,由于公共敌人总是存在的,所以公共理性可以从这里开始向个体反推。另一个维度是从个体理性向外推广,在某个地方会遇到公共理性的内推。人们有更改原则或改选原则的权利,这是自然而然的事情。我们尤其不可像霍布斯那样,因为人没有任何善的观念,便认为人天生是恶人;因为人不知道什么是美德,便主张人是邪恶的。亦不能像霍布斯那样认为:人从来不对他的同类效劳,因为他认为他对他们没有任何义务;人自认为他有取得自己所需之物的权利,因此便以为他自己是整个宇宙的唯一主宰。[①]

共同权力使人畏惧,公共理性使人信服。从自然理性推导出公共理性的企图,可能带来一个质疑,即它将道德与法律混淆起来,或者将法律的合理性和强制性完全建立在个人自愿的基础之上。高希尔称之为一种无政府主义的理念。与霍布斯式的威权主义公共理性相比,康德式的公共理性反对这种外部权威。前者强调公共理性只在国家存在,后者强调对于官员并无公共理性可言。从康德对自律的强调中可以开展一种无政府主义的公共理性思路。罗尔斯式的公共理性介于两者之间,它一方面反对无政府主义,另一方面倡导有限政府。民主社会的公共理性旨在探寻一种多元价值之间"和而不同"的制度模式。这意味着公共理性必须具有中立性,这是一种程序上的中立性,其中包括尽可能少的实质内容,而只是一些形式要求。

公共理性在另外一点上同样分享了维特根斯坦的一个观点,即《逻辑哲学论》中所讲的,(复合)命题是基本命题的真值函项。[②] 若将这里的"真值"(truth value)替代为"合情理性",我们就得到一个公式,即公共理性是经验的实践理性(混杂着个人判断、欲望、情境和原则等)的真值函数,即"实践理性函数"。与基本命题在功能上的一个区分在于,实践理性并不试图为所有的理性运用提供基础。但它在消极意义上仍然扮演着类似于基本命题的角色,即每一个实践理性只有在不违背公共理性原则的情况下才是有理的(reasonable)。这就意味着,可以将人们的私下讨论和非政治的公共讨论视为不违背公共理性原则。

---

① 参见[法]卢梭:《论人与人之间不平等的起因和基础》,李平沤译,商务印书馆2007年版,第71页。

② 参见[奥]维特根斯坦:《逻辑哲学论》,贺绍甲译,商务印书馆1996年版,第62页。

在霍布斯那里,从自然状态进入国家之后,人们会径直就自己应该如何解决各种事情制定法则。人们要做的无非是将主体和情境条件填充到函数之中,然后公共理性就会指导特定的主体在特定的情境下应当如何行事。霍布斯与罗尔斯的一个分歧在于,前者认为这样一种“实践理性函数”可以从个体理性中推导出来,亦可内化到公民的自觉推理中去,成为公民道德的一部分。

与罗尔斯的整全性学说相关的一个问题是,霍布斯并没有严格区分公共领域与非公共领域,以及政治领域与非政治领域,更不用说进一步明确意识到作为这两种密切相关的区分之交叉结果的公共政治领域的严格性了。实际上,霍布斯并没有给出这种区分的可能性或必要性论证。这就无法避免一种趋势,即它们之间的相互越界:非公共领域公共化,政治领域非政治化,反过来,公共领域非公共化,非政治领域政治化。对于罗尔斯来说,这些概念区分是至关重要的,不做这种区分的公共理性本身就是一种整全性学说,由于它带有过多过强的实质性内容而影响了其程序上的中立性和有效性。

比如,霍布斯式公共理性概念的背景是他对奇迹的讨论,他认为通过诉诸公共理性可以解决因宗教分歧所产生的一部分不稳定性问题。这种分歧与其说是理论上的,毋宁说是实践中的,因为它涉及对不同的实践(宗教)义务的履行。因此这种稳定性非同小可,它具有实践中的紧迫性。但即便如此,它也会引来一种罗尔斯式的反驳,即对于人们围绕奇迹问题这样的宗教领域(非公共领域)所产生的分歧,诉诸公共理性并不是一个很合宜的办法,因为公共理性一则不应干涉非公共领域中的分歧,二则也管不好这种分歧。公共理性应当对此不加干涉而顺其自然,除非哪天我们以一种恰当方式不再将之视为一个非公共领域中的分歧。如果不对公共理性的适用范围施加严格限制,那就无法确保公众只在那些特别必要的政治领域诉诸公共权威,而这些政治领域能够获取普遍的公共一致性。如果公共理性完全压制或蚕食了私人理性的地盘,那么公众的自由和平等势必受到严重影响。

作为一种调和内部冲突和团结各方一致对外的实践理性模型,霍布斯式的公共理性是一种一阶公共理性。我们亦可将这种公共理性视为一种富有实质性内容的正义论,它与罗尔斯的作为公平的正义论一样,相对于一种二阶的公共理性而言因带有太多的实质性限制而成为一种整全性学说。借用罗尔斯的概念,霍布斯式的公共理性是一种权宜或临时协定。休谟说:“人们要互相进行交往,就必须要有规则。”①规则是人类行为的必然要求,而不只是人类道德实践的必然要求。在休谟看来,即便是在那些建立于最不道德的原则基础上的社团和最有害于一般社会利益的社团中,也需要一定的规则;虚假的荣誉感和个人利益促使该社会的成员遵守这些规则。人们经常注意到:强盗和海盗之中如果不建立一套新的公正分配办法,恢复他们在抢劫别人时已被破坏了的公平准则,就根本不能维持他们这种有害于社会的团伙。换句话说,人类行为即便不受道德的约束,也仍然要受到规则的约束。从这个角度可见道德强制力与规则强制力的区别。

霍布斯的自然法则是基于规则强制力对人类行为的约束。即便不考虑道德问题,规则问题也是无法回避的。自然法则是从审慎的合理性(prudential rationality)过渡到公共理性的一个自然的结果。理性的人们在人人相互为战的自然状态下最终达成的调节行为关系的基本原则,构成了自然法则的核心部分。从这里我们可见霍布斯政治建构论的某些特征。一种公共理性的建构程序需要满足以下三个基本要求:其一,存在理性行动者(rational agent);其二,满足一些特定的(或理想的)条件(specified circumstances);其三,达成调节行为关系的基本原则(basic principles)。霍布斯式的公共理性建构开始于他不同意亚里士多德关于人类本性的观点。在他看来,人类本性并非像蜜蜂这样的社会动物的本性一样,人与人的协作完全依赖于一份协议(agreement),也就是在“谁应当得到什么”问题上发生分歧的人们之间形成的一个供大家遵守的正义条款,为此他们就需要一种关于是非对错的共同标准来规制他们的种种行为和事务。但这种契约论观点同时亦可被视为建构论观点,因为正义条款的形成从外部来看依赖于订约各方的一致同意,但从内部来看这种一致同意必然具有理性的根据。这种理性根据,霍布斯有时称之为公理,有时称之为自然法则。

霍布斯旨在建立一门政治的科学(science),这门学科不同于政治的明智(prudence)之学。前者受法则指导,后者受经验指导。自然法则由理性的判决构成,它们不是通常意义上的法律。他称之为“公理”,而法律与其说是公理,不如说是命令,因此它们只存在于当某人把它们当作法律之时。如果说法律的命令的正当性来自人们的自愿同意。换言之,他可以不同意,那么公理(我们将它

① [英]休谟:《休谟政治论文选》,张若衡译,商务印书馆2010年版,第198页。

视为理性的命令)来自一个理性人的不得不同意。这样一种理性的命令,人们称之为法律是不合宜的:因为它们只不过是结论或者关于导致了他们自己受保护和得到防御的公理;而法律,准确地说,当他(颁布者)正确地要求了其他人时,就是他自己的语词。[①]

国家的统一(unity)是稳定(stability)的前提,而霍布斯又恰好生活在一个国家统一受到严重威胁的时代。正是从统一作为一国政治之第一要务这个基本观点入手,霍布斯才得出一些我们后来据此断定他不是一个自由主义者的观点。比如,他强调君主制是唯一合理的政治体制,因为这种制度满足了统一的基本要求:主权是不能取消的、绝对的和不可分的。从个人经历角度看,霍布斯在将修昔底德的《波罗奔尼撒战争史》翻译为英文的过程中,受到了修昔底德的影响,他认为民主制度对自由和荣耀的追求最终以爆发内战进而自我毁灭为结局,而这一制度的分崩离析导致了宗派主义和大混战。

然而,霍布斯的政治理论中的某些要素可以用来维持一种形态的自由主义。主权者拥有高超的明智理性(prudential reasons),聆听他人的建议,不耻下问,广开言路,通过一般的规则而不是特殊的法令来规制社会的各项事务。

霍布斯信奉一种悲观主义的人性论。实际上,人际合作和底线道德并不依赖一个最强者的存在,因为契约既是理性建构的产物也是博弈的产物。他对"斗争哲学"渲染过度,以致不利于实现国际正义。他似乎否定了在一个实力超强的"利维坦"利用武力震慑统治世界之前,国际正义的可能性。霍布斯说,即便在和平时期人们也需要统一的主权者,这个主权者可以团结人们一致对外。而一旦他们没有了共同敌人(common enemy),或者就谁是共同敌人在其内部发生分歧,就必然又会由于权力和利益的分歧而解体,然后重新回到那种各自为政的自然状态。顺着霍布斯的思路,只要存在自然状态的地方,"斗争哲学"就大行其道,而国家不仅为斗争所必需,也为团结所必需,因为为了团结就必须有一个共同的敌人存在,不是一致对外就是搞"窝里斗"。反过来,面对共同的敌人并肩作战,有助于巩固内部的团结。一国之内实现和平、稳定的一个法则,似乎就是团结起来一起与敌人作斗争,在没有敌人时甚至不惜

① See Hobbes, *Leviathan*, Oxford University Press, 2012, p. 119.

“制造敌人”[①],直到全人类在整个世界建立起一个“共同权力”,一个统治全球的“利维坦”。

霍布斯没有处理好基本权利(自由、平等)与安全、和平、稳定之间的关系。他为了追求安全、和平、稳定而过于忽视基本人权。然而,这里的主权者一旦被人格化就可能使主权者与人民之间的关系沦落为“狼”与“羊群”的关系,使公共理性成为统治者的“牧民术”。他没有充分看到君主作为个人在理性上的局限性。一个凌驾于法律之上的没有监督的权力如何不被滥用?拥有这种无上权力的君主如何不堕落?他对于君主的理性能力过于乐观。霍布斯尚未看到公共理性的可能性,但他穷尽了君主制度下的国家理性的可能性。

四、公共理性与强求一致

从政治哲学的规范性角度看,“公共理性”中的“公共”和“理性”两个概念是相互约束的:严格来说,只有凸显公共性的理性才是真正的政治理性,反过来,只有凸显理性的公共性才是真正的公共性。在霍布斯那里,我们可以看到这两种约束的缺失状态,那种基于个体理性的“收敛模式”不仅意味着公共性的缺失,还意味着理性的缺失。马克斯·韦伯指出,政治本质上就是追求权力的分享、追求对权力的分配有所影响——无论是在国家之间还是在一个国家内部的诸团体之间。而那些从事政治的人,追求的是权力;这种权力或者是手段,服务于其他目的,无论这些目的是高贵的或是自私的,或者说那些从事政治的人是单纯为了追求权力而追求权力。[②] 权力被界定为在意志或行为(以及行为后果)上的人际支配—服从关系。罗伯特·达尔指出,A 拥有支配 B 的权力在某种程度上就是他能够使 B 去做某些 B 之前不会去做的事情。[③] 对公共理性的诉诸就是为这种支配—服从关系提供一种政治辩护。通常来说,对权力的服从既可能是基于自上而下的一种强制,也可能是基于自下而上的一种共识或同意。

工人同意受雇于资本家,但并未同意让自己处于一个深受剥削的社会—政治制度之中。这里的问题还在于是否存在一种“假设的同意”。这种假设的同

① 赵汀阳:《每个人的政治》,社会科学文献出版社 2010 年版,第 124 ~ 128 页。

② 参见[德]马克斯·韦伯:《学术与政治》,阎克文译,上海人民出版社 2021 年版,第 197 页。

③ See Robert Dahl, *The Concept of Power*, Behavioral Science, 1957, p. 201.

意诉诸一种公共理性的辩护,这并不意味着每个理性的人都应当同意这一点,而是它可能是所有理性的人唯一彼此同意的一点。霍布斯式关于主权者的观点并不是所有理性人所能共享的,因为有些人会担忧因为这种主权者而陷入暴政。罗尔斯试图提供另一种"一致同意"的制度设计,即所谓政治自由主义。它是所有理性的人并且有理的人都会同意的观点,即便"无知之幕"被拉起来也是如此。

自愿的授权并非历史事实,但一种强制性的授权又非霍布斯的本意。他坚持主张,即便在业已被宣布为被公共理性所占据的地方,在每个个体身上都仍不同程度地有私人理性的残余。这可能与理性的有限性和不彻底性有关。当然这两者并非绝对矛盾,因为有些人会逐渐发现设立一个仲裁者并遵守它所颁布的至少一部分裁定是合乎私人理性的,或至少并不与之相违背。这一点在消极的意义上尤其如此,比如仲裁者所颁布的关于不得肆意侵犯他人利益的法律正中免于自己的利益被侵犯的私人理性下怀。这种公共理性作为私人理性的延伸符合主体的欲望,最终欲望仍然在起作用。但无论如何,在反对非理性的激情和冲动这一点上,公共理性容易与私人理性形成合谋。

霍布斯主张没有天生的正确理性,他认为把一个人或一个集体的理性视为当然正确的理性无异于冒险去创造一个怪兽。在他看来,一种正确的理性也就是法律,只有当我们认可它并自愿服从它时才是正确的,而并非除此之外它理所当然地就是正确的。另外他又主张,两害相权取其轻,即便如此也比没有任何正确理性或无所谓正确理性的自然状态要好。对于是否存在第三种方案,高希尔的回答是肯定的,即作为一种折中状态,保持私人理性的真实而有限的从属地位。对此的一种高希尔式策略是:"在一个祛魅的世界里,除非公共成员去创造它,否则没有规范性空间留给公共理性,在某种程度上说,每个人都贡献她私人空间的一部分,那就会有一个共同的基础。"①高希尔认为,这种私人理性的真实而有限的服从地位甚至比那些对主权者的绝对服从地位更能体现作为公平的正义。

在高希尔看来,公共理性的强制性源于公众的授权,而这种强制性无论如

---

① [美]大卫·高希尔:《公共理性》,陈肖生译,载谭安奎编:《公共理性》,浙江大学出版社 2011 年版,第 65 页。

何都是必要的,他主张一种缺乏强制性因素的公共道德,而不是法律。这是无政府主义理念。公共理性与私人理性最终可以达成和解:如果是我们能被正当地强制地去做的事情,我们应当在没有强制的情况下去做。这种强制性最终通过与私人理性相容而得以消除。最终他试图表明,对于一个理想的私人理性来说,实现它的最好的个人计划恰恰需要公共理性,包括被正当地强制去做一些事情。尽管高希尔对个体理性寄托的希望(这是一种理性而非道德理想)似乎过于严苛,但他至少提醒我们注意,即便在霍布斯式公共理性的背景下,仍然存在协调私人理性与公共理性之张力的可能途径。

第二章　演化、契约与公意

执政长达 72 年之久的法国国王路易十四有一句名言："朕即国家"(*l'etat*, *c'est moi*)。这句话形象地道出正处于绝对君主时代的法国的基本政治生态。卢梭,这位"法国大革命的智识之父",正是在这种历史背景下提出了他的社会契约论,反对以自然为基础的权利观,提出权利的基础乃约定。这个约定的一项原则就是所谓的"公意"。他批评霍布斯的契约论未能看到权利与义务的对等关系,当然也涉及另一个问题,即权利与自由的割裂。因为在霍布斯那里,人们为了避免重蹈自然状态的覆辙,建立了一个契约社会,在权利与自由割裂的情况下,一个人的自由未能得到充分保证,尽管他的权利得到了保证。毕竟法律总是带有强制性的,法律保证了他的权利,同时妨碍了他的自由。

霍布斯和马基雅维利(Machiavelli),是第一批试图为道德哲学寻求某些"不道德"的基础,基于"自私"的人性论建立起自己的伦理—政治哲学体系,并对后世产生深远影响的哲学家,尽管这种人性论在前人的片言只语乃至人们的日常道德思维中并不罕见。然而,在卢梭看来,霍布斯所谓的"自然状态"恰恰是最不自然的状态,他认为霍布斯犯了"倒因为果"的致命错误。霍布斯的错误在于建立了一种存在于彼此独立的和社会化的人们之间的战争状态理论,当他假定这种状态对于所有人类都是极为自然的,并且将这种自然状态视为它实际上所带来的所有邪恶的原因时,他误入歧途了。① 人间的邪恶是由人性的自私所导致的,但卢梭认为,人类之所以堕落为自私之徒,乃整个社会堕落的产物。我们不能像霍布斯那样,首先假定人性是自私邪恶的,然后再追问一个"不那么邪恶"的社会如何成为可能的条件,而应当首先去追问,是什么东西导致我们的社会如此堕落,把原本善良或至少"不那么邪恶"的人类变成了邪恶之徒。因此,罪魁祸首是社会制度,而不是所谓的人性本恶。

为了完成这个论证,卢梭大致遵循了两个步骤:第一步,在《论人与人之间不平等的起因和基础》一书中,将社会制度的堕落归结为世间越来越严重的不平等现象,其中最为严重的是人与人之间权利的不平等所带来的奴役现象,并最终将问题的症结归咎为伴随社会分工而出现的人类理性的繁荣。第二步,通过寻求人们彼此之间的"一致同意"而摆脱这种不平等的社会制度,而这种由"一致同意"所达成的"一般意志"之所以能够达成,并不是像霍布斯那样诉诸人类理性(个体理性),而是诉诸人类原有的情感,也就是怜悯和良心,他将这项工作称为"社会契约论"。

尽管卢梭通常被视为一名性善论者,但他不得不承认进入"文明社会"之后的人类,具备了霍布斯所看到的那些特征,也就是从本性上说,人类为了追求自我利益互相之间非常容易实施暴力(硬暴力)和欺诈(软暴力),这导致一种对所有人不安全的、极不公平的可怕状况。而解决这一状况的出路在于建构某种政治制度,使其足以产生和维持强制权力,并使之更有效、"霸道"和令人畏惧。当然,对于卢梭来说,国家的政治权力并不全然是消极的,因为它同样以追求某种"共同善"为目标,但无论如何,消极的国家观仍然是他所秉持的一个基本观点。

---

① See Rousseau, *The Social Contract and Other Later Political Writings*, Victor Gourevitch (ed.), Cambridge University Press, 1997, p. 288.

第一节 社会演化与社会契约

一、卢梭的社会演化论与社会契约论

社会秩序是卢梭政治哲学的根本主题,围绕它的一个问题就是:一个秩序良好的社会如何成为可能?为了回答这个根本政治问题,卢梭先后采取了两种路径:一是历史考察,他发现仅凭社会自身的演化,很难自发形成一个秩序良好的社会,这意味着仅仅出于自然无法构建一个秩序良好的社会;二是理论建构,他指出通过约定的方式可以在理论上描绘一个秩序良好的社会蓝图,以此为政治实践提供一个契约论纲领。

判断一个社会是否秩序良好,在卢梭看来,至少有两个标准:其一,是否符合自由、平等、独立的基本理念;其二,是否符合"共同善"理念。他通过"公意"概念来将两个标准联结起来,而为了产生"公意",他又提出在民众之间订立契约的方法。根据罗吉尔·马斯特(Roger Masters)的说法,普遍意志的观念就是一种有关共同善或共同利益之传统概念的高度唯意志论的表述。①

首先令人困惑的是《社会契约论》第一卷暨全书题旨:

> 人生而自由,却无往不在枷锁之中。自以为是其他一切的主人的人类,反而比其他一切更是奴隶。这种变化是如何形成的?我不知道。如何才能使这种变化成为正当的?我自信可以回答此问题。②

人类从"生而自由"到"比其他一切更是奴隶"的这种变化,卢梭在另一本书《论人与人之间不平等的起因和基础》中进行了回答。他的《社会契约论》要回答的是这样一个问题:如何才能让这一变化成为正当的,也就是说,在何种条

---

① 参见[美]马斯特:《卢梭的政治哲学》,胡兴建、黄涛等译,华东师范大学出版社2013年版,第420页。

② Rousseau, *The Social Contract and Other Later Political Writings*, Victor Gourevitch (ed.), Cambridge University Press, 1997, p. 41.

件下,从自由到奴役的变化才可能获得正当性辩护?此问题预设了一个前提,就是卢梭承认美好的没有奴役的“自然状态”已经不可能通过有奴役的文明社会的简单倒退来实现,而必须重新设计社会制度。希赖尔·吉尔丁(Hilail Gildin)正确地指出:“卢梭并未承诺,要指明如何成功解除人们的政治锁链,重新恢复他们原始的自由。他承诺的是,说明如何使他们的枷锁正当化。人,无论统治者还是被统治者,对他们来说,正当奴役是政治社会不得不提供的最好东西。”①

我们称这种辩护为卢梭对国家或强制性权力的“正当性论证”,诚如凯斯·安塞尔-皮尔逊(Keith Ansell-Pearson)所说,卢梭作为一名政治哲学家的原创性,正是在于他以一种现代的方式,追问政治正当性问题。② 在卢梭看来,即便奴役是不可避免的,那么作为社会动物的人类所能做的最好的事情就是使这种奴役成为“正当奴役”。这是一个具有悖谬色彩的短语,但真正令人困惑之处在于,被正当化的奴役还是一种奴役状态吗?如果这种奴役状态的袪除意味着退回到原始自由状态,那么人们是绝对回不去的,而如果一种取代原始自由的“约定的自由”(conventional freedom)还算是一种自由状态,那么它就不再是所谓的奴役状态。正是由于人类已不可能再次回到茹毛饮血的原始状态,所以卢梭必须探寻另外一条出路,通过它来克服人类的社会化过程本身所带来的种种弊病,让自己重新过上自由、平等和独立的生活。不过这里的自由、平等和独立已然不是原始状态中的那种自由、平等和独立,因为人类理性为社会生活提出了更高的要求,并且只有如此才能真正建立一个秩序良好的社会。

卢梭运用概念分析方法,试图表明“奴役”与“自由”这两个概念是互相矛盾的,尤其是任何一种意义上的奴役都与合约(compact)或契约(contract)的概念相违背。人类要想重新过上一种自由的生活,唯一的途径就是建立一个契约的社会,因为任何一个真正意义上的契约社会都不可能存在奴役的现象,从概念上看它们就是互相矛盾的。奴役源于违背了主体的意愿,而契约只有在自愿签订的前提下才是有意义的。依靠强力签订的“契约”,不过是强力的一种“合

---

① [美]吉尔丁:《设计论证——卢梭的〈社会契约论〉》,尚新建、王凌云译,华夏出版社 2006 年版,第 10~11 页。

② 参见[美]凯斯·安塞尔-皮尔逊:《尼采反卢梭——尼采的道德—政治思想研究》,宗成河等译,华夏出版社 2005 年版,第 17 页。

法化”,由于缺乏基本的“一致同意”前提,所以根本不能称其为契约。对于卢梭来说,自由就是体现了主体意志的一种状态,而一种“正当的奴役”必定是源于“自愿的奴役”。当然,由于这种“奴役”是自愿的,所以就不再是一种奴役。相反,它是一种真正的自由状态。

在结成社会之前,人是自由的,和其他动物一样。当然,这里的自由是存在上的而非理性上的,因为它并不以高度的理性水平为前提。而且亦可说人是“被迫自由”的,因为他的自由身份并未取得他的同意。一个有自由意志的物种,在自由意志本身的问题上,恰恰是没有自由意志的。当然,卢梭所说的“枷锁”不是这个意思,而是说,人类来到世界上,总是受到其自身的种种激情和欲望的摆布,总是受到种种自然因素的约束,而且更关键的还在于,历史地看,他还受到他人和社会因素的奴役。严格来说,不仅是那些真正的奴隶如此,即便是奴隶主也无法享有真正的自由,因为他尽管在意志上可以控制他的奴隶,但他在肉体上仍然受制于他的奴隶:这个奴隶主不是一个独立的存在。

在卢梭看来,如果说生而自由的人类深深陷入无往不在的枷锁之中,那么,人的理性的出现在历史上恰恰加重了这层枷锁。只有人类才有不平等,只有人类才通过教育、宗教等诸如此类的社会建制(social institution)——根本上通过理性的运用和发展——将人类身上的诸如原始的自爱和天然的他爱(怜悯)之心逐步“异化”成为后来的虚荣和自私,并且随着不平等的私有制、等级制度的出现,最终将天然的自由人变成制度的奴隶。

卢梭并没有像洛克那样,将自然状态视为一种理性状态,相反,他认为自然状态是一种原始的情感状态,自爱心和怜悯心控制着自然人的行为,调节着人与人之间的关系。与洛克一样,卢梭也认为在自然状态下,自然人会自我保存并保存全人类,但他认为自然人的这种行为不是基于理性而是基于人的本能或原始情感,自然人具有的自爱心促使他们自我保存,怜悯心则促使他们保存他人。在一个良序社会如何可能存在的问题上,卢梭也没有试图去诉诸理性的建构,而是同样诉诸人类的情感和意志层面:人们在情感上乐意接受什么样的社会,以及他们是否同意生活在这样一个社会当中。在他看来,只有当一个人同意生活在这个社会中时,这个社会对他的所有约束才是正当的。由于一个国家中的所有人都生活在同样的社会当中,所以一个良序社会的充分条件是,这个社会的所有成员都一致同意生活在这个社会当中,也就是说,良序社会必须得到全体成员一致的同意,为此他提出了自己的社会契约理论。

当然,一个国家人口越多,社会成员的意见和意志越难以达成一致,出于这个考虑,卢梭更加倾向于一种"小国寡民"的政治理想。显然,这种国家比较容易建成一个"普遍意志"的良序社会。据此,卢梭的社会发展观念可以归结为如下的"三阶段论":自然状态的原始社会——"奴隶制"的所谓文明社会——自由、平等的契约社会。《论人与人之间不平等的起因和基础》描述了前两个历史阶段,《社会契约论》则试图构建卢梭自己的"理想国",也就是第三个阶段。

我们可以认为这三个阶段表达了一种类似于黑格尔式的"正—反—合"的观念。从自由来说,原始社会中人们享有"天然自由",无拘无束,不受压迫,没有战争;从平等来说,人们享有了充分的"天然平等",没有森严的等级,也无人有资格凌驾于他人之上;从独立来说,人们享有了充分的"原始独立",特立独行,既不依赖他人,也不受他人依赖。加上前面提到的天然的自爱和怜悯之心,构成了一幅卢梭版本的"自然状态"图景。

这种自然状态理论有两个论敌。首先,是霍布斯的"性恶论"①;其次,是亚里士多德的"生而为奴"说。在卢梭看来,所谓奴隶是特定制度的产物,即便那些生来"奴性十足"的人,也不过是不幸地生在了有奴隶制传统的社会中。没有产生奴隶的制度就不会有天生的奴隶。"奴隶们在枷锁之下丧失了一切,甚至丧失了摆脱枷锁的愿望。"②"暴力造就了最初的奴隶,而他们的懦弱则使他们永远只能当奴隶。"③"下贱的奴隶们带着讥讽的神情在嘲笑着自由这个名词。"④

在卢梭看来,在自然状态与社会状态之间,还存在一个中间地段,卢梭称之为"黄金时代",因为人们在这个过渡阶段里生活在自给自足和轻微的相互依赖的状态之中,一方面避免了先前原始状态的懒散和危险,另一方面又不至于陷入后来的那种"自我中心主义的任性"状态。从这里我们可以发现卢梭对原始状态以及现代社会的双重反思:原始状态下的人尽管保持了必要的独立自主

---

① Rousseau, *The Discourses and Other Early Political Writings*, Victor Gougevitch (ed.), Cambridge University Press, 1997, p. 151.

② [法]卢梭:《社会契约论》,何兆武译,商务印书馆 2003 年版,第 7 页。

③ [法]卢梭:《社会契约论》,何兆武译,商务印书馆 2003 年版,第 7～8 页。

④ [法]卢梭:《社会契约论》,何兆武译,商务印书馆 2003 年版,第 114 页。

性,但又太孤独无依;而现代社会尽管克服了这种孤独无依,但一方面失去了原始状态下的独立性,另一方面又未能产生社会化所必需的美德。

可惜好景不长,人类社会很快由于理性的进步、私有制的巩固、虚荣自负心的膨胀等因素,陷入有点类似于霍布斯的"战争状态"之中。[①] 正如霍布斯所言,战争不可能永久地持续下去,总得有人出来"主持公道"。不过那些"主持公道"的人尽管没有霍布斯笔下的利维坦那样具有至高无上的强力,但他们显得更加狡猾,更加虚伪。他们"编造一些动听的理由,使穷人接受他们的主张",由富人建立起来的政府"迫使所有人终日劳苦,陷入奴役和贫困的境地",以至于在整个世界要找到没有奴役的地方已经很难了。[②]

进入第二个阶段,也就是由恶法所统治的颇具讽刺意味的"文明社会"中,人类天然的自由、平等和独立恶化、异化,自由蜕变成私有制、等级制下的奴役和压迫,平等蜕变为社会贫富不均和两极分化,独立变成了相互依赖,奴隶主依赖奴隶的供养,而奴隶依赖奴隶主的"制度保障"。然而,民众为这种"制度保障"所带来的安宁、和平的生活付出了过于沉重的代价:他们失去了最基本的权利——自由。在卢梭看来,缺乏平等的自由权利的"法律"不是真正的法律,只不过是统治者的"牧民术",人们不可能不同意它,因为早已丧失了不同意它的自由。人们服从它只不过是强力之下"苟且偷生"的权宜之计。而且这也不会是一种有道德性(morality)的生活,因为它取消了自己意志的一切自由:没有政治上的自由权利,就不可能会有真正道德上的自由意志。

二、聚合的慎议民主:秩序良好的社会如何可能?

卢梭通过一种权利—义务的"二重性建构"(double construction)来解决霍布斯的问题,每个人在与自己缔约时,都被两重关系所制约着:即对于个人,他就是主权者的一个成员;而对于主权者,他就是国家的一个成员。一旦每个人都像其他人那样向集体转让了自己的一切权利,就会形成一个大写的"我",亦即"公共人格"(public personality)。对于卢梭而言,只有从"小我"升华为"大

---

① See Rousseau, *The Discourses and Other Early Political Writings*, ictor Gourevitch (ed.), Cambridge University Press, 1997, p. 171 - 172.

② See Rousseau, *The Discourses and Other Early Political Writings*, ictor Gourevitch (ed.), Cambridge University Press, 1997, p. 173.

我”,从个体人格上升为公共人格,一个秩序良好的社会才得以可能。在写作年代与《社会契约论》的写作年代相近的《爱弥儿》一书中,卢梭区分了自然人(natural man)与公民人(civil man)。在他看来,自然人是完全为自己而活的,只与他的同胞发生联系;而公民人则相反,他的价值在于他与整个社会的联系。只有一个好社会才能将人的孤立性存在转变为关系性的存在,将“我”转换为共同体的一个成员,从而不再作为独立的个体,而成为共同体的一部分。①

卢梭一方面认为政治共同体也就是主权者拥有对其成员的绝对权力,另一方面又强调了这种权力的“限度”。然而,除了这个公共人格,我们还得考虑构成公共人格的那些私人,他们的生命和自由天然独立于公共人格。因此,问题就在于要很好地区分与公民相应的权利和与主权者相应的权利,并区分前者以臣民的资格所应尽的义务和他们以人的资格所应当享有的权利。公民享有神圣不可侵犯的生命权和自由权,哪怕以“共同善”或“普遍意志”为理由也不能侵犯它们。作为公民,每个人都应当履行作为臣民的义务,但作为主权者的一个成员,他仍然享有基本的人权。这种人权不被他作为公民的义务所限制,相反应当受到主权者的尊重。卢梭认为,我们要将主权者对于公民的权利同它对公民权利的尊重很好地区分开来,同时也要将他们作为臣民必须履行的义务同他们作为人应当享有的自然权利区分开来。个体可以具有个别的意志,个别意志与他作为公民所具有的普遍意志相反或者不同。政府所代表的公共权力是有限的,它不能以任何借口对作为主权者成员的个人所享有的基本自由和平等的权利进行干涉。这种自由所包含的一个重要内容就是每个人独有的个体意志,即他在法律所允许的范围内(遵守法律是公民的义务)做自己想做的事情(自由是主权者成员的权利)。

每一个公民既作为主权者之成员又作为主权者治下的臣民,这一双重身份的存在意味着公共意志和个体意志在一个人身上处于一种“共存”的关系。按照吉尔丁的解读,个体意志与公共意志之间是部分与整体的关系,亦可理解为一种“参与”(participation)的关系,在其中私人个体的意志产生了某种不同的意志,而对于这后一种意志而言,每一个个体意志仍然是不可或缺的。② 卢梭意

① 参见[法]卢梭:《爱弥儿》(上卷),李平沤译,商务印书馆1978年版,第9~10页。

② 参见[美]吉尔丁:《设计论证——卢梭的〈社会契约论〉》,尚新建、王凌云译,华夏出版社2006年版,第177页。

识到这两者之间的某种张力，但并不打算像霍布斯那样，直接让主权者的意志代表其治下的所有臣民的意志，而是强调个体意志的独特性，强调它仍然是每个公民作为主权者之成员的权利和尊严所在。

自由和平等被卢梭当作一个最大幸福和立法的最终目的：自由，是因为一切个人的人格依附都会削弱国家共同体中同样大的一部分力量；平等，是因为若没有它，自由便不能存在。权利与义务之间应当形成一种相互制约的对等关系。权利不能无限大，义务不能无限多，不然就不能成为权利和义务。[①] 真正意义上的权利—义务体制只能依赖一个崇尚真正自由、平等、独立社会的建构，这是《社会契约论》的讨论目标。他在兼顾权利和利益的前提下，讨论一种明确且正当的管理规章（sure and legitimate rule of administration）的可能性问题，为此这种规章一方面必须是正义的，另一方面又必须是有效用（utility）的。

一个契约社会就是规定了人们之间相互制约的权利—义务对等关系的社会，它应当是这样的：每个人都以其自身及其全部的力量共同置于公意的最高指导之下，并且我们在共同体中接纳每一个成员作为全体之下不可分割的一部分。立约后的社会成为一个契约社会或国家，其成员成为公民，订约者全体（人民）被称为主权者，那些契约一旦成文之后就成了这个国家的法律，那些负责管理国家日常事务、对内维持和平、对外抵御他国入侵的人或机构成为君主或政府，而那些在议会之中"代表"人民的人被称为"代表"或"议员"。在公意的指引下，人们依据公约所订立的权利—义务才第一次真正地保障了人们具有政治和道德的双重意义的自由、平等和独立，以此取代原始状态下的天然自由、平等和独立，当然也取代了"文明社会"中的不自由、不平等和不独立。

人民作为主权者，是一个国家真正的主人。人民享有至高无上的权力，凌驾于契约和法律之上，不可能有任何一种根本法律可以约束作为政治共同体的人民，哪怕是契约本身。法律是针对那些"向国家开战"的人，他们是来自国家内部的敌人。单个的人，作为臣民，不是绝对自由的，相反应当服从作为主权者的人民，因为他必须承担相应的义务，但作为公意之主体的人民并不受到类似的限制。主权是不可转让的，也是不可分割的，而公意是不可摧毁的。人民是不可能犯错误的（没有外部标准判断他们是否有错），但人民可能受到蒙骗。为

---

① 参见［法］卢梭：《社会契约论》，何兆武译，商务印书馆2003年版，第66页。

此，卢梭特别青睐全体公民的直接民主方式，这是一种"小国寡民"的治理模式，因为只有这样才方便每个公民直接参政议政。

至于那些"人民代表"是不值得被信任的，因为主权是不能被代表的，意志也不能被代表。但是由于有人贪图安逸享乐（这种情况是人的天性，在民主和非民主国家都常见）而拒绝费心于公共事务，那些参政议政的"专家"（议员或代表）就会乘虚而入，让公共事务最终变成他们的"个人事务"，就像雇佣兵难以打胜仗一样，花钱请来的议员必定会出卖雇主，最终只会丧失自己的权利："出钱吧，不然你就会得到枷锁的。"①

君主或政府是在臣民（作为契约服从者的公民）与主权者（作为订约者的公民之总体即人民）之间的一个中间体，以便两者相互适合，它负责执行法律并维护社会的以及政治的自由。政府或君主有一种反对主权、破坏契约的本能，因为政府官员的意志具有三个层次：其一，他们的个体意志，指向个人利益；其二，全体官员的共同意志，指向行业利益；其三，人民的意志或主权的意志，指向公共利益。所以，政府官员必须得到有效监督。官员权力得不到监督就会造成严重的腐败，形成暴政，当他们选择用强力"征服"一个国家而非治理一个国家时，最终会走向人民（主权）和公意的对立面，这时，人们只是被迫而非有义务去服从政府了。

这样一种公意从何而来？公意同样基于一种"相互性"和"可普遍化"（universalizablity）的原则。相互性意味着，为了使自己不至于成为凶手的牺牲品，一个人必须同意，假如自己做了凶手，自己也要受到惩罚。"存在着一种完全出自理性的普遍正义，但是要使这种正义能为我们所公认，它就必须是相互的。"②权利的普遍化意味着没有哪个具体的人有资格享有特权，即便是君主也只不过是国家的普通成员。对此，卢梭给出了自己的方案，即多数决（majority rule）。当然，多数决为什么能够成为合理的，这一点原则上只能通过全体一致来判断，为此卢梭预设了"全体一致"的可能性。

在卢梭看来，公共意志的对象是公共利益，就像私人意志（卢梭称之为"特殊意志"）的对象是私人利益那样，公民们（包括其中的立法者）参加投票（他们

① ［法］卢梭：《社会契约论》，何兆武译，商务印书馆2003年版，第119页。
② ［法］卢梭：《社会契约论》，何兆武译，商务印书馆2003年版，第45页。

有投票的权利和义务)，是就公共利益的"聚焦"而举行的投票。如果公民们是就特殊意志而投票的，当然不能指望通过投票产生公共利益。因为特殊意志是一大堆杂乱无章的、相互冲突的个体意志，它们的集合相当于卢梭所说的"众意"(common will)而非"公意"。当然，这样的公民就不能称其为公民(毋宁说是"私民")，这样的投票也没有正当性可言了。正当性要求公民必须出于自己的良知作出判断，每个人的出发点都是公共意志，他们基于这种意志而选择公共利益。而且这些公民必须是自由的、平等的和独立的公民，他们的投票没有受到任何人的欺骗或操纵，也摆脱了自己私人意志和特殊利益关切的羁绊。就此而言，公共意志是卢梭建构出来的，它是契约社会得以可能的前提。但公共利益是可以通过公共意志所约束的公民投票来产生的。按照卢梭的观点，投票不能产生公共意志，但基于公共意志的投票可以产生公共利益。

在《社会契约论》中，卢梭明确将投票视为我们对作出何种选择最能推进我们的共同善好的意见的理想表达。罗尔斯坚持将卢梭的"共同善好"概念作为公共理性的目标，只不过将后者的"普遍意志"替代为"公共理性"。然而，全体一致对公意提出了过于严苛的要求。多数决既然代表了公意，而公意是不可能错误的，那它也就无法避免坠入"多数人的暴政"，那些少数人的权利无法得到保证，他们就像那些外邦人一样，有可能在违背意愿的情况下被迫服从了多数人的意志。由于这些人并不都是"人民公敌"(国家内部敌人)，他们最终沦落为"自由社会中的奴隶"。问题在于，难道"以自由之名"，就可以为强迫辩护吗?

此外，卢梭思想与民主制度的关系，是一个聚讼纷纭的问题。卢梭所支持的那种民主，究竟是聚合民主，还是审议民主呢?

首先，卢梭式的民主，不同于常见的聚合民主，因为他要求转移个人偏好与个体意志，尽管他重视投票的作用，却要求人们在投票时不能依据自己的偏好，而是要以对整个社会有益为目的。卢梭所说的公意，既不同于个体意志通过比如多数决的投票制度的收敛或聚合，也不同于那个表达简单多数或简单一致的众意，而是对参与投票的公民们的道德水平提出了很高的要求。卢梭并不主张公意是对公众的利益诉求进行简单聚合的结果，实际上，根据约瑟夫·熊彼特(Joseph Schumpeter)的观点，这种寄希望于对利益诉求的简单聚合而抽象出普遍意志(公意)的古典民主观念是站不住脚的，因为共同福利对于不同的人意味着不同的东西,"这种普遍意志的存在和尊严一到我们不相信共同福利概念时就不存在了"①。

其次,这种民主也不同于常见的审议民主,因为卢梭特别强调公意的自主性特征。在他看来,公共利益对于普通公民而言都是显而易见的,只需要常识就已足够。与其说公意源于公共的审议,毋宁说它们源于个人对于何为公意的道德慎思,只不过这种慎思的结果被运用于政治决策活动,因而也可被视为政治慎思。而且他特别反对作出选择或者决定之前的那个公共审议过程,他人试图作出的任何说服行为都只会玷污和压制他们自己的意志。公意虽然不是一个未经反思的私人意志(private will),但它仍然必须是发自一个人内心的个体意志(individual will),而不是那种他人灌输或强加的意志,与之相应,公意要求的不是公共审议(public deliberation),而是个人慎思(individual deliberation)。卢梭这种出于对公意被操弄的担忧,为了防止公民意志被侵蚀,而对公共审议所持的警惕态度,不符合现代审议民主原则。此外,卢梭倡导的民主模式,是一种"小国寡民"的模式,出于公意可能被议员操弄的担忧,他对代议制民主提出了反对,这在现代人口众多的国家也是不现实的。

最后,卢梭认为以多数决为代表的聚合仍然是必要的,因为即便所有人都严格按照他们自己内心的公意来作出选择,每个人都声称自己所代表的是公共利益,仍然必然存在意志的一致问题。既然大家都出于公意而选择,就不会有进一步的理由来表明谁的公意更加具有代表性和权威性,除非大家就此作出表决,根据得票数量的多少来决定哪一种被声称的公意才是真正的公意。经过这种聚合式表决,如果一个人的意见没有占上风,尽管他的选择确实是站在他所理解的公共利益立场而作出的,但投票结果仍然足以证明他所估计的公意不是真正的公意。这表明卢梭的公意学说不仅对公民提出了较高的道德要求,还对公意的产生提出较为严格的聚合性要求。

基于以上考虑,我们将卢梭的民主观称为"聚合的(个体)慎议民主"(aggregative individual deliberative democracy)。卢梭的政治哲学具有一种目的论倾向。他试图将公共意志与"公共善"结合在一起。通过订立契约,个体的意

---

① [美]约瑟夫·熊彼特:《资本主义、社会主义与民主》,吴良健译,商务印书馆 1999 年版,第 372 页。

志变成一般的意志(公意),公意指向公共的行动,而公共的行动最终指向了公共善。不过,他这样做会面对两个张力:一是古代人的自由,即积极参与和指向公共善的自由与现代人所重视的消极自由及个体主义之间的张力;二是权利与利益之间的张力。为了公共的利益(公共善)可以容许践踏某些人(或少数人)的权利吗?

在卢梭看来,为了培养公民的公共人格,政治教育必不可少。虽同为立宪主义者,与孟德斯鸠和詹姆斯·麦迪逊等人不同的是,卢梭并不相信立宪本身对于创造一个好的国体是充分的,为此他不停地强调政治教育对于建立一个秩序良好社会的必要性,就此而言,《爱弥儿》这样的教育著作也是卢梭整个政治哲学体系的一个重要部分。①

在卢梭那里,诸如自爱和怜悯这样的人类情绪或情感取代了理性的基础地位。然而,他并不一概反对理性,因为他深知,人类理性能力一旦产生,就不可能退回到那种非理性的蒙昧状态中了。他反对的是那种霍布斯意义上的理性(我们称之为个体理性),取而代之的是,卢梭倡导一种与个体理性相对立的理性形态,也就是公共理性。相反,卢梭并不将个体理性视为一种真正的理性形态,在《论人类不平等的起源和基础》中,他称之为"个体的准则",它是以人际交往中的私心为导向的。② 在《论政治经济学》中,他将这种个体理性视为一种"自然倾向"。他举例说,一个家庭的父亲仅仅依据他的自然倾向就能很好地履行其职责,但对于一名政府官员来说,这样做就会导致政府腐败、国家崩溃,因为那个父亲只需要拥有一种健全的个体理性就可以成为一个好父亲,但对于那些官员来说,只有遵守公共理性才可能成为一名好官员。对卢梭来说,个体理性作为一种自然倾向,它与公共理性之间存在严格的边界。公共理性是一名政府官员所能遵守的唯一的理性形态,为了成为一名好官员,他必须拥有"公共理性"这个崇高的美德,而美德的养成并不基于他的自然倾向或个体理性,而是源于他对法律的遵守,因此,卢梭明确地宣告,所谓公共理性就是法律。而法律,用《社会契约论》的话说,"只不过是公意的宣告",也就是形成文化的一般意志。劳伦斯·索罗姆(Lawrence Solum)认为,这表明公共理性与一般意志之间

---

① See Mads Qvotrup, *The Political Philosophy of Jean-Jacques Rousseau: The Impossibility of Reason*, Manchester: Manchester University Press, 2003, xi.

② 参见[法]卢梭:《论人类不平等的起源和基础》,李常山译,商务印书馆1962年版,第160页。

存在密切的概念联系,进一步来讲,公共理性与共同善之间同样存在密切的概念联系。[①]

霍布斯同样为他的“利维坦”寻求心理学依据。在他看来,与生俱来的恐惧心理包括对强者的恐惧和无所不在的不安全感。这表明,霍布斯并不是一个彻头彻尾的理性主义者,因为他的个体理性假定仍然基于某些自然事实,即人类不那么理性的恐惧心理。如果说公意乃是卢梭式民主的实质,那么聚合的个体慎思就成了这种民主的一个程序。对于卢梭来说,问题不仅在于公意是什么,更在于如何达成公意。这种程序民主比较适合于在小型社会形成共和主义政治。然而,在现代的民族—国家视野内,尤其是对于幅员辽阔、人口动辄以千万计的大国来说,人们更愿意选择的是一条洛克式的自由主义道路,正如我们在现代民主国家那里所看到的那样。卢梭的这种聚合的慎议民主模式已然无法适应现代政治的需要了,多数决也好,代议制也好,这些民主程序所体现的更多的是众意而非公意,卢梭的公意理念最终被罗尔斯式的公共理性理论所改进和替代了。此外,公意理念在现实实践中还可能走上一条极权主义道路,尽管这个后果明显违背了卢梭的初衷。毕竟他关于个人被强制服从公意、公意不等于众意的这类表述,在客观上“为极权主义的政治恐怖提供了便利说辞”[②]。

总体来看,卢梭的公意理论彰显了道德理想与政治现实之间的张力。公意的道德理想很难在政治程序中得以实现,从而使公意的实现过多地依赖全体国民在认知上和道德上的双重启蒙:“公意需要得到启蒙。启蒙了的个人能够看清社会的利益之所在,但是我们无法确保,当那与他们个别的利益相冲突时,他们还会支持它。盘算和私利还没有强大到能够成为社会的纽带。”[③]在认知上,国民必须知道什么样的利益是普遍利益(公益),什么样的意志是普遍意志(公意);而在道德上,国民还必须具备一种普遍的道德觉悟,在公共利益与一己之利之间总是能够毫不犹豫地选择前者。这两个要求显然过高了,而且还会陷入一种古怪的循环:为了建构一个良序社会,必须基于公意的产生;为了能够形成

---

① 参见[美]劳伦斯·B. 索罗姆:《建构一种公共理性的理想》,陈肖生译,载谭安奎编:《公共理性》,浙江大学出版社 2011 年版,第 38 页。

② 任剑涛:《公共的政治哲学》,商务印书馆 2016 年版,第 324 ~ 325 页。

③ [美]列奥·施特劳斯:《自然权利与历史》,彭刚译,生活·读书·新知三联书店 2016 年版,第 293 页。

公意,公民必须在认知上和道德上被启蒙;为了能够被启蒙,必须依赖某些才智非凡的立法者或"民族之父",呼唤英雄人物的诞生。但进一步的问题是,这个立法者、民族英雄,他们的治理和表率本身,与公意是什么关系呢?难怪卢梭在垂暮之年对普鲁塔克(Plutarchus)笔下的英雄们仍然心向往之。①

相比之下,洛克所做的将社会契约坐实为政治契约,从而走到分权制衡的民主的路向,会更有现实意义。后来罗尔斯意识到这一点,自觉地将政治自由主义与道德理想进行了区分,他将卢梭的契约论发展成为一种正义理论,将公意理念发展成为公共理性理念。

第二节 对契约论的批评

在思想史上,社会契约论可以溯源至古希腊人关于自然与约定的区分。比如,一致同意的观念作为政治社会的开端和组织的根源,可以在智者安提丰(Antiphon)、希庇亚斯(Hippias)、色拉叙马霍斯(Thrasymachus)和格劳孔(Glaucon)那里找到根据。而现代的社会契约传统,作为一种旨在探究道德和政治义务之哲学基础的契约论,将17~18世纪以来格劳秀斯(Grotius)、霍布斯、普芬朵夫(Pufendorf)、洛克、卢梭和康德等人的经典著述联系在一起。西方学术界通常依据侧重点将社会契约论分为三种具体形态:道德契约论、公民契约论和立宪契约论。②

社会契约论不乏批评者。广义上,几乎所有的"非契约论"(non-contractarian theory)都可以被视为"反契约论"(anti-contractarian theory),但狭义上,我们所说的契约论的批评者一般是指自觉的反契约论者,他们的批评包括代表人物如休谟对政治义务的说明以及他从功利主义角度所作的重述,黑格尔对契约主义的批评以及当代社群主义理论对他的重述,不可忽略的还有女性主义对契约论的批评性反应,最后还有尼采和马克思的相关观点。许多反契约论者共享了某

---

① [美]列奥·施特劳斯:《自然权利与历史》,彭刚译,生活·读书·新知三联书店2016年版,第301页。

② See David Boucher and Paul Kelly, *The Social Contract and Its Critics: An Overview*, in David Boucher and Paul Kelly eds., The Social Contract from Hobbes to John Rawls, Routledge, 1994, p. 1 – 2.

些视角,比如对契约论意义上的自然平等和家长制的批评。

一、政府的正当性:休谟主义观点

休谟通常被视为对契约论的最有摧毁性的批评者之一。早在《人性论》中,休谟就提出了“社会先于政府”(societies predate governments)的观点,主张历史上绝大多数政府的建立都并不是源于同一个社会的诸多成员之间的冲突,而是源于他们共同的外部威胁。在他看来,一个社会可以从其自身内部演化出特定的习俗,它们在处理个人或家庭之间的冲突中扮演了类似“契约”的角色,所以,政府在历史上的第一个功能并不是协调内部冲突,而是团结一个社会共抵外敌。当然,政府建立的初衷并非如此,而只是在客观上扮演了这一角色。

此外,对休谟来说,人们能够围绕政府的必要性达成共识,并不意味着他们会为自己应当臣服于哪一种具体形态的政府达成共识。可以说,国家的形成是社会演化的必然,但具体会形成哪一种形态的国家,则要依赖于诸种社会状况。历史上罕有哪个政府是通过契约的方式建立的,现实中的多数人并不以实际行动反抗现成的某个政府,这并不意味着他们必定会以理性的方式“一致同意”这个政府的合法性,而毋宁是他们已然习惯臣服于这个政府。当然,另一个重要的原因是,这个政府以包括宣传教育和使用暴力在内的多种方式杜绝或惩罚可能出现的反抗。

仅仅通过以契约论为代表的理论建构无法为一个政府或者暴力的合法使用辩护(justifying),但我们可以通过其他渠道为政府的正当性(legitimacy)提供说明,这是休谟在《论原始契约》中的积极贡献。我们称这种渠道为“自然主义”,这种自然主义在休谟那里很大程度上是现实主义与心理学自然主义的一种混合物,而在我们这里,则可以通过博弈和演化的方式得到说明。

休谟为政府的正当性提供的说明大致是:

> 人们服从政府主要是出于恐惧和无奈,而非出于忠诚或道德责任感;君主经常存在戒备和警惕,而且必须小心谨慎地对每一种叛逆的苗头或迹象严加防范。时间逐渐地消除了这一切困难,使得国民习惯于把他们最初认为是篡夺者或外国征服者的那个家族视为合法的或本国的君主……新政府是由暴力建立的,民众服从它乃是出于无奈;

> 继续的政府亦有武力支援,人们之所以默认,并非出于选择,而是遵守义务。他们并没有想到是由于自己的同意给了他们君主这一尊称,不过愿意给予这种认可,因为他们认为君主由于长期占有王位已经获得这一尊称,无须他们选择或认可。①

那些“沉默的大多数”并不是出于契约论者所说的自然权利而选择了自己的政府,他们没有表示过同意或认可。也许有人会辩解说,他们的“沉默”本身就意味着“认可”,因为毕竟“沉默就是承认”(默认)。但在休谟看来,这实际上是在狡辩,因为这些人从来没有自觉地同意过政府,他们要么根本不关心政府,要么深知自己无力改变现状而选择默默忍受。许多人并没有足够的能力或勇气表达对当权者的异议,而不用担心受到排挤或报复,也没有足够的能力或勇气来选择离开这个国家。无论是他们没有意识到反抗,还是他们想要反抗但出于对双方实力的权衡而放弃了反抗,都可以表明他们从来就没有“同意”过他们的政府。此外,对于在这个政府统治下的那些“新生儿”来说,这种辩解就更加荒谬了,可是政府并没有由于未能得到这些“新生儿”的“认可”而自动放弃对他们的统治权,这种家长制是难以自圆其说的。

在现代民主制度中,对于那些放弃参加投票等参政议政权利的人们来说,断定他们“选择”或至少“认可”了自己的政府,也是可笑的。即便他们并非出于对选举制度或政府产生的程序深表绝望而拒绝参与投票,那些新当选的政府也不能说得到了他们的“同意”。假如他们当初选择去投票,那么他们可能不会将选票投给这个政府。在投票率只有30%的情况下当选的政府,不能代表其余70%选民的真实意志,这在现实选举中是常有发生的,非得要说这70%的未参加投票的选民与那些投了赞成票的选民一样,表达了对新政府的“同意”,这是可笑的。也许有人要说,“他们至少没有反对,而没有反对就至少意味着默许”。问题是你叫他们怎么反对?选举的目的是投票支持某一个候选人,而非反对某一个候选人;我可以为了对一个候选人表示反对而去投他的对手一张赞成票,但如果我对所有候选人都没有任何赞成的意图,该怎么办?

① [英]休谟:《论原始契约》,载[英]休谟:《休谟政治论文选》,张若衡译,商务印书馆2010年版,第127页。

按休谟的意思,新政府之所以是正当的,是由于它拥有强大的暴力保障(使用暴力或以暴力相威胁),包括武力威慑这样的“硬暴力”和宣传、欺骗这样的“软暴力”。而一个老政府之所以是正当的,是由于它已经维持了相当一段时间的统治,民众“习惯成自然”,随着时间的流逝而逐步“默认”了他们的政府。在政府正当性的说明中,休谟再一次运用了他的一句经典名言:“习惯是人生的伟大指南。”人们之所以“默认”一个政府的正当性,是由于习惯。无论你觉得这种解释有多么不靠谱,在休谟看来,事实确是如此,因为除了习惯,我们找不到任何更加“合理”的解释。

大概休谟也想说,一个老政府之所以是正当的,部分地源于政府自建立起来持续不断地为了巩固政权而对民众所做的教化、宣传。“谎言说一万遍就成了真理”这个说法也许并不符合逻辑,但它符合人性。而休谟真正看中的,恰恰是“人性”二字。在他看来,任何对“理想契约”的追求,都远远地超乎人性。

休谟的另一个意思也许是,一个老政府之所以是正当的,部分原因是它源于继承而非暴力。民众普遍认为,一个新政府继承一个老政府,就像是子女继承父母的家业一样自然,并不会引起人们的太大反感。实际上,“正当性”这个词本身就与“回溯性”联系在一起,就像“辩护性”这个词与“目的性”联系在一起一样。[①] 通过这种正当性说明,休谟反对对政府的目的性证明。

我们有意对休谟的自然主义说明稍加修正。在我们看来,一个新政府之所以“正当”是由于它产生了政治结构中的“演化均衡”,而一个老政府之所以“正当”乃是由于它维持了这种“演化均衡”。这种“演化均衡”的概念蕴含了其他的“博弈解”概念,比如各种形态的纳什均衡和合作博弈的“解”概念。实际上,如果老政府没有足够的能力或勇气来维持自己的统治,那么它就不再是正当的。从道德的观点看,判断一个政府(无论新旧)是否正当的标准是,与之前的政府相比,它是否更加有效地促进了人类社会的合作——为了达成这种合作,它必须首先尽可能消除社会冲突。但是,我们不能将任何一种道德标准(包括这种“社会合作”的标准以及其他契约论或建构主义的标准)凌驾于上述政治正当性标准之上,这些模棱两可、聚讼纷纭的规范或价值标准,没有一种在理论上是“正确的”,更不会有一种在现实上是“现实的”——说得不客气一点,它们只

① 参见周濂:《现代政治的正当性基础》,生活·读书·新知三联书店2008年版,第41页。

不过是形形色色的"意识形态"。原因在于,用休谟的话说,"事实和现实与那些哲学概念太不相符了"。

一个社会仅仅靠那些演化出来的道德规范可以勉强维持,但它还难以发展壮大,成为一个高度繁荣文明的社会。而且,在一个有了基本道德规范的社会中必定会形成某种特定的政治制度,因为只有依赖某种政治结构,多个部落之间联合并组成更大的社会(这意味着最高级的、最复杂的分工合作)才得以成为可能,政治制度的出现一方面为社会合作提供了更大的潜力,另一方面又对社会合作提出了更严苛的要求。政治虽然不能像道德那样伴随人类社会的出现而同时出现,但它也不能晚太多,因为人与人之间的利益或价值的合作和冲突的扩大以及激烈程度,必定会随着社会的发展而迅速扩大。仅凭道德规范自身的缓慢演化已经无力解决这种复杂的合作和冲突问题了,所以必须依赖政治。

每个人都有一种"搭便车"心理,同时也有一种"妒忌"心理,也就是如果自己"搭不到便车",那么也不会希望别人能搭到。这种妒忌心理最终有利于政权的巩固:对于一个人来说,最好的结果是他人服从政府,而自己却能为所欲为、逍遥法外,但是每个人的妒忌心,恰好防止了这种"搭便车"的出现。对于每个人来说,只有一个人(也就是他自己)希望自己"搭便车",但有太多人(其他的所有人)反对他这样做。最终,每个人都乖乖地服从政府的统治,毕竟对于每个人来说,所有人都选择背叛政府,这是最糟糕的后果。所以,休谟说:"少量的经验和观察就足以教导我们,没有行政长官的权威,社会就无法维持,而不严格服从长官,则这种权威必将迅速为人蔑视。对这些共同的、明显的利益的尊重是产生一切效忠和我们称之为道德责任感的源泉。"①

政治典型地发生在至少两个人或者两派势力之间,它与道德的根本区别就在于它是由各种利益或价值博弈而产生的,并且更多地受到了现实处境的约束。政治的"正当性原则"并不是诸如可普遍化和相互性这些东西,而是"博弈均衡"的概念。尽管满足可普遍化和相互性原则的策略同样可以成为"博弈均衡"(如演化均衡),但除此之外,还有非常多类型的均衡形态:我们在囚徒困境、

---

① [英]休谟:《论原始契约》,载[英]休谟:《休谟政治论文选》,张若衡译,商务印书馆2010年版,第132页。

猎鹿博弈、智猪博弈中亦可看到各种各样的“纳什均衡”,我们在形形色色的合作博弈中可以看到各种各样的“均衡解”(如“核”的概念)。

而且,已然达到了某种“均衡状态”的结构,作为一种带有强制性的社会形态,毫无疑问会将以道德规范为代表的“演化均衡”包含进来,并且对之进行“消化整合”。我们现在所看到的道德规范,大多数都自觉或不自觉地带有了政治的意味,它们最终成了一种名副其实的“政治道德”而非“演化道德”,尽管政治道德在较弱的程度上也是演化的结果(相比之下,它在较大程度上是其他形式的博弈的结果,如非合作博弈与合作博弈的结果),但它并不像演化道德那么稳定,那么普遍。由此可以解释,为什么像“金规则”这样的道德规范可以被整个人类史所共享,但几乎没有一种严格的政治价值可以被整个人类史所共享:不同的现实处境、地理条件、历史文化背景及其他偶然因素致使没有一种政治价值带有严格意义上的“普世性”。由此看来,作为一种政治价值的“普适价值”是不存在的。

从卢梭的当代研究者的理论中亦可找到类似休谟式的看法。罗吉尔·马斯特批评道,《爱弥儿》中的良心观和自由观、《社会契约论》中的政治权利原理是“站不住脚的”,从人类演化史上看,良心和怜悯并不享有比理性更加“本源”的位置,像理性一样,良心完全是人类在社会中接受训练之后的产物,而不是在进入社会之前的一个自然禀赋。[1] 对社会制度的契约式解释,会遇到一个问题,即在原始社会和前文明社会中仍然存在大量的约定。契约是一种人类学意义上的存在。根据动物行为专家的长期观察,甚至在“类人”的黑猩猩群落中就已经演化出了“约定”的雏形。[2] 所以在马斯特看来,这种契约发生得太晚了。作为一种行为模式所具有的习惯性的或传统的起源,契约的产生要远远早于政治

① 参见[美]马斯特:《卢梭的政治哲学》,胡兴建、黄涛等译,华东师范大学出版社 2013 年版,第 543~549 页。

② 与人类相似,黑猩猩群落中存在多种约定的形态。由于社会的稳定符合种群的利益,它们形成了某种最低限度的合作关系,说这种合作是“最低限度的”,是指在它们中间仍然大量存在激烈的竞争,譬如雄性黑猩猩会通过竞争寻求凌驾于其他个体之上的统治地位。一种更为典型的约定情形是,有迹象表明,即便在非物质行为中,黑猩猩也存在互惠现象,它们会形成联盟(A 与 B 相互支持以御外敌)、非干涉性联合(A 与 B 彼此保持中立)、性协商(A 以为 B 做毛皮护理为条件,换来 B 对 A 与雌性交配的容忍)以及和解前的“勒索”(除非 B 对 A 示好,否则 A 拒绝与 B 接触)。此外,与之前的观察(如克鲁泡德金的《互助论》)不同的是,黑猩猩社会中的互惠会在正面与负面两种意义上出现。参见[美]弗朗斯·德瓦尔:《黑猩猩的政治:猿类社会中的权力与性》,赵芊里译,上海译文出版社 2009 年版,第 241、246~247 页。

和国家的产生。“公民社会的先决条件不是特定人类协议或社会契约的产物，而更像是在地球上广泛散布的各地区和不同时间，在特定条件下演化的产物。”①

二、尼采反卢梭

针对卢梭的自然状态概念，尼采从两个方面提出了批评。皮尔逊指出，自然状态观念在卢梭的政治思想中扮演着“双生”的角色：一方面，我们可以把他的自然状态当作哲学上的合法虚构，最好是将它视为康德哲学的调节性理念（regulative idea），为了理解社会人的本性，我们必须设想存在这种状态；另一方面，我们还可以将它理解为政治人出现之前实际存在的一种历史状态。② 然而，根据尼采的道德谱系学，确定真实起源是一项不可能的任务，因为能被确定的只能是非历史事物。因此，我们不能理解一个事物的本性，而只能理解其在各种力量下的诸种起源和发展，也就是指向一种权力意志的演化过程。

按照尼采的历史哲学，历史学家所处理的不是实际发生过的事，而是在人们想象中发生的事。同样，他也只处理想象中的英雄。历史学家谈论的全都是一些除了在他们的幻想中从来没有在任何地方存在过的事。③ 历史学家与道德学家是一条道上的战友，他们一道编造了道德规范性。道德规范无非也是想象的产物，当然他们只关心这种想象的效果，而不在乎它们是否属实。依据想象的规范的行动和动机，反过来又引起新的意见和新的行动，幻想一层裹着一层，规范性越来越“厚”，但离真相却越来越远。

尼采也有自己的“自然”状态思想，但它不同于卢梭。在他看来，我们今天所受教育的目的在于灌输给我们一种“第二自然”：当整个世界都认为我们成熟了、长大了、可以信赖了，我们就获得了这种“第二自然”。然而，我们中间的少数几个人却完全能像蛇一样，在被覆盖的“第一自然”发育成熟之后，蜕下这层“第二自然”之皮。在这个过程中，大多数人的“第一自然”萌芽枯萎久矣。“第

---

① ［美］马斯特：《卢梭的政治哲学》，胡兴建、黄涛等译，华东师范大学出版社 2013 年版，第 560 页。

② 参见［美］凯斯·安塞尔－皮尔逊：《尼采反卢梭——尼采的道德—政治思想研究》，宗成河等译，华夏出版社 2005 年版，第 63 页。

③ 参见［德］尼采：《朝霞》，田立年译，华东师范大学出版社 2007 年版，第 307 页。

一自然”是与生俱来的,而“第二自然”是后天培养的。整个的教育体制旨在将我们塑造成具备“第二自然”的人,也就是整个社会的主流价值观所希望的那种人。一个人不经过被教育、被灌输的过程,就永远“长不大”,他会被这个社会所不忍、所排挤。然而,一旦经过这层洗礼,原本的“第一自然”由于压抑太久而消失殆尽了。只有少数人,他在成长之后仍能自觉地将“第二自然”的外衣脱去,回到自己的本来面貌。当然不是回到襁褓之中,而是在自己身上,用“第一自然”克服“第二自然”,以一己之力对抗整个主流价值观。

如果人的本性只是在社会演化过程中通过驯化和教育才变为“善”的或“恶”的,那么,如何才能创造一种能战胜道德的新人性,如何才能达到一种超善恶的境界,像自然本身一样成为非道德的,这一点构成了尼采对卢梭式道德主义之批判的一个主要面向。沿着这条思路,尼采反对卢梭式的契约观念。在《查拉图斯特拉如是说》中,尼采说:

> 谁能够下命令,谁必须服从——这些都得在此得到尝试!啊,以何等长久的寻求、猜度、失败、学习和重新尝试!
>
> 人类社会:它是一种尝试,我如是教导——一种长久的寻求:但它寻求的却是一个命令者!
>
> ——一种试验,呵,我的兄弟们啊!而且不是什么“契约”!为我粉碎吧,粉碎那些软心肠和半心半意的人们的此等说法。[①]

人类社会的确是一个尝试性的或试探性的相互作用系统。尼采的观点是,这里的尝试性,是对于谁可以定规矩、下命令,而谁只能被迫服从所进行的种种尝试,用他的话说,经过生活的战斗的大浪淘沙,最终胜出的人,将会扮演规矩制定者(ruler)的角色。

但问题是,先有那些愿意依其本性而服从规矩的人们,还是先有定规矩的人所定的那些规矩?如果没有那些愿意服从的人们,规矩又有何用?而如果没有那些定规矩的人来给人们定规矩,人们又如何能成为服从规矩的人呢?如果一开始人们没有养成服从规矩的习惯,那么空有规矩和定规矩的人又有何用?反过

① [德]尼采:《查拉图斯特拉如是说》,孙周兴译,上海人民出版社 2009 年版,第 271 页。

来,如果没有那些规矩和定规矩的人,人们又怎能养成服从规矩的习惯?尼采并没有回答此问题。定规矩的人当然可以强迫他人遵守规矩,但前提仍然是人们把它当成规矩,知道如何做才算遵守规矩,以及或多或少地养成了遵守规矩的习惯。

规矩当然不是由某个人、某些人或所有人订立"契约"得来的,无论这种契约是实际发生过的,还是假设的,所以,尼采对卢梭的评价不高。规矩是人们通过"尝试"而确定的,并且中间还会出现大量的失败、反复和种种不确定性。契约这东西,如果是平等的人之间签订的,那它就不可能出现;而如果是不平等的人之间签订的,那么它只不过体现了命令与服从的关系。

为了演化出平等的契约,我们的社会付出了沉重的代价。对于一个破坏自己婚姻的通奸者来说,首先是婚姻破坏了他,其次才是他破坏了婚姻。我们的契约是否规定了夫妻之间的基于权利/义务的契约关系呢?那些糟糕的配偶往往是最糟糕的有强烈报复欲望的人:他们用契约来约束对方,使所有人为他们不再孤独上路付出代价。人们预先假定了婚姻本身对于夫妻双方都是公平的,然后再用契约来约束夫妻双方。在婚姻这出戏中,夫妻扮演了不同的角色。同样,在社会这出戏中,每个人都扮演了不同的角色。但他们的角色并不是对等的。一场婚姻对于受它损害的人们来说是不公平的,即便在夫妻两人之间,也会由于这种受损害程度的大小而有失公平。

没有一种规范性是公平的,但人们觉得,不公平的规范性也比根本没有规范性强。由此看来,人们对于种种规矩的阳奉阴违,并不全然出于他们的自私,而是有其更合理的考虑。对他们来说,只有在违反规范的地方才会有公平,为什么我还要遵守规范呢?不过是因为这个社会强制他们遵循这种规范性。

在尼采看来,道德完全是(因而也只是)对作为行为和评价的传统方式的任何可能习俗的服从。哪里不存在传统,哪里也就不存在道德;传统决定生活的程度越小,道德世界的范围就越小。自由的人就是不道德的人,因为他在一切事情上都自己做主而不肯依赖传统。古希腊人也将道德视为习俗的结果,但自亚里士多德以来,人们赋予道德越来越多的理性化色彩。对习俗的服从与个人的理性水平没有太直接的关系,与个人的自主性甚至相冲突。个体并非出于当下的理性推理才去服从习俗,无论是一种互惠性意义上的,还是可普遍化意义上的推理,如果道德是习俗,那么一个道德的人就是那个养成道德行为习惯的人。当然,一个群体为什么会选择这种而不是那种道德习俗有它的理性考虑,但这仍然只是群体演化的产物,而不是个体推理的产物。任何依据自己的理性而行事的人,都可能被判定为不道德的人。

第三节 原始契约与演化均衡

一、原始契约

每个心智成熟的人都以实际行动表现出对道德的兴趣,但他们对政治并非如此。历史上的每个时代,以实际行动参与"逐鹿中原"的人,只占总人口的一部分。一个人或者一个组织并不需要征服多数人才能取得统治地位,他或它只需要征服自己的"政敌"即可大功告成,而这些"政敌"也只占总人口之少数;他或它也无须征得所有人的同意即可成功,那些未能参与政治权力竞争的人们,甚至从未表达过对于"同意"的兴趣。用休谟的话说:"如果一个狡诈而又勇敢的人当了军队或党派的首领,他特别容易建立起对于人民的统治地位,有时依靠暴力,有时通过欺诈,统治比他的党徒人数多过百倍的人民。"①即便那些被统治的"沉默的大多数"——他们在某种意义上可被视为"政治上麻木或无甚兴趣的大多数"——中的许多乃至多数个体对于当权者的统治充满怨恨,在他们未能通过一种政治上的"合作"机制建立起对于政权的一个现实而有效的威胁之前,他们自发的怨恨也不足为虑,因为这种"自发"要变成"自觉"所依赖的政治结盟,在很大程度上取决于这些潜在的结盟者之间是否能够达成一种"合作"的机制。事实上,在缺乏一个具有强制约束力的外部仲裁者来为"合作"保证的情况下,原本处于"一盘散沙"状态下的人们,要达成合作是非常困难的——尽管合作符合大多数人的愿望,对他们都有利,但只要背叛并不必然导致被惩罚,那么众人就会因这种"囚徒困境"而无法产生合作。实际上,每个当权者都会千方百计地阻挠他的"政敌"之间的合作、"政敌"与百姓的合作,以及百姓之间的合作,不让他们产生必要的沟通(了解彼此的政治企图),竭力阻挠他们对内部背

---

① [英]休谟:《论原始契约》,载[英]休谟:《休谟政治论文选》,张若衡译,商务印书馆2010年版,第123~124页。

叛的惩罚机制的建立。在外部的干涉之下,原本就非常脆弱的合作变得愈加难以实现。

是否真实存在过“原始契约”？休谟持否定看法。当然,他的否定是有所保留的,因为他仍然承认“假若这里指的就是最初将野蛮人联系起来,将他们的力量联合起来的那种契约,一般认为它的确存在过。只不过由于它太古老,历经千百次政府更迭和王位易主之后,不能设想它还能保持什么权威”①。

然而,在我们看来,这种野蛮人之间为了能够维持一个“底线社会”的存在而产生的某些后来我们称之为彼此同意的“权利—义务”的观念体系,不能被称为“契约”。就像两条块头差不多大的眼镜蛇之间没有签订什么契约一样,原始人只是出于维持自身生存的本能而演化出一种“合作机制”。这种合作机制可以用演化均衡来解释。比如,对野蛮社会的每个成员来说,“有借有还”“切勿说谎”“尊老爱幼”就是这样的演化均衡策略,当然这些策略内部也存在某些差别。比如,“尊老爱幼”策略之所以能够实现演化均衡,乃是由于每个人在生物学意义上都有脆弱无知的幼年阶段和体弱多病的老年阶段,处于这两个阶段的人都无法生活自理,而且如果得不到成年人的保护就极易死亡。当然,“尊老爱幼是中华民族的传统美德”这个口号中所蕴含的东西已经超过了演化均衡所能保证的范围,正如我们在许多的契约论伦理中所看到的那样。

由于道德规范要求可普遍化(universalizability)和相互性(reciprocity)原则,人们对于在现实层面上可能面对的各种处境,会采取截然不同的态度。这种现实主义精神是与罗尔斯的“无知之幕”背道而驰的。在迄今为止的人类历史的任何阶段、任何地方,一个男人成为一个女人的可能性几乎没有(变性手术只是当代技术的产物),所以要求一个男人去“将心比心”地设想自己是一个女人,并且基于这种“相互性”考虑而赞成一种性别平等的道德规范,是一件很困难的事情。尽管一个人在没有成为一个人之前,或者在“无知之幕”背后,存在具有任何一种性别的可能,但我们的道德规范毕竟不是在这样的“真空”之中产生的,不能离开它的历史文化背景来讨论。这一点也解释了,为什么“男女平等”这样的道德规范很难在许多社会中得到普遍遵循。

---

① [英]休谟:《论原始契约》,载[英]休谟:《休谟政治论文选》,张若衡译,商务印书馆2010年版,第123页。

相比之下,诸如“尊老爱幼”这样的道德规范就不同了,因为现实中每个理智成熟的人,都曾经年幼过,而且他们中的多数已经或将会进入老年。每一个人都可以设身处地地想象自己处于年幼或年迈处境时可能遇到的种种不便,据此,从现实层面看,尊老爱幼就更加容易通过“可普遍化”和“相互性”的检验。这两种检验方式作为对道德和政治价值在理论上的建构和检验方式,得到了以康德为代表的多数契约论者和建构主义者的倡导。然而,与康德不同的是,我们更愿意将它们视为受到历史或现实条件约束的检验标准,并且试图表明,在这种约束之下的“可普遍化”和“相互性”在精神旨趣上与博弈的“解”(如纳什均衡、演化均衡、合作博弈的“核”)的概念相符合。作为数学模型的博弈论,有一大特征就是它的可计算性,也就是可以像解一道代数方程一样,“解”出一个博弈。简单地说,一个博弈的“解”,就是在特定的收益函数集的背景下,通过观察或者计算的方式得出可能存在的“互相最优反应”(mutual best response)或至少是“互相最不坏的反应”。这意味着,任何一个参与者的行为选择如果偏离了这个“解”,他的选择都不再是理性的。

添加了诸如历史和现实条件这些情境性限制的“可普遍化”和“相互性”,其实质已有很大的变化。从一种严格主义(rigorism)角度来看,有了这些限制的“可普遍化”所强调的反而是某些不可普遍化的东西。然而,即便从严格主义角度看,“可普遍化”这个术语仍然不够清晰:它是指相对于“人”(主体)的可普遍化呢,还是指相对于“事”(情境)的可普遍化?前者意味着任何一个人,他所支持的道德规范或政治价值都必须经受可普遍化检验,也就是看它们是否普适于所有的人。比如,奴隶制所蕴含的奴役—被奴役的二元政治结构是不可普遍化的,因为不可能所有人都成为奴隶主。后者指只有那些不管在任何现实的或可能的情境下都毫无例外地被遵循的原则,才能通过可普遍化检验。有理由相信,温和的可普遍化侧重于第一种解释,而激进的可普遍化同时容纳了这两种解释。然而,对于“相互性”而言,尽管它也具有与“可普遍化”相应的两种解释,但它实际上暗示了一种倾向,就是它更加侧重于一种“对人不对事”的解释:相互性原则约束的是每个现实的或可能的主体,而不是每一种现实的或可能的情境。

在演化博弈中,“尊老爱幼”极有可能成为——并且事实上已经成为——一个社会的一种“演化均衡策略”,任何一个试图打破这种均衡的人,都可能受到来自他人以及整个共同体的惩罚,包括舆论谴责。而且,仅仅从他自身利益或价值角度看,这样做也是“非理性的”。同理,“知恩图报”“有借有还”“怜悯不幸者”“切勿说谎”这样的规范可以在不同程度上得到演化博弈的辩护。以“怜悯不幸者”为例,如果那些被同情的不幸者遭遇的是不可抗因素所导致的不幸,比如残疾、地震,就可以通过“可普遍化”和“相互性”的检验。当然,有些道德规范是脆弱的,主要源于在现实处境下,这些规范较难通过可普遍化和相互性的检验。比如,在特定的现实处境下,“切勿说谎”对于处于不同政治地位中的人而言,具有极大的不对等性。从理性决策理论角度看,当一个人发现自己履行“切勿说谎”给自己带来的损失远远大于好处时,他很可能会偷偷违背这个规范。处于权力结构顶层的人,当他们发现对民众说谎一方面能给自己带来好处,另一方面又不用担心民众的惩罚(很多时候民众没有足够能力惩罚说谎的当权者),对民众说谎也可能成为一种“演化均衡策略”。由此可以解释为什么历来政府和政客都是说谎高手。然而,人类社会不仅演化出了“尊老爱幼”“切勿说谎”,还演化出了瓦解这些道德戒条的东西,比如权力结构。权力结构的出现瓦解了那些原本可以通过康德式的“可普遍化”和“相互性”原则所建构起来的东西。政治与道德之关系的复杂之处就在于,不能因为权力结构对道德规范有所瓦解就否认道德规范的演化均衡地位。我们需要做的,是如何调和道德规范和权力结构这两种不同的“演化均衡”。

二、反思社会契约论

社会契约论并不是对人类社会实际演化过程的一种正确描述,因为从来没有实际订立过什么严格意义上的契约;它也不是对人类社会之政治结构的一种合理的规范,因为它所提供的“一个社会应当如此这般才可能是一个秩序良好的社会”这样的规范性表达,根本上来说是经不起反驳的。霍布斯通过一种“契约论”来为“君主制”的合理性提供辩护,其实犯了赖尔(Ryle)所说的“范畴错误”,因为君主制的实际存在并非由于某种契约的订立,并且如果真订立过什么严格意义上的契约,那么君主制就不可能被“一致同意”地建立起来。

社会契约论的问题之一,在于它“走过头了”。契约论者不能因为人类社会中的道德规范(如“己所不欲,勿施于人”这样的“金规则”)似乎满足了某些契约论的基本精神(如可普遍化原则、相互性原则)就进一步认为,我们可以基于这些基本精神来对政治结构的社会演化进行一场“革命”,从而建构起一种契约论的政治结构理论。

社会契约论的问题之二,就是它的个人主义。自由主义与个人主义之间存在某种有趣的“缠绕关系”,也就是说,我们所说的自由主义,通常是“个人主义的自由主义”(当然社群论的自由主义除外);而我们所说的个人主义,通常是“自由主义的个人主义”(当然保守主义的个人主义除外)。这种个人主义是一种“至大无外,至小无内”的东西。所谓“至大无外”,是指每个个体都是一个政治上的独立个体,没有什么东西可以凌驾于个体之上,社群或共同体并不占据相对于个体的优先性;而所谓“至小无内”,就是个体无法再细分了,任何对个体的细分都必定会损害个体的尊严或完整性(integrity)。

然而,实际上并非如此。个体并非“至大无外”,因为个体总是群体之中的个体;个体亦非“至小无内”,因为个体自身包括大量“内在的张力”,原子论的个体主义掩盖了这种张力。个体主义所说的“公民个体”理念,向上可以部分地泛化至社群或共同体之中,向下可以泛化至某些“亚个体”元素,并且这些元素不再需要依赖于一个原子论的个体概念:它依赖诸如个体发生学、社会演化论等东西。

社会契约论的问题之三,就是它包含“公民”的规范性概念(与之相应的是“公民社会”),假定了一个社会中的每个成员(至少是其理智成熟的成员)在描述意义上“实际上是”或至少在规范意义上“应当成为”一名以实际行动体现出严肃的政治的人,这是一个政治上“理想的人”。首先,每个人都必须对政治有兴趣,他没有理由成为政治事务或权力斗争的“事不关己的看客”,成为“沉默的大多数”之一,为此,他必须以言论、结党、集会、竞选、投票、公共审议及其他方式来参政议政。在卢梭看来,这种参政议政还必须是直接的,不能将如此严肃的权利/义务委托给议员或代理人。其次,每个人的以言论、结党、集会、竞选、投票、公共审议及其他参政议政方式所体现出来的政治兴趣还必须是极其严肃认真的,切不可流于形式,也不可出于对“权宜”(舒适闲暇、金钱或其他诱惑)的让步而敷衍了事。

严格契约论意义上的“公民社会”理念显然没有描述过任何一种历史事实,它只是一个对一个“秩序良好的社会”的政治结构的期许。这里有两个问题:第一,在理论上,这种公民社会是否值得追求,或进一步说,最值得追求?如果我们能够证明它存在某种理论上的严重缺陷,那么它并不值得追求;如果我们能够证明还有一种社会理念比"公民社会"理念更加值得追求,那么它就不是最值得追求的。如果我们能证明上述两点,即便我们说"公民社会"可能实现并且将来真的实现了,也不会令人满意。第二,"可能实现"是个理论问题,而"必定实现"是个具备可操作性的现实问题,就目前的人类社会而言,这种"公民社会"是否必定会实现?笔者相信可以得到一种更加直接的回答:未必!为此我们需要引入演化均衡的方法来论证这一点。

理性对人类社会演化影响深远,契约论和建构主义都必须放到广义的"实践理性"概念中加以理解。社会得以出现并且维系,进一步,社会演化均衡得以产生并且维系,在不同程度上依赖于人类的理性能力。像蚂蚁、蜜蜂这些动物也有自己的社会,但他们并不具备将这种社会形态加以拓展和深化的理性能力。全世界的蚂蚁或蜜蜂并没有最终取得全球范围内的合作,形成一个像"全球性人类社会"一样的"全球性蚂蚁社会"这种东西。在此意义上,我们说休谟是一个理性主义者,但仿佛他的理性主义到此为止,因为他并不在理性层面上支持一种关于政治结构的契约论或建构主义。

然而,理性对于人类社会的演化和"建构"都是必要的。实际上,社会契约论对西方近代政治文明产生了极其深远的影响。"契约"的观念对于建立一个法治国家,以及一种市场经济的经济体制,具有极其重要的作用,实际上我们亦可基于契约论所倡导的"可普遍化原则"和"相互性原则"为法治国家和市场经济提供辩护。但是,法治国家与市场经济并不等同于某种特定的政治结构,比如我们在美国政治结构中所看到的现代民主政治。现代民主政治对于个体、共同体、国家乃至整个人类提出的要求,远远超过了建立一个法治国家和市场经济体制的要求。契约论的精神对于法治国家和市场经济的贡献是巨大的,但不能因此就认为契约论是一个现代民主政治体制的衍生物。

第四节　政治:哲学问题,还是历史问题?

一、演化与社会

从演化的角度看,社会是其成员之间基于利益合作的试探性交往系统。政坛“铁娘子”撒切尔夫人曾经说过,没有社会这种东西,有的只是一个又一个的人。她这个观点值得商榷。因为即便是一个极端的个人主义者也不会轻易否认社会的存在,尽管在他看来,社会归根结底是为个人服务的。

并不是只要一群人凑在一起就会形成一个社会。社会的概念至少包括两方面的要素:一是合作;二是契约。一群人为了合作才发生社会交往,形成一个社会。有合作就有分工,有合作就有分配。我们将社会这个名词视为社会交往这样的动词形式,因为没有一成不变的社会,社会只存在于人与人的交往当中,在交往之外并没有社会。这种基于人际交往的社会,作为一个合作体系,旨在推进所有社会成员的利益。正如罗尔斯所说,作为一种基于相互便利(mutual advantage)的“合作冒险”(cooperative venture)机制,这种社会在被打上了一个冲突的印迹的同时,也被打上了一个利益共同性(identity of interests)的印迹。①

达成合作所需要满足的条件要比处理冲突所需要满足的条件更多。协调业已存在或可能存在的利益冲突,有时候也会演化出某种“契约”,比如两条块头相差无几的眼镜蛇在印度西北部的雨林中狭路相逢后,它们之间只会发生一场象征性的“决斗”,也就是彼此缠绕在一起比比谁的脖子更粗、个头更大,服输那一方会知趣离去。我们说契约有助于调配合作所导致的分工和分配问题,同时意味着它也能协调伴随合作而来的冲突风险。为了能够达成合作,契约是必要的,但为了解决冲突,契约不再是必要的。只是为了能够“体面”地协调冲突,契约才是必要的。然而,这种“体面的冲突”已经有合作的意味在里边了。但无论如何,人类是为了达成合作而并非单纯为了协调冲突而结成社会,尽管这种合作总是伴随可能的或现实的冲突,并且可能以失败告终。

这里的合作是冒险性的,也就是试探性的。因此,我们将社会交往视为其成员之间以利益合作为动机的一种试探性行为。应该说,这种试探性的合作冒险尽管在很多时候是失败的,但只要这个社会并没有彻底崩溃,那么就意味着在更多时候是成功的。我们可以做一个语言交流的类比。根据唐纳德·戴维森的以“彻底解释”为要旨的语言哲学,人与人之间只是出于理解的动机而发生

① See John Rawls, *A Theory of Justice*, Revised edition, Oxford University Press, 1999, p. 4.

话语交流的。[①] 人有了解世界、理解他人的动机,也有被他人所理解的动机。无论是从说话者角度,还是从听话者角度,在彻底解释的二人模型中,双方都存在一种试探性的意义交流态度。说话者试探性地使用话语表达某种意图,而听话者又同样试探性地理解这些话语,在其中起作用的正是这种"试探—反馈"的机制,他们在得到对方的反馈信息后又作出进一步的试探性交流,直到双方达到了互相交流、彼此理解的目的。在交流达成之后,说话者与听话者之间享有了某些"共同知识":彼此都掌握了话语的含义,也知道对方掌握了这些含义,而且也知道对方知道自己掌握了这些含义……

在戴维森看来,话语(类似于维特根斯坦的语言游戏概念)并不具备一种柏拉图式的"客观意义",话语的含义既不单纯取决于说话者的意图(主观含义),也不单纯取决于听话者(话语的解释者)的理解或赋义,而依赖于由说话者、听话者以及由他们所共享的语境(世界)这三个方面联合起来所产生的某种"合力",这三者缺一不可。戴维森将这种理论称为彻底解释的"三角测量"模型。这个解释模型告诉我们两点:第一,离开了特定的语境和说话者—解释者之间的试探性的双向互动,就不会有确定的理解和话语含义;第二,如果语言必须被理解成为由一个客观的、明确的规则所支配的话语体系,换句话说,语言是人们"约定俗成"的社会产物,那么,我们毋宁说,不存在语言这种东西——也许更准确地说,在现实的人类社会话语交流中不存在语言这种东西。

在话语交流过程中的"意义的冲突",通常称为无解(根本没有理解)或误解(形成了错误的理解)。在说话者与听话者所共享的语境特别少时尤其容易发生这种现象。语境这个词应当作一个宽泛的理解,首先,它包括交流双方的自然环境;其次,它包括交流双方的社会建制、文化传统和历史背景;最后,它还包括当下的话语情境,比如交流的氛围、场合以及双方的心理状态、精神世界等。交流双方在这些方面所共享的东西越少,交流就越困难。即便双方都对一门语言的句法、构词等调节性规则了如指掌,如果缺少上述共享的背景,意义的表达和话语的理解都难以达成。

话语交流总是一次一次地进行,社会交往也是如此。在形形色色、纷繁复

① 参见[美]唐纳德·戴维森:《对真理与解释的探究》(第2版),牟博、江怡译,中国人民大学出版社2007年版,第九章。

杂、变动不居的社会交往活动的背后，并不存在一个静态的、一成不变的、由种种抽象的规范或契约所建构起来的社会。社会就像语言一样，一直都在流动之中。两个甲国人之间用甲国母语交流，他们也一直生活在甲国社会当中。这样的表达很容易给人造成一种关于甲国母语这种语言和甲国社会这种社会的“静态”假象。

建构主义的契约是规范性契约(prescriptive contract)，规定一个社会应当具有什么样的“理想契约”，而演化论的契约是描述性契约(descriptive contract)，描述一个社会实际上所遵循的是什么样的契约。达成一个现实社会所要求的契约就是后面这种描述性契约。当然，描述性契约也应当有规范性指向，否则，人类社会中就不会演化和建构出一种理性的、正义的社会制度，人类也不能最终离开动物性的层次，并且人类中的弱者可能得不到关怀，整个社会将变成一个冷冰冰的“霍布斯丛林”。但是，无论如何，这种规范性契约不能取代描述性契约在现实社会中的基础性作用，并且，一种规范性契约之所以能够适用于现实社会，正是由于它坐落于描述性契约所敞开的制度领域之中。文化演化和制度演化在这个过程中起到了推波助澜的作用。

休谟对以洛克为代表的契约论者提出了强有力的反驳。但在罗尔斯看来，这种反驳乃是出于误解。首先，洛克的社会契约并不特别关心所有社会成员的实际同意。根据这种契约论而建立起来的政府，其正当性并不依赖于它是否得到所有人或多数人的同意。通过投票等方式表达出来的实际同意并不是契约论之辩护的一个必要条件。关键在于它能否得到理性的证明。政府的正当性问题最终被归结为契约论的辩护性问题。其次，即使当初的人们一致同意建立起一个政府，它也无法保证这个政府会得到他们的子孙的同意。当然洛克也使用了“同意”概念，但他的意思偏向于“理性的同意”，而非“一致的同意”。这是两种不同意义上的同意，一个契约得到了理性公民的同意，但未必能得到全体公民的一致同意，除非假定全体公民都是理性的。

与康德等人不同的是，罗尔斯试图在公共理性的建构中，把理性同意与一致同意结合起来。为此，他给自己的公共理性添加了几层限制：第一，从主体上看，他假定了作为契约签订各方的公民具有一种理性的政治人格，他们都是自由而平等、理性而合理的(rational and reasonable)公民。为此，罗尔斯在一般公民身上区分了公民的政治身份与文化身份，并且假定具有政治身份的公民才是契约的合法主体。第二,从范围上看,他假定公民有可能并且有必要将达成同意的领域局限在基本政治结构上,再缩小一点,就是宪法要旨和基本正义问题上,至于政治上的其他并非基本的问题,以及非政治的如道德、宗教和形而上学等问题,则在这个范围之外。为此,罗尔斯区分了社会文化背景和政治文化,提出了理性而合情理的整全性学说以及判断的负担等重要概念。第三,公民在这个相对比较狭小而集中的范围之内,有可能并且有必要得到的理性契约的基本内容是"作为公平的正义"(其核心是《正义论》中的两条正义原则)。第四,在讨论的场合方面,罗尔斯特别提出了"公共论坛"概念,它是政治审议的唯一正当场合,这个场合将对非政治基本问题的公共讨论(如道德、宗教、形而上学等讨论)和对政治基本问题的非公共讨论排除在外。为此,他区别了公共理性与非公共理性。第五,在方法论上,罗尔斯摒弃了传统的基础主义学说和直觉主义学说,相反,他采取的是一种比较折中的"反思平衡"的论证进路。此外,他还特别重视"无知之幕"下的原初状态理念,以及"最小最大化"的论证进路,将霍布斯这样的契约论挡在了政治自由主义的门外。比如,霍布斯意义上的契约社会,不能通过"最小最大化"的检验,它不能保证任何一个人在主权者的统治之下都会过得比自然状态下更好。在罗尔斯看来,不能通过"无知之幕""最小最大化"检验的契约论,就像不能通过康德式的可普遍化(罗尔斯将可普遍化限制在一国社会之内而非放之全球而皆准)以及相互性原则一样。

休谟和现代演化—博弈思路,驳斥了政治自由主义的契约论基础,而黑格尔等人驳斥了政治自由主义的自由主义基础。我们好奇的是,在这两层驳斥之下,罗尔斯还能提供什么有价值的东西。

罗尔斯对休谟主义的一个重要的回应策略是,特别地区分了哲学问题和历史问题。哲学问题的核心概念是"理论"、"理念"和"规范"这些东西,它的论证要求是"辩护性"。而历史问题的概念是事实、现实和描述这些东西,它的论证要求可能是正当性。按照休谟的思路,即使我们在理论上可以辩护一种契约论,也不代表在历史上可以为之提供正当性辩护。实际上,休谟主义者甚至进一步质疑理论上的可辩护性。

政治问题是哲学问题还是历史问题?黑格尔一派的哲学家可能回答,它既是哲学问题,也是历史问题,因为它是"历史哲学"的问题。由此看来,罗尔斯将政治的哲学视角与历史视角区分开来的做法是欠妥当的。康德在此问题上的态度有点模糊,罗尔斯深受康德影响,但受的是康德道德哲学而非历史哲学的影响。

社会契约和社会演化代表了两种截然不同的社会观念:对于前者而言,社会乃是一种基于“一般意志”或“理性共识”的契约系统,而对后者而言,社会是公平合作系统,这里的关键区别乃是“共识”与“合作”的区别。合作这个词首先与“共赢”联系在一起,而共赢首先是个经济学概念,比如我们说在合作博弈的情况下可以实现参与各方共赢的目标,而在非合作博弈中则可能陷入“囚徒困境”而不能自拔。不过这里的共赢并不简单地来源于共识,因为即便参与各方都意识到合作比不合作对自己(同时也对双方)有利,他们也可能由于缺乏良好的信任机制而无法达成共赢的结果。相反,他们会有这样一个共识:任何一方都不难意识到,如果自己一厢情愿地选择合作,这种合作的善意都极有可能被对方利用,最终自己成了“冤大头”。于是,合作共赢需要一种彼此信任的协议。这种协议本身很难从纯粹的个体理性中产生出来,好在人类的经济活动并非悬空于宇宙之中,相反,它坐落于特定的政治—文化环境中。简单地说,正是特定的政治—法律制度和文化—道德传统等诸多方面形成的“合力”,才最终催生了一种对博弈各方具有同等约束力的信任机制。

当然,历史上或现实中的信任机制都不会是完美无缺的。对此的一个解释是,没有哪一种政治—法律制度是完美无缺的。有些地方,难以形成一种良好的信任机制。有些地方,信任机制常常被人为破坏而又无法保证对破坏者的足够惩罚。有些地方,信任机制对博弈各方产生的约束力并不是对等的,这种违背公正原则的做法进一步破坏了信任机制。

共识是一个政治学概念。这里的共识不是指博弈论中的共同知识,而是类似于罗尔斯所说的重叠共识。这种共识对于政治活动来说是非常奢侈的一件事情,因为冲突争斗是政治的常态,冲突各方很难在哪怕是一个很微弱的层面上达到起码的共识。人们正是因为达不成共识才起冲突争斗的,通过冲突争斗而达成的结果,比如妥协和权力—服从的权宜结构,都不意味着形成了冲突各方的共识。实际上,在很多情况下,这种共识的前提都不存在。比如冲突争斗的胜利一方对另一方采取了肉体消灭和精神消灭的方式。肉体消灭,在战争或处决中很常见;精神消灭,在意识形态阵地的争夺、管控中很常见。

政治正义论中的最基本的理念是社会作为一个世代相继的公平的社会合

作体系的理念，罗尔斯称之为起组织作用的核心理念。这里的社会合作理念至少有三个本质特征：首先，它不同于单纯的社会协调，尤其是不同于作为一种维持现状的协调，一种意识形态上的协调，一种通过诉诸纯粹说服技巧和修辞术的协调，一种通过诉诸强力或者实际上乃是权宜之计的协调。其次，它必须是一种公共的、公开的和公平的合作。它表明了互惠性和相互性：所有人都按照公众承认的规则所要求的那样尽其职责，并且依照公众同意的标准所规定的那样获取利益。最后，这种合作中包含了每一参考者之合理利益或善的理念。每个人的利益诉求千差万别，但那些诉求只要是合理的就可以通过这种合作而得到适当满足。这种利益满足对于合作并不是外在的，而恰恰是合作的一个出发点。

二、自由的两面

自由就像一枚硬币，正面是人类与生俱来的自由意志，反面是外力约束之下的种种不自由。卢梭《社会契约论》以大家耳熟能详的话开篇：人生而自由，却无往不在枷锁之中。这句话本身就涉及自由概念的两面，一面说所有人都是生来自由的，另一面说没有人是真正自由的。

这没什么矛盾。不仅不矛盾，而且自由的两面是不可分离的。如果没有正面的自由意志，再讨论反面的自由或者不自由就毫无意义了。一块石头没有自由意志，它也不觉得自己的自由受到什么限制。正因为我们总想自由却又得不到足够的自由，才会出现这样的问题。通常我们只能看到硬币的一面，另一面总是背朝着我们。当我们注视正面时，会认为理性人所有的行为都是自由的，行为的自由既包含做某件事情的自由，也包含不做某件事情的自由。不管我们受到多么强大的外力压迫或者约束，只要我的行为仍然是理性人的行为，那我的行为就一定是自由人的行为，因为我原则上可以不这么做。而那些不自由的行为，严格来说并不是理性行为，甚至根本算不上是一种行为，只是一种移动(moving)。这个时候，人就不再是严格意义上的人，而是被当成了物，身不由己，任由外力摆布。

当我们注视反面时，就会持相反的看法。我们发现自由是一个消极的概念，当我想要什么时，却被告知“你不应当这样”“你不应当那样”；绝对的自由是不存在的，即便是一名掌握至上权力的暴君，外在的社会文化因素也会告诉他,有些事情是不应当去做的。

然而,霍布斯混淆了自由的两面。霍布斯强调说,理性人无论作出什么选择,都是自由意志的体现。例如,一个人因为害怕船只沉没而将货物抛入海中,他是自愿这么做的,因为假如他愿意的话,他完全可以不这么做。因此,这就是有自由人的行为。然而,霍布斯又说,一个人没有违法的自由。法律只是从反面来规定"你不应当做这个""你不应当做那个"。

卢梭用了"权利"代替第二种自由。受强者奴役自然是很不自由的,被奴役者除了服从的义务,没有别的权利。但即便是最强的权力也有被颠覆的那一天,并不是受奴役者突然被赋予了颠覆强权的权利,而是他们的自由意志在起作用,这恰恰是第一种自由。由此看来,如果没有第一种自由,第二种自由就失去了基础和推动力。一个人不用同时受到这两种自由的约束。对于那些完全不具备自由意志的人,第二种自由是毫无意义的。他无须为自己的行为承担责任,"你不应当做这个""你不应当做那个"对他来说并不是一种有效的约束,甚至根本算不上一种约束。他受到的唯一约束是自由意志。

卢梭举例说,假如强盗在森林的角落里截住了我,不仅是由于强力我必得把钱包交出来,而且如果我能藏起钱包,我在良心上不是也要不得不把它交出来吗?因为毕竟强盗手里的枪也是一种权力。在这个例子里,我是一个有自由意志的人。我原本不想把钱包交给劫匪,也就是没有想要把钱包交给抢匪的一阶愿望,但是我最终不自愿地将钱包交出去了,而且,按照霍布斯的话说,我有不交出去的自由。是的,如果我面对的不是强盗而是自家的保险柜,我是可以选择交出去还是留在自己口袋里,我有这个自由。但是,在劫匪的枪口下我还有这种自由吗?理智的选择是,我不得不将钱包交出去,我没有别的选择。就在这一刻,我是不自由的,因为我遭劫持了。这种在枪口下迫不得已将钱包交出去的愿望,是一种二阶愿望。

对于拥有自由意志的人而言,他所受到的约束来自第二种自由。无论是卢梭笔下的强权和劫匪,还是霍布斯笔下的法律和契约,都是对人之自由的约束。

第三章　康德式公共理性新探

20 世纪下半叶以来，康德关于理性的公共运用学说或康德式公共理性学说，颇受学术界关注。[①] 与“公共理性”相比，“理性的公共运用”（public use of reason）更强调理性的实践性尤其是政治—历史性，与康德批判—先验哲学中的“理性的理论运用”“理性的实践运用”遥相呼应且密切相关。对康德来说，理性的运用并不必然是公共的，但只有公共运用才真正有助于自由和启蒙的实现。他的公共理性学说既能相对独立，又常被置于所谓“第四批判”（历史理性批判）或政治—历史哲学的理论背景之中，这一理论背景又可进一步被视为康德整个批判—先验哲学体系的一个重要部分。根据阿伦特的说法，这一部分是不可或缺的，她并未径直指出“第四批判”与前面“三大批判”同等重要，而是认为康德政治哲学隐含于第三批判之中，实为康德欲说而未说之学说，且其重要性甚至在第二批判之上，仅次于第一批判。[②] 她似乎意在提醒我们，研究康德真正值得关注的不是康德已经说过什么（what Immanuel Kant said），而是康德原本要说什么（what Immanuel Kant should have said）。因此，对康德式公共理性的研究既要重视对“显

---

① 康德式公共性或公共理性思想的现代阐发者，有阿伦特、罗尔斯、哈贝马斯、萨纳尔（Saner）、奥尼尔、哥德曼（Goldmann）等。

② 关于阿伦特对康德政治哲学的解释，首先会遇到一个诠释学问题：她究竟是在阐释康德的政治哲学，还是在借康德之名提出自己的政治哲学？也许两者皆有。无论如何，就公共理性而论，她所阐释的康德只是一家之言，自然应当结合康德本人的文本以及其他阐释者的观点。

白”部分的文本考察,也应关注对“隐微”部分的义理阐发。此外,考虑到康德哲学的体系性特征,我们有必要主张康德式公共理性乃是其批判的先验哲学的副产品,故而可以恰当地视之为“批判的先验公共理性”。这里康德继续运用了第一批判中的先验论证(transcendental argument)方法,①这使他更关心的是共同体及政治进步的必要条件而非实际的共同体。

本书从规范性视角看待康德式公共理性,为此,分别从三个维度上来考量:首先是道德的维度,其中的核心概念是自主性(autonomy);其次是(国内)政治的维度,其要旨是所谓的“笔的自由”和思想自由;最后是(世界)历史的维度,它涉及全球公共理性、永久和平以及历史目的论等内容。

第一节 从卢梭到康德

卢梭契约论的自由权利精髓深刻地影响了康德。然而,康德毕竟生活在一个启蒙的时代,这个时代与以往时代不同的一大特点,就是认为人类仅凭自己的理性,不仅有能力成功地研究自然,从而解决“知识如何可能”的问题,也能成功地研究社会问题,从而回答诸如“道德如何可能”以及政治领域的“正义如何可能”问题,人类从而能够最终把握自己的命运。人是自己的立法者,就此而言,理性法则在实践领域必定是自由的法则。通过人为自己立法的思想,康德将卢梭的“公意”最终转变为自己的“理性意志”(rational will)理论。在康德看来,人仅仅凭自己的理性就完全可以确立起政治的基本正义原则,无须通过诸如“多数决”这样的投票程序。与卢梭的契约论相比,康德建构的理性政治学具有更强的先验论色彩,其所受的批判哲学体系的先验论方法的影响由此可见一斑。

从某种角度看,卢梭的目的是“拯救人性”,建立一个秩序良好的社会只不

---

① 关于《纯粹理性批判》中的先验论证,参见 Peter Strawson, *The Bounds of Sense: An Essay on Immanuel Kant's* Critique of Pure Reason, Routledge Publishing Ltd. ,1990。关于斯特劳森对康德先验演绎的先验论证重构的有效性,参见方红庆:《先验论证研究》,上海人民出版社 2012 年版,第 85 ~ 111 页。

过是手段。[①] 从意志与理性的关系角度看，作为一个公民，一个人所意愿的东西，比如说他的利益，同时也是他所在的整个共同体所意愿的东西，也就是在这个共同体内普遍来说好的东西。公民可以通过选举来达成一致同意，确定普遍意志。卢梭为了实现这个普遍意志，倡导直接民主，但这样可能导致多数人的暴政。多数人的意志即便是普遍的意志，也未必是理性的意志。理性的意志并不是一种聚合的产物，也不是一种社会选择理论框架下的讨价还价的产物。相对于我们后文要讨论的审议民主而言，聚合民主具有一个致命的缺陷，就是它遮蔽理性的观念，其中也包括康德那种普遍理性的观念。

卢梭的社会契约论被康德的理性契约论所替代。仅仅从公共领域中的理性运用方式本身进行批判性审视，规范其不合法的使用，就可以建构出这样一种普遍理性的观念。这种基于理性立法，也就是每个人成为他自己的立法者，在公共领域中的自由的意志首先必须是理性的意志而不是普遍的意志。对于康德而言，是理性的就意味着是普遍的，但我们在卢梭意义上所达到的“普遍意志”还不能上升到理性的高度，因为对康德而言，“理性的意志既不是所有人的被统一起来的意志，又不是大多数人的意志，而是一个通过理性的观念被揭示出来的意志”[②]。

从缔结国家的角度看，公民授权政府行使政治权力，为国家的强制性行为提供正当性辩护，强迫所有公民遵守国家法律。普遍理性体现在公共领域，就成为康德式的公共理性。在此意义上，康德式的公共理性很大程度上乃是法律理性。

在康德看来，社会秩序的根源在于人类的理性观念，而不是单纯的一纸契约，无论这纸契约是历史上曾经有过的，还是设定中必须要有的。通过对政治理性的先验批判，他驳斥了多种国家学说。康德的自由理论表现在他的政治哲学中，就是他的权利理论。自由意志和自由权利，对于自由而言乃是一体两面的关系。基于这种权利理论，康德创建了自己的公民社会理论，这个思路最终

---

① 根据皮尔逊的表述，尼采对卢梭批判的一个主要方面是，在他看来，卢梭假定在人的本性之善与作为腐蚀人性的罪魁祸首的社会制度之间，存在一种不可调和的对立，这进一步推理出，一旦这种社会制度被推翻或被变革，我们隐藏和压抑的本性之善就会自由呈现。参见[英]凯斯·安塞尔－皮尔逊：《尼采反卢梭——尼采的道德—政治思想研究》，宗成河等译，华夏出版社2005年版，第21页。

② 徐向东：《自由主义、社会契约与政治辩护》，北京大学出版社2005年版，第101页。

将他引向了共和主义和永久和平理论。对于他来说,从普遍理性的国内运用到国际运用,乃是一个自然而然的过渡。但是无论在国内还是国际政治舞台上,康德都始终围绕一个核心,也就是我们将运用何种原则将正义的要求确立起来。康德的整个哲学体系乃是一个"先验人类学"体系,而他的政治哲学乃是这种先验人类学在政治领域中的运用或延伸。政治的可能性及其必要性论证,始终是康德政治哲学中的一个关键论证。

康德被马克思称为"法国革命的德国思想家",即便在他身上仍然能够找到某些与启蒙的革命精神格格不入的保守主义因素,但这并不影响他总体上被视为德国启蒙主义的一个代表性人物。但是卢梭就不同了,他对启蒙运动所宣扬的那些理性主义和乐观主义精神进行自觉的抵制。在他看来,理性本身乃是需要克服的对象,因为理性的出现很大程度上是人类不平等的一个重要缘由,因此,抬高理性的作用会让人类社会陷入万劫不复的境地。与理性相比,卢梭更倾向于将人类的自然情感和意志作为社会契约的概念基础,对于所有那些可能贬低和压制我们的自然同情心的理性形态,卢梭都持排斥态度,因为在他看来,那些表面上看来美好的理性形态,在理论上容易成为诡辩的帮凶,而在实践中则导致了人与人的严重不平等。由于理性的泛滥,人类心灵的可塑性就可能堕落,而为了拯救这种被腐蚀的心灵,对儿童的教育不应当是理性主义的,而应当是自然主义的。

康德扬弃了卢梭对理性的批判态度。首先,作为一名启蒙主义者的康德无法彻底抛弃理性精神,而是对之进行批判。他用普遍理性取代了卢梭所批判的那种作为人类不平等源头的个体理性,他用理性的意志取代了卢梭所批判的个体意志,并且他实际上更进一步,用理性意志替换了卢梭所主张的普遍意志。其次,受卢梭影响,他对理性本身进行了不留死角、不留情面的批判。与卢梭将情感与理性进行区别一样,康德为了将理性从卢梭那里解救出来,他对先验理性原则与经验理性准则进行了区分,同样不留死角、不留情面地对经验理性准则展开了批判性审视。

在卢梭看来,自由及其能动性与理性是可以分离而且必须分离的,因为人类理性的出现和发育并没有为人类带来自由,相反,它带来的是人与人的不平等以及人的普遍受奴役状态。但对康德来说,自由及其能动性无法与理性相分离,一个自由的人必须是一个依据普遍的理性法则而行动的人,一个拥有自由能动性的人必定是一个拥有自主性的人，而只有普遍理性才能保证这种自主性的存在。卢梭从理性中更多地看到的是自然因果性，就像我们在他的社会演化论中所看到的那样：如果任由理性滋长蔓延，那么人类必将跌入奴役的深渊而无法自拔。然而，康德从理性那里看到的更多的是理性因果性，前者意味着必然，而后者意味着自由。在他看来，自由是人类的唯一尊严，没有自由就不会有人类实践，因为“一切通过自由而可能的东西都是实践的”。也许卢梭也看到自由的作用，但他更多地从消极角度理解自由，就像他从消极角度理解理性那样，自由的消极概念更多地倾向于将自由界定为不受自由因果性的约束；相反，康德更多从积极角度理解自由，而自由的积极概念意味着将自由界定为只是根据纯粹实践理性的法则来行动的能力，也就是实践能动性概念。

康德对卢梭的“理性”重构可以被简单表述为从“普遍意志”到“普遍理性”的重构。卢梭要实现的是个体意志与普遍意志的统一，而康德要实现的是个体理性与普遍理性的统一。他们的目的都是要实现个体善与公共善的统一问题，只不过是采取了不同的进路。每一个自由的人都会作出与其他自由的人一样的选择，因为自由的人并没有受到任何非理性的掣肘，他们心中的唯一法则就是理性的法则，个体理性的人由于拥有这种自主性而升华为一个普遍理性的人。理性概念只不过是一些理念，它们的确没有任何在某个经验中的对象，但也并不因此就表示这些理念是虚构的却同时又被假定为可能的对象。它们只是虚拟地被设想，以便在与它们（作为一种启发性的虚拟）的关系中建立起知性在经验领域中的系统运用的调节性原则。

诚如马斯特所言，卢梭采取了一种“非目的论”立场，也就是说，他认为自然应主要根据机械的或物理的术语来界定。而对康德来说，人类乃是一个以其自身为中心的目的王国。如果真的存在一种目的王国，那么所有的非目的的王国就会消失；而如果真的存在一种以人本身为中心目的王国，那么所有不以人本身为中心目的王国就会消失。以人为中心的目的王国，乃是理性存在者的王国。这里的“王国”可以有两层意思，一层是隐喻含义，就是每个人在其中都必须服从神圣法则的国度，那个由目的本身制定法规并且每个人都必须无条件遵守的国度，或者是这样的一种共同体；另一层是字面含义，也就是说，如果真的有这么一种目的王国，那么地球上就不可能存在其他形态的王国。地球上迄今为止存在的王国，无论是奴隶制的罗马帝国，还是封建制度的大汉帝国,或者是资本主义的如当今唯一的超级大国美国,都并不是以人为中心的目的王国。王国必须以坚强的法律作为指导性原则,而法律之所以存在,就顾及了一个根本性的、永久性的人类学事实,也就是人世间总是存在丑恶的事物,总是存在违背理性原则的事物。法律王国与道德王国的一个区别就在于,前者在人类学事实面前作出了必要的妥协,毕竟纯粹的道德王国在地球上是不可能实现的。

康德也是按照这套思路来思考永久和平如何可能问题的。生活在这样的一种人类学事实背景下,一种人人秉持仁爱主义、利他主义道德原则的道德世界是不现实的,但人人都遵守那些强制性的法律是可能的。从内容上看,这些法律是正义的;而从形式上看,这些法律是公共的、外在的、系统性的、强制性的,它的适用对象和适用范围有着严格的限制,比如,国内法限于一国之内,而国际法限于国与国之间。

颇具乐观精神的康德,作为一名理性主义者,倾向于持有一种"理性进化论"观点,认为人类理性的目的王国必然会有实现的那一天。国与国之间的永久和平是可能的,就像一国之内的不同阶层、不同个体之间的和平、稳定是可能的一样。国家与国民之间、国家与国家之间的政治不再是不道德的原因,不道德的人受到的政治法权制约,同样服务于道德目的。

第二节　自由、宽容与公共理性

一、自主性:自由、平等、独立

康德的自由理论在启蒙运动背景下孕育和成熟。他所理解的"启蒙"包括三个方面的内容:其一,启蒙的主体乃是自我,而非依赖于特定的传统或权威;其二,启蒙的对象乃是公众(public),而非如同国家理性传统那样,治国术仅限于统治者内部密传;其三,启蒙的方式乃是"鼓起勇气运用自己的理性"①。

---

① Immanuel Kantt, *An Answer to the Question: What is Enlightenment?*, in Immanuel Kant, Practical Philosophy, Mary Gregor(trans. & ed.), Cambrige University Press, 1996, p. 17 - 18.

早在《纯粹理性批判》中，康德就提出了“自由的理念”的表述：

> 毕竟，一部按照使每个人的自由与其他人的自由相一致的那些法则而给予人类以最大程度的自由——而不是最大幸福，因为它已经可以自行推出——的宪法，却至少是一个必要的理念，我们不仅在最初拟定一部国家宪法时，而且甚至在一切法律那里，都必须将这个理念作为基础，同时我们必须一开始就不顾当前的那些障碍，也许它们不可避免地产生与其说可能出自人的本性，倒不如说可能由于一个可挽救的原因，即在立法时忽视了这些真正的理念。①

与其他物种相比，人拥有自由的特权。康德的自由包括两个方面：道德哲学中的自由意志理念，以及政治哲学中的权利自由理念。对于普遍的权利法则，如果任何一个行动或者每个人依照其准则的任性的自由，都能够与任何人根据一个普遍法则的自由共存，就是正当性。②

康德区分了对自由的消极解释与积极解释。前者是指意志不受外部原因的决定，仅凭其自身的因果性而独立地发挥作用；后者是指意志作为自身法则的一种属性——自主性。③ 康德还说，自由思考本身包括三层含义：首先，自由思考排除了政治强制或压迫；其次，自由思考表明理性自身不受任何法则的统治，除非这一法则是由理性自身给出的；最后，自由思考排除了共同体成员中其他人对良心问题的干涉。④ 由此可见，康德始终将自由与独立性（就其消极含义而言）及自主性（就其积极含义而言）联系起来，后面我们还会看到，就自由不再作为一个道德哲学上的自由意志概念，而作为政治哲学上的权利概念而言，它又与公民同侪的平等权利联系起来了：自由、平等和独立在康德那里是“三位一体”的。基于一种康德式的和卢梭式的显著观点，从自主性观点看，自由要求我

① ［德］康德：《纯粹理性批判》，邓晓芒译，人民出版社2004年版，第272页。

② 参见［德］康德：《法的形而上学原理——权利的科学》，沈叔平译，商务印书馆1991年版，第28页。

③ See Immanuel Kantt, *Groundwork of the Metaphysics of Moral*, Mary Gregor & Jens Timmerman (trans. & ed.), Cambridge University Press, 2001, p. 56.

④ See Immanuel Kantt, *Religion and Rational Theology*, Allen Wood & George Di Giovanni (trans. & ed.), Cambridge University Press, 1996, p. 305.

们仅仅服从那些我们能够理性地给予我们自己的法则或规则。理性的法则乃是一切"可能实践"的先验条件。这些"可能实践"包括多重维度,此处我们关注其中的道德和政治两个维度。

从伯林的"两种自由"角度看,所谓消极自由,即免除了外在积极的约束,也就是对身体的强制和胁迫性刺激,而所谓积极自由,是指摆脱了内在积极的约束,也就是免除了诸如意志薄弱、积弊难返的恶习。① 积极自由所要求的是一个人内部的统一性,以便遏制自我的分裂;而消极自由侧重于一个人与"他者"(在这里尤其指他人)之间可能的相互冲突。就像我们在霍布斯那里所看到的那样,这里同样提出了可普遍性和相互性的要求:首先,每一个人都实现这样的自由也就是人类自由的普遍实现是可能的;其次,一个人实现自己的自由的同时并不妨碍其他人实现相应的自由。

从康德哲学体系内部看,抛开了外部经验限制和人身上的一系列非理性因素(内部经验)的限制,纯粹理性具有一种实践中的必然性或原因性,这就是自由。正是由于人的自由的存在,人类通过理性改造自然从而改造自身成为可能,这一是出于获取幸福的需要,二是出于使理性达到道德的彼岸世界的需要。在康德看来,服从他人的意志或者服从任意的自然力量(arbitrary forces of nature),都是不自由的。因此,我们必须通过依照那些我们意愿将它们作为普遍法则的准则来行动,将我们的本性表达为理性的和自主性,或者通过依照那些只能诉诸共同善的法则来行动,来表达我们的政治自主性,这些共同善代表了所有公民的一般意志(general will,即所谓的"公意")。

通过自由概念,我们可以将公共理性和自主性联系起来。实际上,很多哲学家也是这样做的,例如,高斯通过诉诸卢梭的关于社会契约的基本问题的陈述,想要通过发现一种将规则强加给我们以指导我们共同生活的方式来解决问题,"在这里每个人都与所有人结成一体,只服从他自己,仍然与之前一样自由"②。通过公共理性观念的主体资格及其扩展模式的界定,康德又克服了传统国家理性(reason of state)观念中所具有的私人性、秘密性和独断性的要素,从而对于马基雅维利所表达的"政治的总体性"框架进行了根本的改造:如果说马

---

① See Isaish Berlin, *Four Essays on Liberty*, Oxford University Press, 1969, p. 121 – 122.

② Gerald Gaus, *The Order of Public Reason: A Theory of Freedom and Morality in a Diverse and Bounded World*, Cambridge University Press, 2011, p. 1.

基雅维利的新君主对于政治整体性的欲求乃是建立在国家理性基础上的总体秩序的欲求，那么康德的人民对于政治总体性的欲求则是建立在公共理性基础上的道德真理的欲求。[①] 在某人认为这种自主性观念具有核心重要性的范围内，自主性可以为公共理性提供基础。通过保证我们的道德或政治原则对于那些运用原则的人来说是可辩护的或合情理地接受的，公共理性看起来保证了我们每个人在某些很重要的意义上仅仅被那些理性地给予我们自己的原则所支配。

康德将实践哲学的整体论证框架“移植”到了政治哲学之中。对于康德来说，道德实践的目标是给予人一种理性法则制约和指导下的积极自由，而政治实践要做的就是实现对来自外部的强制力量和约束因素的突破。当然这里不去讨论“自然的胁迫”这类情况。就像实践理性和理论理性只不过是同一种理性在不同领域的运用一样，道德理性与政治理性也只不过是实践理性法则在不同领域的运用。如果一个人不受任何其他人的意志所左右，而只需要听命于自己的理性（包括理性意志），那么我们可以说他享有了政治上的自由权利。不管对于自由意志还是对于自由权利而言，都可以说“服从自己给自己规定的法则就是自由”。

在《法的形而上学原理》中，康德对自由、平等、独立作了集中阐述。这样一个公民社会（*societas civilis*）中，亦即一个国家为立法而联合起来的成员们，就叫国家公民（*cives*），而国家公民法权上的、与其共同体（作为这样的共同体）不可分离的法律属性，首先是合法的自由，即除了他表示赞同的法律外，不服从任何别的法律；其次是公民的平等，即就自己而言不承认人民中有什么上司，而只承认他在法权上有道德能力赋予其责任，就像这些亦可赋予他责任一样；最后是公民的独立，即不能将自己的生存与维持归功于人民中的另一个人属性，而应归功于其自己作为共同体成员的法权和力量，因而是公民的人格性，即在法权事务中不可为任何人所代理。[②] 康德对个人的基本自由、平等、独立，人际合作，以及一个和平、稳定的社会给出了一以贯之的论证，从而避免了“霍布斯困境”。对于康德来说，自由、平等、独立都是严格意义上的

---

① 参见许小亮：《从国家理性到公共理性——康德政治哲学的革命》，载《学术月刊》2015 年第 3 期。

② 参见［德］康德：《法的形而上学原理——权利的科学》，沈叔平译，商务印书馆 1991 年版，第 104 页。

规范性概念,它们都与法律制度联系在一起,本身就成了一种规则体系。在康德看来,自由不再意味着人们之间彼此互不相干,而意味着个体自由的相容性。他说:“权利乃是对每一个个人的自由的限制,以便它与每个他人的自由相互协调。”[①]这种相容性又进一步要求那些自由权项在人们之间的平等配置。

国家的法律在很大程度上是外在的,但它同时也必须被每个人内化为自己的行动指南。相对于道德法则来说,国家法律具有更大的强制性。这种强制性之所以是必要的,在于只有它才能确保每个人的基本权利。与道德法则不同,国家法律并不着眼于控制一个人的行为动机,而是对其作出外部的强制性规定。这种法则与道德法则之间是相辅相成的关系,康德式的国家中,公民创造了让他们都有能力运用实践理性的一个外部条件;而一个严格遵循道德法则的人则为这样一个国家的实现提供了实践理性的内部保证。

我们应当警惕康德的自主性概念被滥用,不妨称之为康德的自由意志概念在政治实践中的滥用。如果将自主性概念拔高到对自由的积极解释和消极解释之上,然而又以它作为政治哲学的概念基石,那么就面临一个伯林所担心的政治后果:“理性人”可能强迫那些“不理性的人”去做所谓“理性的”行为,并且认为这是“强迫”他们自由。卢梭就曾经表达过类似观点,他认为强迫人们服从公意也就是强迫人们服从自由。人们可能利用积极自由的概念来对专制和家长制进行辩护。此外,诉诸自主性的程度,就其自身而言,辩护了公共理性的不同特征,这一点是不确定的,许多公共理性的支持者并没有清晰地主张将诉诸康德式的或卢梭式的自主性作为公共理性的唯一的或甚至是主要的基础。这也许可通过以下事实得到部分解释,即我们的自主性的观念,特别是就它被呈现为作为关于我们称之为理性存在者之本性的更为宽泛的解释之一部分而言,它是有争议的,并且遭到一些合情理性的异议。[②]

康德特别重视智识自由(intellectual freedom)与公民自由(civil freedom)的区分。前者是人们公开地运用自己理性的自由,它首先体现为言论、论辩和写作自由,从理性角度看,这是一种内部自由;后者是在实际事务中允许不服从外

---

① Immanuel Kant, *On the Common Saying*: “*This May Be True in Theory, but It Does Not Apply in Practice*”, translated by Immanuel Kant, *Political Writings*, H. B. Nisbet, Cambridge University Press, 1991, p. 73.

② See Paul Weithan, *Why Political Liberalism*?, Oxford University Press, 2010, p. 188 - 191.

部权威的自由,从理性角度看,这是一种外部自由。不妨将这种“自由二元论”视为理论与现实的二分法在自由领域的映射。“随便争论多少,随便争论什么,但是必须服从”这句腓德烈(Frederick Ⅱ)君王式口号反映出,尽管政治自由在很大程度上仍然是受限制的,但是智识自由是被允许的。这种“自由二元论”隐含了康德的一个赞同意见,即智识自由优先于公民自由。他甚至在某些地方认为最大限度的公民自由可能对智识发展是有害的,只有在一个外部受限的自由的“硬壳”范围里,人类思考和判断的能力才能逐渐发展成为自由行动的能力。这种看法似乎隐含了某些非自由主义特质。

康德对这种“自由二元论”的赞许受到一些学者的批评。[①] 然而,放到康德所在的时代背景中,我们不难发现智识自由对于思想的启蒙是更为基本的和更为现实的。一个最需要理性的模式和实践在其中得到检验的论辩的时代,乃是启蒙运动来临的时代。

然而,正如奥尼尔所注意到的,仅有智识自由仍然不足以享有对于公民自由的优先性,为此还要补上宽容的实践,即以一种外部行动的而不单纯是沉思的方式来对可能的和现实的反对者们的智识自由给予最大限度的宽容,这种行动与其说是一种个人的表达,毋宁说是人际交流。康德赋予宽容一种更为重要和更为积极的地位,其真实用意在于,宽容乃是理性的公共理性得以可能的必要条件。如果我们通过不宽容破坏了理性的公共运用,理性的所有运用最终都会遭到破坏,包括康德意义上的私人运用,即面向一些受权威限制的听众讲话,也包括在个人意义上的私人运用。公共运用对于理性来说之所以显得特别重要,一个康德式的解释是,公共性和可交流性是理性的本质特征,独立性也受制于理性的公共性,没有理性的公共运用,自由和启蒙将会变得不可能,人类的思想和理性能力将会萎缩并最终消亡。

康德式的公共理性是工具性的,更是目的论的。它既要求理性而自由的主体融贯一致地思考,也要求其指向目的地思考。这种融贯一致性通常被认为是

---

① 如奥尼尔批评康德的这种智识自由优先论存在一些问题,如他对智识自由和公民自由的区分太过尖锐,因为智识自由必须以最低限度的公民自由为前提。参见[美]奥尼尔:《理性的公共运用》,陈肖生译,载谭安奎编:《公共理性》,浙江大学出版社 2011 年版,第 101 页。此外,康德容许公民自由在某种程度上的缺乏,与罗尔斯式公共理性的多元化民主社会背景形成了对照。后者不同意前者的一点是,即便是开明专制也能为理性的公共运用提供恰当背景。我们将这种观念差异理解成为时代背景的差异。

合理性的规范性要求之一，它防止理性的运用的自我挫败性。[①] 信念内部的这种融贯性在实践中则表现为人际信念的可融贯性，一个自我挫败的信念便是不具备可公共化、可普遍化和可交流性的信念。如没有哪个统治者敢于公然宣称，他绝不承认人民有任何反对他的权利。[②] 在康德那里，这种自我挫败性得到进一步的引申，即便通过暴力革命的方式推翻一个政权也会由于其自我挫败性而不被他看好。

二、从“宽容悖论”到“宽容真空”

受积极自由与消极自由之区分的启发，我们在此作出积极宽容（positive tolerance）与消极宽容（negative tolerance）之区分。自由主义者更加青睐消极宽容。在他们看来，宽容一个人所需要做的仅仅就是克制自己不要去干涉。这种宽容更多地意味着消极的不作为，对积极行动的需要是次要的，只有在个人或机构未能宽容时才表现出积极的作为。这种消极的宽容观常常被怀疑是一种文明的冷漠。

政治自由主义关于宽容的表述给人一种印象，即那些被宽容的非公共理由相对于公共理由来说是无关紧要的，它们不值得讨论或驳斥，因为它们被限制在非公共领域，如果不是被限制在私人领域的话。形而上学、道德哲学尤其是宗教生活被当成一项私人事务，对这些事务的消极宽容很容易给人一种不够被重视甚至不够被尊重的感觉，这样就违背了宽容的基本精神。消极宽容所传达的可能是某种漠然、不赞同甚至是敌意信息。宽容作为对一种不同意见的表达的回应，它是消极的，而且它是不对等的：被宽容的意见乃是作为一项私人事务而被宽容的，对它的宽容却被视为一种公共领域的美德。积极的宽容则使它成为交流的一部分，尽管它也不要求我们同意甚至完全理解所交流的东西，但我们仍将宽容理解成对交流而不仅仅是表达的回应。

对于宽容悖论有不同的解读，其中一种受到波普尔（Popper）的影响，当你

---

① See A. R. Mele, P. Rawling eds., *The Oxford Handbook of Rationality*, Oxford University Press, 2004; Robert Norzik, *The Nature of Rationality*, Princeton University Press, 1993.

② See Immanuel Kantt, *Political Writings*, translated by H. B. Nisbet, Cambridge University Press, 1991, p. 183, note. 参见［德］康德：《历史理性批判文集》，何兆武译，商务印书馆 1990 年版，第 166 页。当然，政治总是复杂的，经过一番修辞术的包装，这种公然宣称可能会以改头换面的形式出现，不过这已超出康德的关注范围。

试图回答“是否应当宽容那些不宽容者”这一问题时,你要么陷入所谓语义悖论,要么陷入所谓实用悖论。前者是说,如果你持否定回答,那么你自己就成了不宽容者,至少对那些不宽容者而言。后者是说,如果你持肯定回答,那么正如波普尔所说,你最终作为宽容者就会同宽容的美德一起被那些不宽容者所消灭。

当然也有不同解读。有人认为这里不存在什么悖论,我们不用担心不宽容那些不宽容者而陷入语义悖论,“因为宽容本身是一项实质性的道德原则,所以它自然有自己的边界,它必须为自己守护这种边界。这种自我维护的过程是不存在什么悖论的”[①]。真正的悖论在于,宽容意味着我们对他人信念持否定甚至反感的态度,我们的信念既然是善的,那么我们所否定的信念肯定是恶的,如果我们宽容那些恶者,我们本身不是成了恶人吗?因为对邪恶的宽容本身也是一种邪恶,这与宽容的美德相矛盾吗?毕竟对于那些善的东西谈不上宽容或者不宽容。

也许有人会这样回答这一悖论,就是“我们应当有条件地宽容他人(尤其是那些不宽容他人的人)”。因为如果无条件地宽容一切人,那么就陷入实用主义悖论,而无条件地不宽容一切人,就陷入语义悖论。那么,我们宽容那些不宽容他人者的“条件”是什么?是基于他们是否符合我们自己的善观念吗?可是,在一个善观念多元化社会当中,我们自己的善观念凭什么比他们的善观念更正确更普适?此外,一旦我们对某些人采取了不宽容态度,他人势必对我们以牙还牙,那么如何避免冤冤相报?即便我们对他们的这种不宽容暂时未能表现出来,只要他们猜测到我们可能对他们采取不宽容态度,他们自然就会成为我们打算以不宽容态度待之的那些人,这种彼此不信任状态正好陷入了所谓的“囚徒困境”。

我们为解决宽容悖论提供一些新思路。首先,与其说宽容问题是一个单纯的道德问题,毋宁说它是一个政治问题,因为宽容的主体不再是单纯的一个人或者一个社群,而是国家或者政府。其次,宽容的对立面严格来说并非含混的“不宽容”,而是“强制”,典型的是以暴力压制。也就是说,不宽容不再是一种单纯的心理态度或个人行为,而是一种政治行为。那些不宽容他人的人,应当

① 谭安奎:《政治哲学:问题与争论》,中央编译出版社2014年版,第122页。

理解为以强制的方式压制异己的人。由于政府是一个国家内部合法暴力的唯一垄断者，所以，国家层面之外的任何个人或者群体本来就没有资格对人不宽容。据此，我们就不必再面对诸如强制的非理性指控了。约翰·密尔（John Mill）在《论自由》中提出的关于真理的怀疑论指控，同样也不适用于一种罗尔斯式的“政治的而非形而上学的”公共理性，国家对不宽容者的强制性惩罚不再基于“国家总是对的”这样的认识论或真理性命题。

基于上述界定，我们对于国家“是否应当以不宽容方式针对那些不宽容者”这一问题的回答是肯定的。一个显见的理由是那些不宽容者僭越了自己的政治权利，而国家使用暴力来打击民间的暴力行为是可以得到合法性辩护的。

当然，在民众之间仍然存在所谓的“宽容问题”，我们只是主张宽容问题首先必须放在国家政治层面才能得到有效解决。对于那些不以暴力手段对他人表达不宽容的人，如某些表达歧视性言论，或者做出某些未达到暴力程度的挑衅性行为，国家应当怎么办呢？政治自由主义提供了两种进路：一是从国家层面诉诸法律，建设一个秩序良好的法治国家；二是从公民层面诉诸公民性美德，当然不是向他们灌输某种整全性的道德教条，而是诉诸自由、平等、宽容的公共精神以及公共理性能力。

那么，国家应当宽容谁不宽容谁的标准是什么呢？仅仅是人们是否不宽容（以暴力压制异己）吗？罗尔斯回答说，并非如此。国家不宽容的对象除了不宽容者，还包括那些未必以暴力方式触犯国家的宪法要旨和基本正义原则的人，简单来说亦可理解为违背了公共理性原则的人，如那些完全非理性的人，以及不合乎情理的人。当然，这里的不宽容还有一个程度问题。例如，对于那些完全非理性的人，国家在部分地限制其人身自由的同时，也保障其某些合法权益。对于那些不合乎情理的人，国家同样采取的是一种“最低限度的强制”态度。

政治自由主义的理念倡导的是一个中立性的国家，在一个合情理的多元社会中，国家在不同的善观念之间保持不偏不倚的中立态度。罗尔斯把善观念的多元论上升到整全性学说的层次上，也就是那些得到精致表达的、涵盖了所有或许多被认可的价值和美德（尤其是在它同时涵盖了政治与非政治价值的意义上）的宗教、道德、哲学（包括形而上学、认识论等）学说。国家的中立性必须独立于所有这些整全性学说，当然并非与所有这些学说都毫无关系，可以说一个国家的宪法要旨的基本正义原则可以成为这些合情理的整全性学说的“重叠共识”的对象。

当然，国家也不可滥用强制性权力，否则，它本身就成了一个不宽容的对象。它必须严格在其宪法要旨和基本正义问题的范围内进行活动，这些活动必须严格地以公共理性和作为传统民主模式的一种合理补充的审议民主框架作为支撑。政府必须是民主的、正义的和理性的，其权力的运行应当在全体公民和社群的阳光监督之下。

我们不能说理论已经完美地解决了宽容问题。作为一个单纯伦理学问题的宽容，还是一个问题。一名妻子应当宽容她烟瘾大的丈夫吗？法律不可能对此作出事无巨细的规定。而如果没有一种道德教条可以作为整个国家的意识形态，那么这里就出现了“宽容真空”。由此可见罗尔斯的政治自由主义解决方案的某种不尽如人意之处。考虑到宽容很大程度上涉及道德上的善恶判断，那么，在道德上本来就存在争议的地方，比如在菲利帕·福特（Philippa Foot）提出的“电车难题”（Trolley Problem）中，我们是否应当宽容那个将大胖子推到铁轨上阻止火车前行以便拯救更多人的做法呢？从这个角度看，只要还存在真正的道德悖论，那么“宽容悖论”在道德上就是无解的。

第三节 面向整个世界言说：理性的题中之义及其先验基础

“公共”一词在当代典型地带有一种罗尔斯式的政治含义，但康德式公共理性已然超出了这个范围。康德的“public use of reason”包括两层意思，即“理性的公共运用”和“理性的公开运用”。从一个角度看，前者对应于原则上的公共性（publicity，最好将之理解为“可公共化性”）或可交流性（communicability），后者对应于现实上的公开化和交流性，其中前者更为根本；从另一角度看，后者有助于排除前者可能导致的反个体性和去道德化嫌疑，因此后者同样必要。公共与公开分别对应于个体和私密，下文将会谈到，这些区分并非无关宏旨。

一、理性的公共运用与私人运用

提到康德式公共理性，下面一段话是经常被引用的：

> 人类理性的公共运用必须始终是自由的，并且唯有它才能带来人类的启蒙。私自运用自己的理性往往被限制得很狭隘，虽然不至于因此而特别地妨碍启蒙运动的进步。而我所理解的对自己理性的公共运用，则是指任何人作为学者在全部听众面前所做的那种运用。一个人在其所受任的一定公共职位或职务上所能运用的自己的理性，我就称之为私人的运用。①

这段话意蕴颇丰。康德对公共理性的定义包括相互联系的两个方面：其一，根据听众或准确地说是可能的受众面；其二，公共理性必须是在全部听众面前所做的理性的运用。这里的"全部听众"，意指全部可能的听众，即世界上所有的理性存在者。换言之，公共理性要求一个人原则上能够面向整个世界言说。他这里所说的"听众"，特意强调人类的理性活动乃是一种言语活动，而言语活动严格来说涉及两类角色，即说者与听者。

众所周知，"理性"一词的古义"逻各斯"既可指推理和慎思，也可指言说和论辩。另据马丁·海德格尔(Martin Heidegger)考证，"logos"的本真义"话语"不断被后世哲学形形色色的解释遮蔽着。在亚里士多德那里，话语就是在言谈之时将"话题"所及的东西公开出来，这种"使……公开"的意义就是把某物不隐瞒地作为其自身展示出来让人看到。据此，逻各斯本身就有"公开言说"的意思，后来将其理解为"言说"就已经有所遮蔽了。② 康德所理解的公共理性，指一个人面对所有人公开地、无褊狭地运用理性，尤其是公开言说，可以说与亚里士多德是一脉相承的。从政治哲学上看，这种公开言说不仅向人

---

① Immanuel Kantt, *Political Writings*, translated by H. B. Nisbet, Cambridge University Press, 1991, p. 55. 亦参见［德］康德：《答复这个问题："什么是启蒙运动?"(1784)》，载［德］康德：《历史理性批判文集》，何兆武译，商务印书馆 1990 年版，第 24～25 页。

② 参见［德］马丁·海德格尔：《存在与时间》(修订译本)，陈嘉映、王庆节合译，生活·读书·新知三联书店 2006 年版，第 37～40 页。

们提出了“公共言说者”的主体要求和公民义务,而且表达了作为“公共言说者”应有的权利诉求,故而,言论自由和“笔的自由”都是公共理性的应有之义。

学者擅长的更可能是推理和慎思,牧师或政治家擅长的则更可能是言说或论辩,但这并不意味着政治家比学者更擅长运用理性,尤其是公共地运用理性。相反,仅当牧师或官员像学者那样言说和思考时,才能公共地运用理性,否则都是私下地运用理性,无论它面对的听众有多少。这意味着,康德式公共理性的另一个方面是从言说者角度出发的——准确地说是从可能的言说者角度出发的。官员有公共职位或职务,站在什么位置上就说什么话,对他来说,职责比自由更要紧、更权宜,他对理性的运用所依赖的是一些外部的权威,比如宗教信仰、政治权力、宗派利益、个人兴趣等。康德所理解的牧师或官员往往代表的是神圣的或世俗的权威,他们的运思具有很强的宗派色彩,他们的言说在原则上不方便也不愿意被所有人听到,反过来,他们对所有人说的话又不是他们真心想说的话或者全部想说的话。换言之,他们更愿意与少数人密谈而不是发自肺腑地公开论辩,更愿意隐瞒自己的某些心思、私下地运用理性而不是将自己心里的整个推理谋划过程公开地向全体民众表达出来。在康德看来,理性的这种私人运用乃是很狭隘的,它虽不能阻止但毕竟无助于启蒙运动的进程。

康德将公共理性与自由的理念和启蒙的理想联系起来。公共理性是自由的题中之义,而自由是公共理性的内在要求。他关于公共理性的建构服务于对人类何以能最终达至完全的启蒙状态这一基本问题的回答。对康德而言,理性只有一个,本质上为所有人所共享,无人能够擅自占有或永久垄断理性的所有运用。关键在于理性自身的运用方式有所区别罢了。知性属于理性的理论运用方式,而普遍理性(universal reason)和公共理性属于理性的实践运用方式。普遍理性对个人道德实践提出要求和限制,公共理性则对公共政治实践提出要求和限制,两者相互合作又有所分工。与公共理性相对立的私人理性,同样可以按照罗尔斯的说法称为非公共理性。[①] 公共地运用自己的理性乃是每一个人

---

① 罗尔斯列举的非公共理性的例子是学校、教会等非公共领域的理性,支撑它们的是相应的整全性学说。他对私人理性的否认与康德关于理性只有一个的说明是一致的:理性只有运用方式上的差异。康德笔下的官员和牧师所运用的理性严格来说属于宗派的而非私人的理性,正如罗尔斯笔下的学校、教会所运用的理性那样,它们都属于非公共理性或理性的非公共运用。

类成员自由、平等而独立地享有的权利，而不是少数权贵或学者的特权。每个人都能像学者那样，在全部听众面前公开地运用自己的理性。这里的“学者”乃是一种文化身份而不是社会身份，借用阿伦特的说法，只有学者能够胜任世界公民的视角，以一种置身事外的旁观者姿态来对世事进行评判。这种学者除了受到理性自身的权威的约束之外，再也不会受到外部权威的约束。

二、“理性的权威”

“理性的权威”是个多少会引人误会的说法，启蒙理性最大的敌人便是种种神圣的或世俗的权威，将理性当作权威仿佛意味着理性要夺回原先由宗教、政治等势力所占据的霸主地位。如果非得说理性具有源于其自身的权威，那么这种权威丝毫不能有独裁的倾向，它并不强求一致、强令服从，理性所追求的自我身份与其说是权威毋宁说是自由，对于康德式批判的理性概念尤其如此，因为批判乃着眼于自由而非“权威—服从”二元结构中的任何一极。用康德的话说：

> 就其存在之本性而言，理性依赖于这样的自由，即不受任何限制地对之进行批判和审查的自由。如果它制定任何一种限制其自身被批判被审查的禁令，那么它伤害的只是其自身，从而引起更加严重的质疑。因此，理性并没有任何专制的特权，它所作的每一个判决都只不过是自由公民们之间的一致同意，他们中的每一个人都必须被允许不受任何妨碍地表达自己的异议甚或是否决。①

每个人都能够成为这样的一名学者，理性的公共运用对理性水平的要求并不特别高。用阿伦特的说法，公共理性的个体差异最小，人们在政治判断力方面的个体差异小于制作能力和理论理性。并不是一个人只有首先成为一名学者才有资格以“世界公民”的旁观者身份对自己的理性做公开的运用，而是说，只要一个人公开地运用自己的理性，他实际上就是作为一名学者在这样做。康德的世界公民身份在理性的公共运用中所扮演的角色，类似于罗尔斯的平等而

---

① Immanuel Kantt, *Critique of Pure Reason*, translated by Paul Guyer & Allen W. Wood, Cambridge University Press, 1998, A738 - 739/B766 - 767. 参见[德]康德:《纯粹理性批判》，邓晓芒译，人民出版社 2004 年版，第 569 ~ 570 页。

自由的公民身份在罗尔斯式的公共理性中所扮演的角色。

公共理性在康德的“三大批判”中有不同层面的体现。理性的公共运用乃是其理论运用和实践运用的形式要求，由此，我们将康德批判的先验论看作一门广义的、隐喻式的政治—历史哲学体系。批判哲学作为一种“元哲学”(meta-philosophy)或者一种“二阶哲学”(second-order philosophy)，扮演着一个清理地基的角色，仅仅是“体系的预备”(propaedeutic to the system)，与其说它提供了一套实质性的一阶哲学学说(doctrine)，[①]毋宁说它试图回答一门真正的哲学应当具备哪些元层次的形式要求。据此，我们将理性的理论运用和实践运用分别视为理性在理论和实践领域的一种公共运用模型。相对而言，理论运用较缺乏公共敏感性，尽管并非与公共理性无关，因为对于理论理性而言，其公共性或可交流性并不占据特别突出的位置，知性范畴是可交流的，但它们的有效性并不直接基于这种可交流性。此外，我们不妨将《纯粹理性批判》中的运思视为康德以一名学者的文化身份对所有人公开地运用自己的理性。这与该书第一版序言中的如下说法相呼应：“理性只把尊重赋予那些经得起自由而公开的审查之考验的东西。”[②]对于道德判断来说也是如此，作为“实践理性的最高原则”的绝对命令，它们作为实践理性为其自身立法的结果而不依赖于主体间的交流，乃是对分离的、自由的和理性的存在者的可能共同体的本质要求，其法则性自然高于可交流性，尽管两者并不冲突。然而，理性在道德问题上的公共运用最终表现为实践理性的强制性运用，但同样体现了公共理性的形式要求。[③] 公共理性作为一种批判—先验的方法论，在道德哲学中得以被重视。康德的形式伦理

---

① 颇为吊诡的是，后人通常将康德视为一名典型的体系哲学家，仿佛他建立了自己的学派，提出了一整套实质性的哲学理论。从前文讨论过的他对学院派和体系哲学的态度看，这显然违背了他的初衷。另据阿伦特考察，这与康德之后启蒙精神的式微大有关系：“当曾经激发他(康德)的批判哲学的启蒙精神不再时，他的批判哲学立刻就被理解为一个‘体系’，而且他也被当作一个体系而为下一代人所攻击。”参见[美]汉娜·阿伦特著，[美]罗纳德·贝纳尔编：《康德政治哲学讲稿》，曹明、苏婉儿译，上海人民出版社2013年版，第56页。此外，康德关于哲学批判和哲学学说的区分，容易让人联想到罗尔斯关于公共理性和整全性(comprehensive doctrine)学说的区分。他们的初衷具有相似之处，其学说的遭遇也类似：罗尔斯的政治自由主义同样被后人当作诸多整全性学说之一种。

② Immanuel Kantt, *Critique of Pure Reason*, translated by Paul Guyer & Allen W. Wood, Cambridge University Press, 1998, Axi, note.

③ 阿伦特尝试过从“社会性”(sociability/Geselligkeit)和“可交流性”中直接推导出诸如世界公民的法权这样的道德—实践原则。参见[美]汉娜·阿伦特著，[美]罗纳德·贝纳尔编：《康德政治哲学讲稿》，曹明、苏婉儿译，上海人民出版社2013年版，第13讲。

学、形式政治哲学起着一种程序性的公共理性作用，旨在创造使交流和论辩得以可能的必要条件。甚至康德式的道德律令，如勿说谎、勿自杀等亦可被视为一种程序性的公共理性伦理学。康德式道德哲学乃是一个人像学者一样运用公共理性的自然结果。[①] 比如对说谎之所以不能成为道德法则的一个辩护是，说谎的准则无法被公共化、普遍化和可交流化。这里康德通过诉诸说谎准则的非公共性论证，完成一个跳跃，达到了对勿说谎准则的公共性的辩护。康德将政治与道德区别对待，在政治哲学中并没有这种跳跃，因为理性在政治上的运用乃是非强制的公共运用。

康德说："允许你的反对者以理性的声音说话并且只用理性的武器与他战斗。"[②]公共理性的法则不仅使论辩成为可能，还使相互理解（尽管这不代表相互接受或同意）成为可能。《纯粹理性批判》中的辩证论的二律背反不属于真正的论辩，它们只是无谓的争吵，因为彼此之间缺乏相互理解的前提和共享的标准，比起诉诸公共理性的法庭，它们更愿意诉诸权威。从消极角度看，康德式论辩要消除不具公共理性的论辩；而从积极角度看，是要结束争论以求得定论，而最先可能获得的定论乃是形式上的，作为先验论之部分内容的公共理性理念。可持续性（sustainability）和真诚性（truthfulness）对于论辩都是必要的，这就为我们理解康德为何反对自杀和说谎提供了一种新的解释：自杀妨碍了论辩的可持续性要求，说谎则违背了论辩的真诚性要求。论辩有三个可能的结果：其一，论辩不了了之，即没有结果就中止或中断；其二，论辩持续进行；其三，论辩以取得某种共识或标准结论而自然结束。《纯粹理性批判》中的辩证论不仅要消极地揭示使我们陷入二律背反的理性幻相或先验幻相，更要积极地朝着一个正面目标而努力，即通过论辩取得共识或标准结论。当然，为了使这个目标成为可能，首先得保证论辩能够在取得应有结论之前得以持续进行。寻求理性的公共运用正是为了寻求一种使论辩得以持续进行以及取得某种可能的论辩结果的在形式上可能的条件。公共理性的法则并不保证论辩的实质内容和实质结果是

---

① 许多学者注意到，《纯粹理性批判》中的政治隐喻并不是偶然的，康德"第四批判"中的历史—政治哲学论文与他的整个哲学体系之间的密切关系可能意味着他的整个批判事业具有一种政治的特质。"理性的法庭"在"形而上学中的纷争不息的战场"中所给出的裁决，乃是康德式公共理性的一个自然产物。参见［英］欧诺拉·奥尼尔：《理性的公共运用》，陈肖生译，载谭安奎编：《公共理性》，浙江大学出版社2011年版，第97页。

② 参见［德］康德：《纯粹理性批判》，邓晓芒译，人民出版社2004年版，第573页。

什么,而只保证如果论辩能持续进行和得到可能结果,就必须满足某些先验条件,其中包括对理性的公共运用的自由的捍卫和对以理性的声音说话的反对者的宽容,它使理性有了先验基础,不再建立在某种协议的基础之上。

第四节　站在世界之外:世界公民的超越视角

一、"世界的旁观者"

上面我们提到了奥尼尔对康德的批评,这里我们讨论对康德的一个更深层次的辩护,它是由阿伦特所阐发的"世界的旁观者"辩护。阿伦特指出,早在柏拉图和亚里士多德那里,政治生活(*bios politikos*)归根结底还是为了理论生活(*bios theoretikos*),沉思的幸福高于城邦的幸福。大多数哲学家(也许包括康德)都会赞同一个柏拉图式的主张,即不要过于认真计较整个人事领域。只有旁观者才能获得置身事外的无功利性身份,而一旦为了获得公民自由而成为介入的行动者(the engaged actor),就会丧失这种旁观者身份,它与下判断的旁观者(the judging spectator)之间势必形成冲突,康德称之为"政治与道德性之冲突"。介入的行动者执行的是政治的标准,它所要求的依赖性和私密性与理性的公共运用相违背。因此,依据阿伦特的解释,在康德那里,旁观者的判断的标准要高于当局者的行动的标准,①我们不妨据此推断,旁观者的智识的自由也就应当优先于当局者的公民的自由。对康德来说,公开地运用理性的恰当身份是世界公民理念,它是整个世界历史的旁观者,不仅外在于共时性的世界,还外在于历时性的历史。

在康德的目的王国中,理性而自由的主体通过将他人当作目的而非仅仅手段,体现了这样一种理念,即主体通过对行为的自我控制来达到对彼此自由和理性的尊重,并通过主动克制私人理性或个人准则而达到公共理性,这体现了积极宽容的精神。也许有些人会觉得这种积极宽容以牺牲自由主义的基本宗旨为代价,正如罗纳德·贝纳尔(Ronald Beiner)所批评的,"康德给予公共优先

① 参见[美]汉娜·阿伦特著,[美]罗纳德·贝纳尔编:《康德政治哲学讲稿》,曹明、苏婉儿译,上海人民出版社 2013 年版,第 8～9 讲。

于私人的特权,看起来像是对传统自由主义优先次序的倒置”。① 这里似乎出现了政治与道德之冲突的端倪:简言之,政治上要求公共性(正义)优先,而道德上则要求个体性(自由)优先。

对此,阿伦特给出了自己的辩护。阿伦特着重从《判断力批判》中挖掘资源,指出理性的公共运用必然要求站在他人的立场上看问题,这种“拓展的心灵”的可能性正是依赖于交流。无功利的鉴赏判断力、想象力这些第三批判的专用词汇被用来重构康德式的公共理性。通过交流,你才能知道对方在想什么以及想要什么;通过交流,你才能知道对方是否也在试图将心比心,换位思考。这时聆听是必要的,聆听是有所作为,这引人走向积极宽容,因为对他人的消极宽容似乎并不要求主体刻意去听对方在说什么。交流不应是霍布斯式的战争状态,如果仅仅为了取胜而非为了理解,那么交流是多余的。交流意味着基本的彼此尊重和理解,这不是战争的必要条件,也不是争吵的必备要素。这种意义上的论战胜利既不是交流的胜利,也不是理性的胜利。有意义的交流必须以可公共化的准则来引导,这意味着将这些准则上升到法则高度。交流意味着不被同意甚至不被理解和接受的可能性,它希望达到的与其说是志同道合,毋宁说是求同存异。然而,正是这种可能性的存在才使交流具有意义,因为在理性面前没有谁握有永不战败的特权。在理性未被公共运用之处,权威、宗派和权宜(expedience)占据了决胜的制高点,交流仅仅成为取胜的工具,丧失了起码的尊严。

二、公共理性的历史运用

康德关于全球或国际公共理性的思想必须放到历史哲学的宏观视野中来考量。公共理性分为国内和国际两种情况。在国内情况下,我们所谈的公共理性乃是就一国这个整体而言,并不涉及他国以及国际关系。在国际情况下,我们所谈的公共理性乃是作为全球的(global)或者普世的(universal)公共理性。康德式的公共理性乃是作为有限理性存在者的理性,并不特意区别国内公共理性和国际公共理性,尤其在处理世界和平主题时,它侧重于指称国际公共理性。

---

① 参见[美]罗纳德·贝纳尔:《汉娜·阿伦特论判断》,载[美]汉娜·阿伦特著,[美]罗纳德·贝纳尔编:《康德政治哲学讲稿》,曹明、苏婉儿译,上海人民出版社2013年版,第123页。

他的作为世界旁观者的世界公民理念自然是站在普世视角看问题,但他同时又站在世界之外看问题,为一个自由而正义的理性公共体如何可能提供了一条公共理性的研究进路。之所以称康德哲学为一种政治—历史哲学而非单纯政治哲学或历史哲学,乃是基于如下考虑:他用历史的眼光看待政治问题,反过来又用政治的眼光看待历史问题,就理性的公共运用而言,政治与历史乃是一体两面的考察角度。康德式公共理性的基本目标是面向整个世界的言说,交流所要求的自由和宽容高于表达所要求的自由和宽容。政治上的党同伐异、争权夺利往往诉诸私人理性,其价值维度是某种整全性学说的主体和相对化,其工具性维度是主体的甚至是反公共性的。

阿伦特将康德的政治哲学视为对苏格拉底未竟事业的一项延续,因为苏格拉底的"精神助产术"所塑造的问—答方法和灵魂反省启迪了康德的批判性思索:人是一种社会性的、依赖性的理性存在者,失去了可公共化和可交流性思想便无容身之所。[①] 康德式启蒙理性与古希腊启蒙运动思想家们遥相呼应:他们没有自己的学派,并以此为荣。苏格拉底在街头巷尾寻求公众的心智(the public mind),康德则在《纯粹理性批判》的 B 版序言中与那些狂妄地宣称自己才是真理的唯一掌握者的学院派针锋相对。[②] 在他那里,批判的精神与体系化和学院派势不两立。

思想固然是一件孤独的事,但只有依赖于他者,思想才是可能的。这意味着理性的运用一方面是独立的,无须依赖任何个人或宗派,另一方面又是依赖性的,它所依赖的不是某个个人或宗派,而是整个人类。康德笔下的法国大革命不能满足可交流性要求和独立性要求。革命的计划一旦公之于众就会具有

---

① 区别于中世纪的托马斯·阿奎那(Thomas Aquinas)和当代的阿拉斯戴尔·麦金太尔(Alasdair MacIntyre)所强调的那种人类在自然属性上的依赖性,康德在此强调的是人类在理性本性上的依赖性。然而,在人类这种依赖性的理性动物的美德中实现了这两种依赖性的交融,因为它一方面基于人类的自然依赖性(麦金太尔看法),另一方面又基于人类的理性依赖性(康德看法)。参见[美]阿拉斯戴尔·麦金太尔:《依赖性的理性动物:人类为什么需要德性》,刘玮译,译林出版社 2013 年版,第一章"脆弱性、依赖性、动物性"。考虑到康德式的自然概念内涵过于丰富,请读者注意,这里的"自然依赖性"是麦金太尔意义上的。

② 康德本人也直言不讳地主张沿用苏格拉底的方式。有趣的是,苏格拉底之后的柏拉图与康德之后的黑格尔,同他们的前辈形成了鲜明的对比。柏拉图部分地从苏格拉底被民众送入死牢这一哲学悲剧中汲取了教训,尤其是后期逐步地迷上了一种"隐微"写作。启蒙精神式微时代的黑格尔也类似地宣称"哲学从本性上只是一种秘传的东西"。参见[美]汉娜·阿伦特著,[美]罗纳德·贝纳尔编:《康德政治哲学讲稿》,曹明、苏婉儿译,上海人民出版社 2013 年版,第 54 ~ 56 页。

一种自我挫败性,因而它是不可交流的。革命总是事关争权夺利和党同伐异的政治策略,它必须依赖某些人,建立某个宗派,以便反对另一些人,打倒另一个宗派,围绕革命的运思过多地受到理性自身外部因素的干扰,因而它不是独立的。据此,革命的政治活动本身并不符合理性公共运用的独立性和可交流性特征。这种独立性与理性的依赖性并不矛盾:就其反对具体地依赖某些人或某个宗派而言,它是独立的;就其抽象地依赖于整个人类(为此需要站到整个人类之外)而言,它又是依赖性的。康德认为人民的权利是神圣不可侵犯的,但他对这些权利的政治实践设置了严格的条件:"这些权利……始终是一种当且仅当实现的手段符合道德时才得以实现的理念。"①换言之,革命必须符合程序正义,因为这是理性的公共运用所要求的。行动的标准是政治权宜的(political expediency)、依赖性的、私密的,现实的政治行动难免为达目的而不择手段,而判断的标准是道德正义的(moral just)、独立的和公开的,它必须符合程序正义。当当局者的政治行动的标准与旁观者的政治判断的标准发生冲突时,基于公共理性的视角,康德主张我们必须站在旁观者一边。

康德有时将理性区分为参与式的理性与旁观式的理性。参与式的理性是利害攸关的理性,当事人无法做到置身事外,很难做到无功利性。这种参与式理性的代表是政治理性。人首先是政治人,其次才是道德人。用道德法则支配政治活动需要旁观者的理性。旁观式理性的代表不是道德理性,而是审美判断力,它才是真正无功利的静观。阿伦特从旁观者理性角度,在《判断力批判》中挖掘出康德的政治哲学。这倒不是因为道德活动很难让人置身事外,而是判断力尤其是反思性判断力可以为人类在政治活动中找到一种适合自己的法则,它能够协调好一般规则与特别情境之间的那种张力,将一般性与特殊性结合起来。政治哲学更多的是一种旁观、静思的工作,它是对纷繁人事尤其是政治活动的无功利的旁观、静思。当然,这并不意味着政治哲学家不食人间烟火,他仍然是政治动物,仍然难免被抛入政治世界之中。不过,政治哲学家参与政治的方式与众不同,政治的思考本身就是一种政治活动,这是政治哲学家的政治活动。对于政治哲学家来说,思考和言论、写作的权利和自由乃是最为重要的利

---

① Immanuel Kantt, *Political Writings*, translated by H. B. Nisbet, Cambridge University Press, 1991, p. 184, note.

益，而这正是公共理性的应有之义。这是一种理性（*reason*）的自由，它区别于实践（*praxis*）上的自由。如果说比如霍布斯式的公共理性直接面对的是对政治行动的辩护，因而是一种一阶公共理性（first-order public reason），那么，康德对公共理性的思考直接面对的是对政治判断的辩护，具备二阶公共理性（second-order public reason）的特质。

康德所要求的理性的公开运用不仅是言论和写作的公共性，甚至还包括思考的公开性。这一点与古希腊的柏拉图传统很不一样。根据列奥·施特劳斯的解释，柏拉图式的真理是秘而不宣的。但苏格拉底式的问答式话语—思考模式深深地影响了康德。“他实际上所做的是，通过话语，将思考过程——这个过程也就是在我的内心之中进行的、我与我自己之间的无声对话——公共化。”① 与此类似，康德在给朋友的一封信里说：“我并非仅仅为了驳斥而去处理那些合理的反对，我仔细地思考这些反对，将之整合到我的判断中，并为之提供推翻我最珍视的一切信仰的机会。我所抱有的希望是：从他者的视角不偏不倚地审视我的种种判断，由此争取获得某些能够改善我之前洞见的第三种观点。”康德认为应通过充分考虑每个人的意见，通过所有别人的看法检视自己的每一个判断，从而扩展自己的看法。“心智的拓展”在《判断力批判》中处于至关重要的地位，发现这一点正是阿伦特的贡献之一。

没有大众，就没有公共的交流，甚至也没有独白式的思考。思考能力的运用也要依赖大众。在这一点上，我们说理性动物乃是依赖性的动物。（可能这里存在一种康德思想内部的不一致或有待化解的内在张力）没有自由和公开省察，形成意见是不可能的，更遑论形成真理。理性的本性不是“自我孤立的而是要求和他人一样融入共同体”，也就是思考本身乃是政治性的，如果没有与他人的交流，思考的能力就会萎缩直到消失。真理必是可交流的东西，这意味着人和人之间的普遍交流的事实，而可交流性必然意味着有一个可以与之对话、也在聆听且被聆听的人们所组成的共同体。所以，人是复数的存在。

在阿伦特看来，康德的批判本身实际上彰显了思考自身的某种政治意蕴。康德认为，批判仅仅是“体系的预备”，批判被置于与“学说”相对的位置。这容

---

① ［美］汉娜·阿伦特著，［美］罗纳德·贝纳尔编：《康德政治哲学讲稿》，曹明、苏婉儿译，上海人民出版社2013年版，第58页。

易让人联想到罗尔斯关于公共理性与整全性学说之关系,不能肯定罗尔斯是否在此处受益于康德。然而,批判毕竟不能独自进行,阿伦特发现康德的批判性思考恢复了思考所必需的公共空间。在康德那里,批判性思考就是要让自己经受“自由而公开的省察考验”,而这只是指每个人都有公开地运用自己理性的自由,这种运用有严格的限制:“我所理解的对自己理性的公开运用,是指任何人就像一个学者在全部听众面前所能做的那种运用。”在这里,阿伦特有独特的解释,这里的学者和普通公民不同,他们是完全不同的共同体的成员,即“世界公民社会”的成员。但这不只是一个思想和表达自由的问题,思想和表达自由乃二阶政治哲学的问题。一阶政治哲学是哲学家作为旁观者对政治生活进行审视和品味(taste)的哲学,正如在《批判力批判》中鉴赏力的地位高于天才的创造力一样,政治的旁观者的地位高于亲身参与者。二阶政治哲学,乃是指关于哲学家作为一名哲学家所具有政治身份,以及哲学思考本身作为一种政治活动的哲学。在这个层面上,我们说理性的公共运用首先体现为一个哲学家就像是一名世界公民一样,通过言语和文字的方式向全世界发表讲话。这里的政治要求是言论和发表自由的权利。正是在哲学家作为世界公民向全世界发表言论的自由层面上,康德的自由主义与公共理性最直接地联系了起来。

判断力所起的最重要的作用是想象力和共通感。想象力使思考虽然是独自进行的,但并不等于是绝无依赖地独立进行的,相反,通过想象的作用,别人可以进入我们的立场中来,而且想象是公开的,对所有人都是开放的,这正是世界公民的立场。这里对他人立场的重现并不是指接受另一种立场,如果这样的话,那只不过是从一种一己之见到另一种一己之见,而是要综合他人的立场,其结果就是立场的普遍化。这里的普遍也不是一种概念的普遍性,而是不断地超越每一个偏执的立场,不断地启蒙,这是一种旁观者立场,一种入乎其内、出乎其外的立场,是一种反思性判断力的立场。我们可以从康德式的反思性判断力中寻找到反思平衡与公共理性之间的某些内在联系。

阿伦特诉诸“先验的公开原则”(transcendental principle of publicity)为基于公开原则的道德正义重构了一种程序性的或形式上的先验论证。这个原则与义务论的先验原则是一脉相承的。正如我们能在康德式义务论中窥见一种形式伦理学,我们也能在康德式的公共理性中窥见一种形式政治哲学。然而,与其说这个原则支配了所有的政治行动,毋宁说它支配了所有的政治判断,因为对于政治行动来说,它还需要更多的原则,如真诚性原则。缺乏真诚性原则支配的政治行动在理性层面上很可能沦落为一种修辞术。从一个角度看,这是一个消极原则,因为它只能用来辨认什么不是公正的原则,而无法确保一个公开的原则就是公正的。换言之,可公开性只是一项原则的必要非充分条件。公开性不能保证道德性,而只能成为道德性的必要条件。但从另一个角度看,这又是一个积极原则。康德自己的表述是:"任何准则,为了不至于达不成目的而必须具备公开性者,均与政治和权利二者是一致的。"①公开性具有以下三种模态:其一,可公开可不公开;其二,必须公开;其三,必须不公开。在这三种模态中,第一种模态适用于先验公开原则的消极版本,第二种模态适用于该原则的积极版本。这样就有两种情形与先验公开原则相违背:一是可公开而不公开;二是必须不公开。据此,康德最终将政治与道德连接了起来,其中介物正是理性的公开运用。道德的行动正是私人理性(表面为准则)与公共理性(表现为准则)相一致的行动。不适合公开其准则的行动必须是不道德的行动,而道德则意味着被看见。

然而,由于在康德那里,理性的公共运用是否仍然要寄希望于另外两个公设,即意志自由和灵魂不朽,这一点不是很清楚——甚至有理由怀疑即便同时具备这三个公设对于公共理性来说仍然不够充分——所以就出现了一个对于公共理性来说至为根本的问题,即广义的理论与实践的冲突:公共理性最终归属于理性层面,它与行动之间的鸿沟在康德这里并没有消失。阿伦特关于哲学家只关注判断而无须过于介入行动的说法,实际上将这个鸿沟拉大了。哲学家仿佛只负责发表意见,尽管具有论辩、书写等理性层面上的自由,但行动上的自由(前文提及的公民自由)却并不因此而得到即刻的保证。为了弥补这个缺陷,康德最终诉诸两个假设:其一,进步的假设:进步的理念对于理性的公共运用是绝对必要的。其二,"恶的本性"假设:所有恶就其本性而言是自我毁灭的。②这两个假设是相互支持的,它们统一于康德式的自然目的论——理性与自然

---

① Immanuel Kantt, *Political Writings*, translated by H. B. Nisbet, Cambridge University Press, 1991, p. 130. 亦参见[德]康德:《永久和平论》,载[德]康德:《历史理性批判文集》,何兆武译,商务印书馆 1990 年版,第 154 页。

② 这两个假设参见 Immanuel Kantt, *Political Writings*, translated by H. B. Nisbet, Cambridge University Press, 1991, p. 88 - 91。

(包括行动)在这里终究走向了统一。[1] 最终,阿伦特正确地将我们引向了《判断力批判》的第二部分。

作为一种全知的视角,“旁观者的判断”或“世界公民的超越视角”是一种外在于共时性世界和历时性世界(历史)的视角,它不仅超出了作为个体的复数的人,也超出了作为物种的单数的人。在康德那里,与世界历史相应的主体是人类种族,个人只有超出一己视角对理性进行公共运用,才有接近自然的最终目的:“如果人类就是指一系列朝着无限性(不确定性)而前进的世世代代的总体。那么这条世代线,无休无止地向着与其并存的天命(destination)靠近。世代之线的各个部分都是那条天命之线的渐进线,而其整体则与天命之线重合。换言之,人类族群中的世世代代,没有哪个单独的成员能够完全抵达其归宿,唯有人类族群才能完全抵达其归宿。……哲学家会说,一般来说,人类族群的归宿就是永久的进步。”[2]

康德以一种迂回的方式来兑现自己的自由主义承诺。尊重个体的道德选择,这是实践理性的内在要求,但只有强调公共理性对私人理性的优先性,才能保证在某种程度上基于私人理性的个人自由得以实现。这种自由首先是一种免于受干涉的消极自由,同时又体现了一种通过构筑理性而自由的论辩所要求的公共理性所确保的积极宽容精神。只有通过对人类理性进行某种程度上的公共化约束,私人理性才可能得到真正的自由实现和积极宽容。从这里可以发现康德对霍布斯式公共理性的某种矫正。从内在角度看,要实现个体的道德自由,首先要破除外部的道德权威,由理性独立地向其自身颁布法则;从外在角度看,被公开运用的理性最终有助于破除那些外部权威,在压抑代表权威的某些

---

① 行动在理性与自然之间从冲突最终走向和谐的极富张力的关系中处于何种位置,这是饶有趣味的。以政治行动为例,首先,它并不必然属于理性一边,因为行动所依凭的理性(准则)未必符合先验的公开原则;其次,它并不必然属于自然一边,因为有些行动所依凭的理性符合先验的公开原则。据此,我们认为行动处于理性与自然的中间状态,准确地说,行动乃是理性与自然的中介。当然这并非康德的本意,在康德那里,理性与行动之间有一个要素——判断。从旁观者角度看,理性更多的是判断而非行动的标准。借助判断概念,他偏向于理性这一端,其他一些哲学家则更加看重行动。譬如,政治现实主义者经常引用一条浮士德公理(亦称为歌德公理)云:“太初有行”(*praxis*,deed),以此区别于《圣经》的“太初有道”(*logos*)传统。这两大传统在相当程度上代表了西方实践哲学的两条不同进路,某种意义上也代表了公共理性研究的两条不同进路,比如霍布斯式的与康德式的。参见 Bernard Williams, *In the Beginning Was the Deed: Realism and Moralism in Political Argument*, Princeton University Press, 2005, p. 24。

② Immanuel Kantt, *Political Writings*, translated by H. B. Nisbet, Cambridge University Press, 1991, p. 220.

人的私人理性的同时保障了在以往只能被迫服从于权威的那些大多数人的个人道德选择。从历史上看，这是一项一劳永逸、功在千秋的伟业。公共理性和个人道德选择之间并没有真正的冲突，它们都统摄于理性和自由这一康德式主题之下。理性的公共运用应当有条件地包容理性的私人运用，它以不损害理性的公共运用为前提。包容私人理性并不必然有损于理性的公共运用，相反，从康德的自然目的论角度看，私人理性在客观上最终有助于公共理性的实现。内在道德律本身服从于自然目的论，而外在的公共法则共享了审美判断的"无目的的合目的性"特质，与道德律实现了最终的统一——这也是理性与自然的最终统一。

第五节　批评与反思

人们可以不受约束地就一个正义的共同体以及全球正义应当如何进行论辩，这种论辩一方面需要满足公共理性的程序性条件，另一方面也必须不时从理性的私人运用中有条件地吸纳一些实质性资源。这一康德式的公共理性理念从不同方面开启了后人的研究，包括哈贝马斯式的商谈伦理学，以及罗尔斯的政治建构论。

启蒙规划和现代性要求对自然作出纯粹自然主义的说明，也要求对道德作出纯粹人性化的理解。从理性主义角度看，实践理性本身为道德法则提供了来源，其又进一步涉及两种不同的理性主义：一是以康德为代表的道德建构主义，它主张实践理性依据其本身就能够建构法则，而这些法则造就了道德领域；二是理性直觉主义，它以克拉克（Clarke）等人为代表，主张实践理性依据其本身凭借"直觉"或反思来认识到独立存在的道德原则的权威性。

如果能够从理性中建构出道德，就意味着理性与自然之间存在一种很自然的过渡。我们能够从人性中找到道德的源泉，这也是一个成问题的主张。查尔斯·拉莫尔（Charles Larmore）特别指出，不能期望理性作为道德的来源，[①]只能依照那些你愿意其成为普遍法则的行为准则来行动。这是一个普遍化的标准，

① 参见[美]查尔斯·拉莫尔：《现代性的教训》，刘擎、应奇译，东方出版社2010年版，第51页。

能够合乎情理地解释许多日常道德的义务,但并不总是如此。“它要求我们——不只在某种特定条件下(所有各方都致力于道德行动的情况下)而是始终——这样来判断我们行为准则的道德性质:不是根据如果我们(或许独自地)按照这些准则来行动会带来什么结果,而是根据如果所有人都按照这些准则来行动会带来什么结果。”①

这里出现了从个体到全体的一个自然过渡。个体就应当以全体人类所可能行动的那样去行动。首先,不可能全体行动者都违反这样一个准则,这意味着至少有一些行动都会遵守这样一个准则。其次,这是一个从要求很低的前提推出一个要求很高的结论。因为只要有一部分人按照这个准则行事,那么“如果全体行动都违反一个规则”的可能性就没有了。而理性所防止的正是这种可能性。问题在于,如果有一部分人按照这个准则行事,那么又有何理由要求每个人(包括那些未按此准则行事的人)按此准则行事呢?只是部分人按照此准则行事,并不会导致“理性的坍塌”(collapse of reason),而且也没有违背“理性的事实”(facts of reason)。由“所有人都不按照准则行事是不可能的”无法推出“所有人都必须按照准则行事”。

这样一套道德义务,对所有人都具有约束力但并不假定它们必须对所有人都可辩护。道德理性主义假定了道德义务的有效性必须基于它在理性上是可辩护的,进而又将普遍的有效性或可约束性依赖于它普遍的可辩护性,亦即对所有人而言的有效性基于对所有人而言的可辩护性。仿佛是这样的,如果存在一些人,道德义务对他们并不是可辩护的,但又要求他们遵守,这里就会出现一个“强制”的问题。仿佛基于实践理性来建构道德义务就不应当为强制的正当性留下地盘。但是,“理性的事实”如何与罗尔斯的“多元论事实”融贯起来呢?理性的事实所保证的道德普遍主义乃是一种一元论。而一元论在面对多元论事实时,就必然会采取强制。这与普遍主义对强制的拒斥是否产生矛盾呢?这里我们需要反思,理性是否仍然在康德意义上还是一个“事实”?

从这种普遍主义视角看来,所谓“合理的分歧”(reasonable disagreement)就是一个悖论。因为理性就意味着一致性,而不一致或者分歧在道德上就意味着

① [美]查尔斯·拉莫尔:《现代性的教训》,刘擎、应奇译,东方出版社2010年版,第53页。

不理性,在涉及基本道德原则时尤其如此。按照普遍主义,我们无法在基本道德原则问题上"合理地"对两种相互冲突的观点(其中有一个观点属于我们自己,另一个属于我们的"论敌")平等视之。

然而,康德式公共理性具有一种独特的作用,即便我们承认仅由理性无法建构道德,公共理性仍然在实质和程序两方面进一步夯实了理性主义实践哲学的概念基础。在实质方面,康德式公共理性尤其强调言论自由、笔的自由和公开演讲的权利。

在程序方面,康德式公共理性为我们打开了通往实践理性的公共性之门。康德有一个"理性的事实"概念,他将理性当作不证自明、无须进一步理据支撑的"事实"。一旦预设了这样一个事实的存在,他对理性所做的只是验证的工作,而非证明的工作。罗尔斯否认在合理性与合情理性之间存在一种自然的过渡或者说二者可以相互还原。现代博弈论进一步证明了无法仅仅从工具理性出发而达到价值理性。理性规则往往是一个形式规则,如(在理论上)避免自相矛盾,(在实践中)趋利避害。然而,这些形式规则对于道德规范的有效性只是必要而非充分条件。

仅在有限存在者那里,理性才有一个运用的问题。康德将理性的运用视为理性与理性外部因素(如经验和自然)打交道的一种方式。理性有且只有一个,根据它在不同领域与外部因素打交道的方式不同,才有理性的理论运用与实践运用之间的区分。公共运用是实践运用的一种特殊情形。它与典型的一般的实践运用之间的关系,必须联系康德关于道德与政治—法律之关系的看法来理解。

康德式公共理性要回答的问题同样也是康德式的。在康德那里,政府官员作为公共身份的扮演者,所运用的必定不是公共理性。而在罗尔斯那里,政府官员尤其是最高法庭的法官作为公共身份的扮演者,所运用的必须是公共理性。在康德那里,公共理性的核心是内部自由的理念——理性只服从其自身的限制。公共理性所施加的限制是自由,它内在于理性。

而在罗尔斯那里,公共理性的核心是外部自由的理念,没有理性的公共运用,公民就没有自由平等。由于没有了那种康德式的自由目的论考虑,罗尔斯式的公共理性必须面对当下的政治现实,其中最基本的是多元论的事实。可以说相对于康德来说,罗尔斯的抱负要小得多,他不再追问在理性运用的所有领域(尤其是实践领域)中公共理性为何必要及如何可能,而只问在最基本的公共政治议题(如宪法根本和基本正义问题)上理性的公共运用为何必要及如何可能。至于其他领域的理性公共运用问题,在罗尔斯看来既没有可能做到也没有必要做到。

在罗尔斯那里,公共理性所施加的限制是以一种不同于康德的方式内在于理性的,也就是重叠共识的理念。其中最基本的是出于相同或不同的理由而对公民同侪的自由而平等的政治身份的认可。罗尔斯以一种不同于康德的考虑指出公共理性限制的历史性特征。公共理性的限制是特定政治背景下的产物,它具有历史性。重叠共识并不是一种临时协定,但它又并非超越于时间之上。它只是行走在历史的路上,而不是一开始就指向了历史的归宿即大自然的目的。

康德的不彻底性也值得我们重视。里奇不止一次地提醒读者,像康德那样的在终极的形而上学方面与霍布斯迥异的人竟在政治权威上与霍布斯持有相似的立场。[①] 于是,我们就在康德那里发现一个“判断—行动”的二元论。康德主张人们对主权者的绝对服从,并且与霍布斯不同的是,这种服从并不要求人们将主权者当成他们自己的。在道德实践领域,你可以实际上不去做(或没有做)一件事情,但这并不意味着可以不服从绝对律令。在公共领域,你可以持不同意见,但这并不意味着可以不服从。这种二元论必须通过自然目的论来弥合。

毋庸讳言,康德式建构主义走的仍然是一条广义的“先验综合”路子,他试图以此将公共理性的先验性、程序性与现实的政治实践联结起来。罗尔斯试图建构出一个去先验的、非整全性的实践理性模型。

---

① 参见[美]迈克尔·里奇:《霍布斯式的公共理性》,陈肖生译,载谭安奎编:《公共理性》,浙江大学出版社2011年版,第83页。

第四章　罗尔斯式公共理性

罗尔斯终其一生所做的哲学运思呈现一种纵横交错的论证风貌,本章以公共理性及相关理念为切入视角,[①]它在罗尔斯政治哲学中既相对独立,又与其他理论形成一体。为此,我们一方面将公共理性视为《政治自由主义》框架内的一个核心理念;另一方面又结合他后来的《公共理性理念新探》将其视为一个相对独立的理论形态。

为了便于厘清头绪,我们从以下四个方面来理解罗尔斯式的公共理性理论。首先,是公共理性的"为什么"问题,即罗尔斯为什么要提出一种公共理性理论,对此的回答有:其一,这是基本正义原则的正当性和稳定性要求;其二,这是政治共同体或公民友谊得以可能的条件;其三,这是建构主义实践哲学的"元理论"要求。

其次,是公共理性的"是什么"问题,即公共理性的功能、内容。它的功能有:其一,程序性功能分为框架性功能和范导性功能。其二,实质性功能,分为国家层面、社会层面和个体层面。一方面,它包括下述实质性内容:宪法要旨和基本正义原则;另一方面,它包括下述程序性内容:探究实质内容所需要的指南,以及对于合情理性、公民性、防止整全性学说渗入的要求。

---

① 罗尔斯式的理念包括相互联系的两个方面:概念和观念,前者侧重于一个术语的意义,而后者强调运用这个概念的原则。

再次,是公共理性的"如何可能"问题,即公共理性是如何形成的,内容有:其一,公民性要求,即自由而平等、理性而合理的公民;其二,公民在公共论坛上就实质内容达成重叠共识、公共证明和包容性共识,结合聚合民主与审议民主;其三,法官、政府官员、候选人等作为公共理性的另一个行动者,并为之承担责任,最高法庭乃公共理性的典范。

最后,面对罗尔斯式公共理性遇到的部分批评或异议,我们给出一种反思性的总结。

第一节 为何是公共理性?

公平的正义理论是民主社会的最恰当的道德基础,公共理性在《正义论》中是作为一种整全性的自由主义学说而被提出的,但是到了《政治自由主义》中,公共理性乃是一种对自由而平等的公民所共享的政治价值进行推理的方式,它一方面帮助在公民同侪之中产生重叠共识,另一方面又不冒犯彼此的整全性学说。鉴于此,我们从以下三个方面理解罗尔斯为什么将公共理性理念置于政治自由主义的核心:首先,基本正义原则的正当性和稳定性要求;其次,政治共同体或公民同侪得以可能的条件;最后,建构主义实践哲学的"元理论"要求。

一、理性主义的元理论

罗尔斯的政治哲学思考具有一种元理论的特质,这在后期的政治建构主义中尤为明显。假设冲突和对抗是一个社会的政治生活的一个基本事实,[①]那么,无论对这一事实持何种态度,肯定的、否定的、存疑的或不可知论的,也无论对这个社会为何会如此持一种什么样的解释,以及对它应当怎样持有何种价值标准,一个更具有理论特征的进一步假设是,整个社会在围绕上述问题不只存在

① 只要这是一个假设就够了,因为即便是事实问题也是有争议的。有些人并不认为人际冲突大于合作是个事实。即便人们在价值问题上往往存在争议为多数人承认,但考虑到事实与价值之二元论的脆弱性,也没有足够理由认为人们在事实问题上不存在争议。See Hilary Putnam, *The Collapse of the Fact/Value Dichotomy and Other Essays*, Harvard University Press, 2004.

一种声音、一种观点,更可能的情况是多种观点并存,各方都声称自己有道理,但最终谁也说服不了谁。古希腊人说,人是理性动物。据此,各种权力、利益及其他理性的非理性的诉求之间的冲突,在理性层面上最终被还原为一些广义的道德、哲学及宗教学说之间的冲突。据此,人们的不同理性的或非理性的行为选择最终被归结为人们关于道德、哲学及宗教学说之间的选择。这也许并不意味着各种学说之间的分歧最终导致了各种理性的或非理性的诉求之间的冲突,但无论如何都能给这些诉求一些合理性的解释。无论为这些解释进行多少个层次的归原,最终仍然很难统一到一种声音上去。在罗尔斯看来,这种多元论正是理性的本质决定的,他称之为有理的多元论。这种合乎情理的多元论有以下特征:首先,极其容易产生(如果不是必然产生的话),一旦产生了就极难消除(如果不是无法消除的话);其次,它们公说公有理、婆说婆有理,甚至并不存在为所有人共享的判断有理没理的标准;最后,它们之间存在深刻而永久的分歧或冲突。

合情理的人们是由他们对两个主要理念的接受来定义的,这些人也被称为公共理性的"适用对象"。合情理的人们接受了这两个理念,因而罗尔斯认为,他们也会接受公共理性的理念——由判断的负担所给定的看起来公平的社会合作的唯一条款将会成为能够通过诉诸所有合情理的人们都能接受的理想或论证而得到辩护的条款。合情理的人们因此将避开诉诸宗教观念或其他的有争议的主张,在这些问题上合情理的人们被假定会发生分歧,因而他们转向只能诉诸那些作为一个自由民主政治文化之部分的公共的或政治的理念,这一理念可以被假定为所有合情理的并且是理性的人们都可接受。

为了论证这一点,他首先在理性层面上作出了一个重要的概念区分,即合理性和合情理性。任何一种理性都涉及原则,合理性与合情理性也不例外,理性的这两种不同形态同时对作为理性主体的个人以及理性载体的学说(理论主张)提出了规范性要求。属于合理性范畴的原则包括:其一,目的—手段原则,即采取最有效的达到目的的手段;其二,可能性原则,即在其他情况相同的前提下,作出最有可能实现的那个选择;其三,最大化原则,即总是选择最大的善;其四,优先性原则,即当原则或目标发生冲突时——有时是原则的冲突,比如可能性原则与最大化原则可能发生冲突,有时则是目标的冲突——为各种目标进行优先性排列。而属于合情理性范畴的原则，在罗尔斯那里主要集中在公平原则和正义原则两个方面。①

当然，合情理性与合理性之区分并非一开始就泾渭分明，它在罗尔斯本人那里也经历了一个从较不清晰到较清晰的过程。在《一个伦理学决定程序纲要》一文中，他认为判断一个人是否合乎情理的标准有：其一，他显露出一种使用归纳逻辑的标准，以确定他可以恰当地确信什么意愿；其二，他面对任何一个道德问题时都会倾向于寻找理由去支持或反驳那些对他开放的可能的行为准则；其三，他展现出以一种开放的心灵去考虑问题的愿望，随时愿意根据新证据、新理由重新斟酌自己的观点；其四，他重视自己在情感上、理智上和道德上的偏爱，并且在衡量任何问题时都会将这些因素考虑进来。②

任何一个社会都据此选择社会制度，但罗尔斯选择了一种他较为熟悉的社会制度，即现代民主政治。他这么做并非随意而为，亦非临时决定，而是有深层次的理论考虑。他心目中的现代民主社会最典型、最全面、最集中地体现了他所说的有理的多元化特征。

在非民主政体下，比如在专制社会中，当权派的意识形态至少会暂时地占据压倒性地位。这样，它与其他诸学说之间的分歧会被压制或者被消弭。那些被压制的学说由于同优势学说存在深刻分歧，它们的合情理性乃至合理性都可能被质疑，甚至被“消灭”——温和情况是限制异己人士的言论自由，极端情况是对他们的肉体消灭。反过来，优势学说有可能被贴上唯一的或者至少最好的真理的标签横冲直撞，它自然不甘与其他学说平起平坐，这个社会实际上至少暂时只有一个声音，一种理性模式，也就是当权者的宗派理性。这种理性一方面通过诉诸武力或者威胁诉诸武力而得以运用，另一方面又通过意识形态和修辞术而得以被粉饰成非宗派意义上的全局理性——其他的宗派理性原则上也

---

① 高斯反驳了罗尔斯政治自由主义的一个重要理念：合情理性与合理性的区分。在高斯看来，合情理的信念之间存在理性上的不可通约的根本分歧，他认为有的合情理性可能是非理性的，然而，这也许在政治上悬置了合理性问题可能是必要的。在他看来，即便所有合情理性都有理性的基础，也并不意味着只有其中一种合情理性才是正确的。似乎更为可能的是，只有某些合情理性才是理性的，尽管其持有者都认为这些是合情理的。参见［美］杰拉德·高斯：《理性、合情理性与辩护》，陈华文译，载谭安奎编：《公共理性》，浙江大学出版社 2011 年版，第 242 ~ 269 页。

② 参见［美］约翰·罗尔斯：《一个伦理学决定程序纲要》，载［美］约翰·罗尔斯：《罗尔斯论文全集》，陈肖生等译，吉林出版集团有限责任公司 2013 年版，第 1 ~ 22 页。

能做到这一点，只不过他们暂时没有当权罢了。前者使它更具硬实力（至少表面上如此），后者使它更具欺骗性。

应对上述合乎情理的多元论至少有两种方式。一种是试图以其中一种（在特殊情况下可能是少数几种）学说一统江山，暂时地压制、回避或掩盖深刻冲突；另一种是正面地对待这些冲突，并以一种积极的态度利用这些冲突。因为在后一种方式看来，冲突是必然的，也是必要的。冲突本身可能最终有利于任何一方，而对冲突的粗暴对待则可能有害于任何一方。罗尔斯对前一种方式的反驳乃是程序性的：它无助于一种社会制度（无论何种制度）的稳定性。而相对来说，一种民主政体不仅使互不相容而各自有理的诸完备性学说之间的自由的发展和彼此平等的对待成为可能，而且使这种深刻分歧能够得以持久，也使这种分歧不仅仅是为了分歧而分歧，而是有更高一级的目的，即为了合作。它使合作成为可能，尽管是一种最低限度的合作。这种合作本身需要一种较为合宜的主体态度，罗尔斯称之为公民资格的理想。它使一个公民是一个理性的并且合乎情理的人，一方面理性地坚持自己所信奉的学说，另一方面又对其他的学说持一种开放态度：他愿意随时听取他人意见，包容、尊重他人，并且可能在必要时调整、修正乃至放弃自己原先的学说。

与任何一种试图以自家学说为典范的理性模式不同的是，罗尔斯倡导一种与这种宗派理性或非公共理性相对立的公共理性。相对于有理的多元论这种元理论思考，公共理性提供了一种更进一步的元理论思考模式。据此，关于公共理性的哲学思考乃是一种二阶的哲学，它相对于一阶哲学是基于某种完备性学说而对世界有所言说，如进行描述、反思、规定和价值评判。

《正义论》开篇有一句名言（它实际上被摘录于该书英文修订版封底）使人印象深刻："正义是社会制度的首要德性，就好比真理是思想体系的首要德性。"①将正义和真理相提并论似乎给人这样一种印象，即该书作者是带着寻求真理的梦想来探究实践哲学的，结果发现了一个同等重要的主题，即正义。然而，即便这种猜测正确，也无助于表明罗尔斯后期仍然作如是观。相反，他特别淡化（如果不是贬低的话）真理在政治哲学中的重要性，这个做法与他在哲学或

---

① John Rawls, *A Theory of Justice*, *Revised edition*, Oxford University Press, 1999, p. 3.

狭义地说是形而上学或知识论中的不可知论倾向密切相关。[①] 取而代之的是基于合理性与合情理性之分的理性概念。他提醒人们警惕将任何一种整全性学说奉为真理的做法,仿佛即便以"相对真理"或"局部真理"这种相对弱化的名义也不行,因为这些学说至少在政治上并非事关真假,而是事关理性——合理性与非理性,以及合情理性及不合情理性。

根本上关注的是真理还是理性,是罗尔斯后期区别政治哲学进路与其他进路(如形而上学或道德哲学进路)的一个重要标准。真理是一个整全性概念,而"在政治当中表达总体真理的热情与隶属于民主公民资格的公共理性理念是不相容的"。然而,即便罗尔斯的这一处理对于政治自由主义和公共理性都是必要的,也存在这样一个可能性的疑虑:他是否真的可以以这种方式区别对待真理与理性呢?问题在于,真理与真诚性密切相关,而罗尔斯式的公共理性不可能不强调真诚性在实践理性中的重要位置。一个更深层次的问题还在于,能够指望那些即便对各自所信奉的整全性学说的真理性都不特别在意(这是公共理性的要求)的公民,会特别以真诚态度加入基本的公共政治议题的论辩中来(这是实践理性和公共理性的要求)吗?换言之,"如果一种立宪民主政治不允许生活在其中的人们把他们信以为真的东西带到公共的政治对话中,那么它是否还能得到人们真诚的支持"?[②] 此外,公共理性所要求的包容性原则带来了真诚性的问题。我们还可以问:在什么条件下,公共理性仅仅被视为托词,而非公共理性才是构成公共行动的真实理由?

二、建构主义的二阶哲学

对"公共理性的建构"(constructions of public reason)这个短语可能存在两种不同理解:一是将公共理性作为建构的手段,比如在罗尔斯那里,就用公共理性来建构政治正义原则;二是将公共理性本身作为建构的目标,即"建构公共理性"。我们倾向于第一种理解,即将公共理性作为某种形态的建构主义的一个基本概念。公共理性所参与的建构的过程同时也是一种反思平衡的过程。而

---

① 至少有两个学者提及罗尔斯等政治自由主义者在善等道德哲学议题上的不可知论倾向。参见[英]欧诺拉·奥尼尔:《理性的公共运用》,陈肖生译,载谭安奎编:《公共理性》,浙江大学出版社 2011 年版,第 96 页。

② 参见钟英法:《罗尔斯公共理性思想研究》,巴蜀书社 2012 年版,第 3 页。

公共理性自身的辩护并不依赖于建构的秩序,而依赖于一种我们称为先验论证的方法。

用罗尔斯的话说,并非所有一切都是建构的结果,我们必须拥有某些由之开始的东西。从更为字面的意义上讲,只有具体规定政治正当性和政治正义之内容的那些实质性原则才是被建构出来的,而程序本身仅仅作为基本的社会观念和个人观念、实践理性原则和一种政治正义观念的公共作用的出发点,因而是被制定(laid out)的。比如,作为程序的原初状态是被制定的,此外,作为程序性原则的公共理性对于政治正义的实质性原则而言也是被制定的。同样并非被建构出来的还包括作为理性的理念(ideas of reason)的公民、政治社会的观念以及实践理性的原则,包括合理性原则和合情理性原则。

我们可以通过四个方面来把握罗尔斯政治建构主义的特征:其一,在方法上,政治建构主义是一套建构程序的结果而非对客观事实的一种描述;其二,在理念上,政治建构的程序建构在实践理性而非理论理性的基础上,这意味着它的基本概念是合理性和合情理性,而非比如说康德意义上的思辨理性或通常所说的认知理性(cognitive reason);[①]其三,在主体上,整个建构程序依赖于政治个人(公民)和政治社会的概念,而不是依赖于一种自然人或文化社会(如一种共同体)的概念;其四,在目标上,政治建构主义所追求的乃一种理性的目标而非真理的目标,当然,这么说并不意味着这两种目标是必然对立的,我们更愿意视之为侧重点上的差异。

罗尔斯属于康德式的理性主义阵营,他们共享的一个哲学抱负是:捍卫理性的尊严。罗尔斯更加专注于政治领域,在他那里,捍卫理性的尊严进一步转变为捍卫正义的尊严。他的政治建构主义与康德式道德建构主义有一个重要的共同特征,即都属于"理性的建构"范畴,即基于理性概念探寻人类道德或政治之可能性和限度。当然,与康德相比,罗尔斯的政治建构主义存在以下区别:第一,从定位上说,前者是完备性的,而后者是非完备性的;第二,从性质上说,前者强调构成

---

① 根据罗尔斯的看法,强调政治建构主义的实践理性基础,并不意味着忽视理论理性的作用,只是有所侧重而已。在他看来,理论理性塑造着参与建构的那些理性个人的信念与知识,而这些个人也利用他们普遍的推理、推论和判断能力来选择正义原则,因此,理论理性无论如何都在根本上扮演了重要的角色,甚至说理论理性乃一切理性形态(包括实践理性)之"根基"也不为过。See John Rawls, *Political Liberalism*, Columbia University Press, 1996, p, 93.

性自律,后者强调理论性自律;第三,从进路上说,前者是先验观念论的,后者是政治的;第四,从方法上说,前者是基础主义的,后者是反思平衡的;第五,从目标上说,前者旨在提供普遍理性的辩护,后者旨在提供公共理性的辩护。当然,这么说并不意味着两者之间是泾渭分明的,我们同样视之为侧重点上的差异。

在实践理性论域内,罗尔斯从两个角度理解政治上的"理性"概念:一是将理性视为政治社会及其包含的行动者(人类个体、家庭、社团等)的某种有所筹划的行为方式,二是将理性视为实施此类筹划行为所需的理智能力和道德能力。在政治领域中,理性的运用方式有两种,即公共理性和非公共理性。由于政治首先是一个公共的领域,所以,政治社会中没有私人理性,但其中存在诸如宗派理性这样的非公共理性形态。罗尔斯强调任何一种理性形态的社会性特征,故而否认存在任何私人理性之类的东西。个体的所谓"私人理性"运用于政治领域,可能表现为某种非公共理性的形态。比如在独裁制政体中,独裁者个人的"私人理性"实际上表现为独裁者所属利益集团的非公共理性,罗尔斯更愿意称之为特定"背景文化"下的某种社会理性形态。

公共理性中的"公共"体现在三个方面:其一,作为公民资格理性,它是公共的;其二,它的主题是公共善和根本正义问题;其三,它的本性和内容是公共的。公共理性的运用集中在法律的制定和修正中所发挥出的最终的和强制性的权力。它并不适用于所有政治问题,而只适合于那些包含我们可以称为"宪法要旨"和基本正义问题的政治问题,严格来说乃是公民就这些问题的公共辩谈。因此,它也不适合于我们对政治问题的个人性沉思或反思,即便这些问题属于"宪法要旨"和基本正义问题。

对罗尔斯来说,公共理性的价值不仅包含基本的判断、推理和证据之概念的运用(这些属于合理性的范畴),而且也包含正如我们在遵守常识知识的标准和程序以及接受无争议的科学方法和结论中所表明的合情理性和公平心这样的美德。由此我们看出,公共理性乃是工具性和规范性的结合,亦即合理性与合情理性的统一。

罗尔斯式公共理性的一个补救性抱负是为作为公平的正义提供一个更为合宜的稳定性辩护。换言之,它是为正义论服务的,居于从属的工具性位置。不过这也许是一种狭义的理解,因为它完全可以有更大的抱负。这种辩护的目标是如何在互不相融且又都有理的整全性学说(有理多元论)这一现代民主社会的事实背景下,就一种政治正义观念达成一致,这是一项政治自由主义的工作,公共理性理念乃其有用的手段之一。

这种稳定性有一些更具政治色彩(如果你愿意也不妨在一种非罗尔斯意义上称之为更具意识形态色彩)的替代性名称诸如和谐(harmony)或和平(peace)。那些互不相融且又都有理的整全性学说与一种政治正义论(它在某种意义上区别于《正义论》中的道德正义论)之间如何"和合共生"或"和平相处"的问题,这是稳定性的基本问题,它亦可被通俗地表述为"在特定制度背景下的(由不同学说所支持的政治行动之间的)和而不同如何可能"这一政治议题。①

差异与分歧、竞争与冲突是人类政治活动的基本事实,因为毕竟一方面所有人都必须据以安身立命的资源是稀缺的,另一方面人们又不得不紧密联系地共存于世,而人们在利益、文化、价值和政治等方面的诉求不仅是多元的,还是永无止境的。这种分歧是深刻的和持久的,也不能对可通约性(commensurability)抱有太大希望:并非所有的多元诉求都是可通约的,有些甚至是根本上不可通约的。约翰·格雷(John Gray)正确地指出:"人类的善表现在各种彼此竞争的生活方式中。这不再只是道德哲学的一种断言。这是伦理生活的一个事实。如今我们知道,人类以各种互相冲突的方式成长,这并非出自一个理想观察者的超然立场的看法,而是一种共同的经验。"②不同背景下的人们持有不同的善观念,其中那些讲道理的人们努力寻求超越一己之私的偏狭视角,站在超然的"公正"立场为各自的善观念提供"公共理由"的辩护,以便使自己的善观念披上一层"道德公理"的面纱,然而,正如罗尔斯和托马斯·内格尔指出的那样,世上不止有一种合乎情理的、能够得到公共理由辩护的整全性学说。对罗尔斯来说,一种政治哲学并非要否认或者回避这个现实,而是着眼于这个现实来探讨一种哪怕是最低限度的合作条款或各种学说在最低限度内和谐共存的可能性条件。③ 罗

---

① 并非关于社会制度而是关于理想人格的一个有趣的联想是从罗尔斯角度看乃整全性学说的孔子式和谐观:"君子和而不同,小人同而不和。"(《论语·子路》)

② [英]约翰·格雷:《自由主义的两张面孔》,顾爱彬、李瑞华译,江苏人民出版社2002年版,第45页。

③ 这种"最低限度的合作条件"说法在《正义论》中可以找到一个类比,即"最小的最大化",不过两者差异很大,比如前者侧重于合作议题而后者侧重于分配议题。我们仍然需要将最大限度的合作进行"最大化",不过不是分配数量的最大化,而是这种合作质量及其稳定性的"最大化"。在《正义论》中,罗尔斯至少部分地基于合理性或理性人概念为符合"最小的最大化"原则的社会何以是一个稳定社会进行辩护。而他的后期公共理性理念则试图基于合理性与合情理性的概念区分而为政治正义原则寻求公共理性的辩护。

尔斯甚至愿意将这种最低限度的合作看作民主政体下的一个基本事实。为了进一步增强这个事实出现的可能性,或确保这一事实的出现,他提出了一个良序社会(well-organized society)的理念。

在《万民法》中,罗尔斯区分了两种类型的稳定性概念,也就是基于正当理由的稳定性(stability for the right reasons)与作为力量均衡的稳定性(stability as a balance of forces)。① 这种稳定性的达成方式有几个限制。首先,它不能是临时性的、偶然的或脆弱的,而是长期而稳定的;其次,它要求特定社会制度下的全体自由而平等、合理且有理的公民的参与。其中前一个限制更为根本,因为后一个限制可以从前一个限制中推导出来。落实这些限制需要一种公共理性的理念。理性的这种公共运用具有几个罗尔斯式的限制:首先,它严格限制于公共政治领域;其次,它为所有自由而平等、合理且有理的公民(他们是持有互不相容而又都有理的不同整全性学说的人们)所共享;最后,它同时受到理论理性和实践理性的工具性原则的限制,比如信念的融贯性和行动的逻辑一致性。据此,我们将公共理性所必需的限制综合为"特定社会制度下为所有公民共享的政治上的一种实践理性模式"。在罗尔斯那里,这里的"特定社会制度"特指现代民主社会,如现代美国社会。② 此外,我们宁愿相信罗尔斯所说的实践理性是康德式的,因为它在某种程度上仍然强调理性的原则性,尽管其先验论色彩被淡化。他继承了康德关于实践理性与自由意志之间的关系,虽然不再要求康德式的三大公设在公共理性之运用中继续发挥作用。换言之,它是一种非自然目的论的公共理性形态。

可能存在的一个质疑是,这种共享的政治理性的约束过于严苛,因为它对全体公民来说要求过高,而对某个、某些公民来说又要求过低。辩护的负担落在了"自由而平等"尤其是"合理且有理"这两个重要的限定语身上。

---

① See John Rawls, *The Law of Peoples*, Harvard University Press, 2001, p. 44.

② 争议不在于现代美国社会是否有资格作为罗尔斯式现代民主社会的代表,而在于它是否有资格作为良序社会的代表。对此争议的一个回应是,"现代民主社会"属于事实范畴,而"良序社会"属于理念范畴。此外,前者侧重于定量,而后者侧重于定性:一个并非所有人或一个人在所有时刻在其中都赞同的现代民主社会仍然是一个现代民主社会,但并非哪怕在一个并不核心的方面并不符合良序理念的社会仍然是一个良序社会。

三、正义而稳定的社会

我们将罗尔斯政治哲学的根本问题理解为“一个正义而稳定的社会如何可能”，并倾向于认为只有政治自由主义才能在理论和制度上真正回答此问题，于是这个根本问题转变为“政治自由主义如何可能”的问题。罗尔斯通过诉诸三个主要理念即重叠共识、权利的优先性及善的理念、公共理性理念来为政治自由主义所倡导的正义性（正当性）和稳定性提供辩护。这是一项公共辩护。于是“政治自由主义如何可能”又进一步转变为下述三个问题：其一，重叠共识如何可能；其二，权利的优先性及善的理念如何可能；其三，公共理性理念如何可能。①

在《正义论》中，罗尔斯对公共理性的建构是围绕“无知之幕”下的理性选择来进行的。最终，他为之提供了一个实质性理论，也就是作为公平的正义理论。这个理论存在某些漏洞，罗尔斯本人特别注意到的是该书第三部分对正义的稳定性解释。整个《政治自由主义》所做的工作，在某种意义上可以说是为了填补这个漏洞。但是，罗尔斯的抱负远远超出了为作为实质性公共理性理论的公平的正义论提供一种更恰当的稳定性说明，他还顺带提出了一整套公共理性的程序性理论。

稳定的社会是建构出来的，稳定性是一个政治理念，它通过增强重叠共识巩固一个政治社会的基本结构。稳定性与重叠共识之间存在内在联系。基于重叠共识的稳定性区别于另外两种稳定理由，即基于强力的稳定性和基于权宜之计的稳定性。基于重叠共识的稳定性，作为一种后天的稳定性，依赖于理性的稳定性：罗尔斯称之为稳定理由（reasons-stability）。

我们可以从两个彼此联系的角度来理解稳定性问题：一方面，稳定性作为正义观念的一种性质，罗尔斯更加重视从这个角度关注稳定性问题。在他看来，作为公平的正义的稳定性问题关注的是，作为公平的正义如何能够产生出

---

① 由此可见，罗尔斯有一定的制度主义倾向。譬如，他力图表明那些其品性和利益都是通过在正义的基本制度中生活而形成的人，就能获得一种足以保证这些制度维持稳定的正义感和合乎情理的忠诚（a reasoned allegiance），以便抵制各种非正义的倾向。See John Rawls, *Political Liberalism*, Columbia University Press, 1996, p. 142. 从某种角度上看，他有意将教化视为制度的一部分，以避免教化和制度的对立问题。

对自己的充分支持。另一方面,稳定性作为制度体系的一种性质,考虑到稳定性问题不仅是个理论问题,更是一个实践问题,相对于后者来说,第一种稳定性更为基本,它试图通过从正义观念的内部寻找理由来为其自身寻求理由,只要能找到一种说服的手段或者合理的强制推行的手段,我们就说一种政治观念是稳定的。前一种稳定性依赖于公共理性和合情理性的基础。

后一种稳定性更多地涉及目的,即以社会制度体系的稳定为目的,它与前一种稳定性相比不那么在乎达到这个目的所选择手段的合情理性问题。所以,罗尔斯特别强调,如何设法说服那些原本反对某种观念的人最终接受这种观念,或者按照它来行动,如果必要的话,辅之以有效的强力或制裁。作为公平的正义所考虑的稳定性并不关注如何将我们确信合乎情理的观念强加给其他人,仿佛唯有这样才能维持稳定,而首先试图诉诸公共理性来说服原本持有不同政治观念的人;其次假如这种说服并未取得预期效果,那么我们必须思考另一个问题,即如果我们试图强制推行一种政治观念的话,那么这种强制性如何能够得到公共理性的证明。在获得证明之前,我们不能合乎情理地做这件事情,即便我们已经有足够的实力或手段将自己的政治观念强加给不同意我们的人。

罗尔斯在"政治社会"与"社团"(association)之间作了严格的区分。一个现代民主社会(democratic society)在现实性上不是而且在必然性上不可能是或必然不是一个共同体(community),而所谓共同体是指由个人组成的统合组织,人们在其中认可同一种统合性学说或部分统合性学说。这种区分无论是对于政治正义还是对于公共理性的建构来说都是非常必要的。这种区分的一个关键是,只有社会才具有政治形式的政府和依赖强制力量保证施行的法律。我们既不能自由地选择是否进入一个政治社会——我们当初作为一个婴儿来到世间并逐步成长为特定社会的一名成员,并不是我们自己自由选择的结果:我既不享有选择诞生在这个社会或那个社会的自由,也不享有选择是否要出生的自由。此外,我们也不能自由地选择离开一个政治社会。

政治社会是个封闭社会,公民没有随意出入的自由;政治社会也是个被国家及其强力机构所使用的强制性权力作为一种"集体权力"所制约的社会,公民没有随意反抗的自由。

政治权力是公民的权力,是自由而平等的公民强加给自己,同时也是相互强加的权力。只有当政治权力按照宪法来行使时,它才是合法的。这种宪法是合乎情理的，按照他们共享的人类理性都是能够加以赞成的，罗尔斯称之为“自由主义的合法性(正当性)原则”①。

在一个政治社会中，公民资格要优先于任何一个社团的成员身份。家庭和其他社团的成年成员首先是平等的公民，这一点是由他的基本位置(primary position)所规定的。这个人身处的任何机构或社团都不能侵犯他作为公民的权利。公民权利是从国家那里得到保证的，如平等和自由的权利。就国家保证的这些权利而言，社团扮演了一种消极的角色，即它有不能侵犯和干涉这些基本权利的义务，即便社团的全体利益或终极目标也不是一个干预的理由。一个公民所享有的其他权利，比如差别原则所保证的最小最大化权利，社团也无权干涉。当然，这种最小最大化权利并不从社团内部得到保证，一个公民所在的社团没有义务保证这种权利得到满足，但当政治社会试图满足公民这种权利时，社团并无干涉的权利。我们正是从这个角度来理解社团对其成员作为政治社会之公民资格的权利拥有一种消极义务的。

政治社会反过来也不能过多地干预社团的内部事务，比如国家并无权让某个社团在其内部满足一个人的最小最大化原则。分配正义的原则隶属于国内正义(national justice)领域，而不是社团的局部正义(local justice)领域，除非这个社团自身的规章、性质或目的恰与国家体制相吻合。

一个社团就像《万民法》中的一个合宜的国家，它不必是民主正义的，但必须保障其成员(就其作为公民而言)的基本人权，包括出入的自由。其中，离开的自由要优先于进入的自由。放到国家这个层面，就是首先一个国家能够保障其公民享有移民他国的权利。但是，社团与国家的一个区别在于，社团并不享有针对其成员的强制性权力，至少这种权力应当受到严格的限制。比如一个教会并不享有针对其内部的那些叛教成员的生杀大权。

当罗尔斯主张一个人的政治身份是“生而出其中，死而出其外”的一种“天然”身份时，遇到的最直接的反驳来自跨国移民这一社会现实。不过在罗尔斯看来，在自由和正派人民的社会里，移民现象将会消失。一个人可以拥有移民的权利，但不能说他拥有移民的自由。罗尔斯实际上在这里强调了权利与自由的区分。“从政治上讲，移民权(拥有合适资格的)并不足以使人们在是否接受

---

① John Rawls & E. Kelly ed., *Justice as Fairness: A Restatement*, Harvard University Press, 2001, p. 41.

政治的权威问题上拥有自由。”①国界的存在使公共理性成为可能,国界不单纯是一个地理界线,更是一个政治界限,它是公共理性和自由的界限。如果政治社会可以随意出入,那么,人们在世界政府真正建立之前就无法建构公共理性,也没有正义可言。

服从国家就是服从自己,不是一个人服从自己而大家都服从自己:彼此服从。我们可以从罗尔斯相应的论述中找到一种“政治死亡”(political death)的概念。从政治自由主义角度看来,一个人的同一性是由他的政治身份所规定的。用他的话说,“人的理念(idea of the person)当其被规定为一种人的观念(conception of the person)时,就属于一种政治的观念”。当一个人已经不再是一个国家的公民时,它在政治上就已经死亡了。而那个移民到其他国家的人,由于扮演了一种非常不同的政治角色,所以也不妨称之为“政治新生”(political new birth)。但当一个公民比如说脱离一种宗教而皈依另一种宗教时,就政治正义议题而言,他还是原先那个人。

然而,罗尔斯并没有将移民看作一个严格的政治事实。换言之,承认移民事实的存在原则上并不影响政治社会与社团之间的根本区分,以及基于这种区分的公民资格的政治理念。

一个国家并非天然地就是一个民主社会,但一个民主社会天然地就是一个国家。当一个民主社会接纳了存在于它内部的众多社团或共同体,并努力将自然世界(natural world)改造成为一个社会世界(social world)时,它就成了一个民主国家。国家是公平的正义和公共理性的必要的恰当舞台,也只有国家才能提供和保障民主。正如罗伯特·A. 达尔(Robert A. Dahl)所指出的,“今天,任何一个比国家更小的单位都无法提供过美好生活所必需的条件,而任何一个比国家更大的单位都不可能像现代多元政治那样实行民主的统治”。② 这意味着,国家不仅对于一个人过上一种美好生活来说是必不可少的,对于一个人享受一种现代多元民主生活来说同样是至关重要的。也只在国家层面上,一个人才能被视为一个自由的人。但国家之所以能够诞生,就在于每个人都最终将自己一

① John Rawls & E. Kelly ed. ,*Justice as Fairness: A Restatement*, Harvard University Press, 2001, p. 94.

② 参见[美]罗伯特·A. 达尔:《多元主义民主的困境——自治与控制》,周军华译,吉林人民出版社 2006 年版,第 16 页。

部分的自由让渡给了它,使每个人都是相对自由的、有条件地享有自由的人。①正是出入政治社会的不自由才保证了一个人出入社团的自由以及作为个体的自由(如言论自由和良心自由)。

在罗尔斯那里,公民在两个方面被当作自由人:一方面,他们设想自己和相互设想拥有一种把握善观念的道德能力并不可避免地去追求特殊的善观念;另一方面,他们认为自己是其正当要求的自证根源,自己享有对制度提出要求的权利,以便促进他被公平正义观念所容许的善观念。这两个自由人的定义在较弱的意义上是对人的界定(比如,奴隶由于不满足自由人的这两个条件而不被视为严格的人,而只属于人类),在较强意义上乃是对公民的界定:所谓的公民,正是能够终身自由和平等地参与社会生活和社会合作的人。因此,正如平等和自由的人的观念一样,"公民"也是一个规范性概念。

公民在他们的公共政治生活中,没有隐瞒任何事情的必要性,尽管我们既无法证明没有隐瞒任何事情的可能性,也无法避免某些事情被隐瞒的现实性。可能性和现实性是对准康德意义上的自然因素提出的要求,而必要性和充分性(如果有的话)则是对理性提出的要求。一种康德式的自然目的论会试图论证道,这两类要求最终必然走向统一,这就使我们的公开性理念不仅是一个纯粹的理念,而且是一个具备实质性内容的对现实的描述:一个实践中的绝对律令对应着一条全称命题。比如,"任何时候都不应当隐瞒自己的理性运用(私下地运用理性)"与"任何时候都没有人隐瞒自己的理性运用"(该命题逻辑等价于"所有人在任何时候都公开地运用理性")。

一个人的公民资格是自然权威和理性权威共同起作用的结果。一方面,一个人的政治生活遵从一个自然的过程,与生俱来而与死俱逝。除了自然,没有谁有资格宣称剥夺自由而平等、合理而有理的公民的政治权利——除非他由于严重触犯刑律而被剥夺或暂时剥夺了自由而平等、合理而有理的公民资格:这一点要服从于公共理性的权威。在现代民主社会中,自由而平等是每个公民应得的政治身份,而合理性和合情理性是他们应得的理性能力。另一方面,政治辩护的核心就是将强制性权力辩护成为一种公共权力,使对每个公民的政治行动以及在政治上负有责任的事件进行强制的不是外部权威而只是这个人自身

① 这类似于霍布斯的观点,但基于这个出发点得到的结论迥异。

的理性——只不过它不是别的而只是公共理性,除了它没有谁能享有这个权威——通过将原先的外部权威内化为公共理性所支配的自由意志,最终消弭了强制与自愿之间的张力。

四、公共理性的三个阶段

拉莫尔将罗尔斯关于公共理性的思考分成三个阶段,即草创期、深化期和成熟期。这种分期的基本思路有二:一是将罗尔斯式公共理性视为一个动态深化过程,不同时期的公共理性之间存在的主要是延续和深化的关系,而不是对立或批判关系;二是将《正义论》时期的公共理性思想视为某种比较"粗糙"的形态,而视后期尤其是《政治自由主义》中的"公共理性理念"和《公共理性理念新探》为正宗形态,似乎给人一种"前轻后重""厚后薄前"的感觉。

一个人对罗尔斯式公共理性的态度在相当大程度上取决于他对《正义论》与《政治自由主义》之关系的态度,其中包括罗尔斯本人的态度——相对来说,他的态度是二阶的。可以从两个角度理解:首先是前者用对正义的稳定性的政治哲学解释取代了后者的道德心理学解释。这个稳定性问题可以这样来提:"无知之幕"揭开之后,人们还会认可之前一致同意的社会契约吗?其次是给出一种对于政治权力的正当性说明。正当性问题亦被视为政治自由主义的一个根本问题:一个由信奉互不相容但又都合乎情理的诸多宗教学说、哲学学说和道德学说从而产生深刻分歧的自由而平等的公民构成的正义而稳定的社会,如何可能长期存在?在《政治自由主义》中,罗尔斯尝试通过一种政治而非道德上的建构程序,将正义论奠基于政治自由主义而非道德自由主义以及道德心理学,从而成为一种在诸多宗教、道德或形而上学学说中保持中立的政治正义论。

《正义论》中没有提出公共理性理念这一说法,但有公共性的概念,其中蕴含丰富的公共性思想。假如没有后来的《政治自由主义》和《公共理性理念新探》,我们仍能从《正义论》中挖掘出罗尔斯式的公共理性思想,就此而言,该时期的公共理性思考是完整的、独立的,因为它一方面呈现一种不同于后来的论证思路,另一方面融入了一个不同于后来的理论系统之中。鉴于这一考虑,我们将罗尔斯式公共理性细分成公共理性(Ⅰ)、公共理性(Ⅱ)和公共理性(Ⅲ),三者既以某种方式相互区分,又以某种方式相互联系。

罗尔斯式公共理性（Ⅰ）的核心是《正义论》式的公共性。公共理性与作为公平的正义论之关系可简单概括为：它是一种元正义论或正义的元理论（meta-theory of justice），乃是一项更具前提性及先验性的理论建构。这里的"元"主要就其为一种正义论在其中可能充当实质内容的程序或形式上的原则要求及限制而言。为了突出后期基于这种形式要求的正义论与前期作为公平的正义论的差别，罗尔斯称之为政治正义论。这种正义论当然也强调作为公平的正义，但为之提供了一种去整全性的并且添加了公共辩护的形式框架。这种做法源于学界对《正义论》的批评以及罗尔斯本人对该书所提的作为公平的正义论的深刻反思。这种反思的结果是，政治正义论对于作为公平的正义论而言，既有一致也有差异，既有继承也有超越。罗尔斯本人特别看重其间的一致性和继承性一面，但若经仔细考察，可发现其间的差异和超越一面也不容忽视，因为有些差异甚至是根本的。

基本结构（basic structure）的理念为我们界定了政治正义论的适用范围，它在《正义论》中被当作政治正义的首要主题。正是在作为一种背景正义（background justice）的政治正义之内，私人、家庭、社团、国家和全球才能各归其位、各行其是。为此，罗尔斯将正义分为三个层次，一是局部正义（local justice），这是直接应用于机构和社团的原则。我们认为，这里的局部分正义可以分为三个亚层次：其一，私人正义；其二，家庭正义；其三，社团正义。这里的"私人"乃是指处理私人事务而非公共事务时的个人以及个体间关系。比如在私交甚好的张三和李四两人之间可能存在某些共同约定或"君子协定"，用来调节两人内部的私人关系。这种约定由于其私人性质不能被完全划归到公平正义的范畴，尽管当张三或李四违背公平正义原则时可以甚至必须诉诸公平正义原则。换言之，公平正义原则（如罗尔斯的两个正义原则）不是专门用来调节任意的两个人的私人关系的，就像它不是用来支配家庭内部父母应当如何对待他们的孩子或者如何在他们之间分配家庭财富的。二是国内正义（national justice），它适用于社会之基本结构的原则，它向内影响（但非支配或唯一的决定）局部正义，向外影响（同样非支配）万民法（law of peoples）。三是全球正义（global justice），也就是"人民与人民之间的正义"（justice between peoples），也就是"万民法"的内容。

公共理性（Ⅱ）的核心是仿康德式（quasi-Immanuel Kantian）的公共理性理

念,它包括但不限于《道德理论中的康德式建构主义》和《政治自由主义》中的“公共性的条件及其三个层次”。其中既受康德式公共理性的影响,又启发了罗尔斯后来在政治自由主义中所阐发的公共理性理念。因此,它在两方面扮演着过渡角色:一是从康德道德建构主义作为一种整全性学说到罗尔斯政治建构主义作为一种政治自由主义学说的过渡;二是从正义论中的公开性概念到政治自由主义的公共性理念的过渡。抽出正义论中的稳定性内容,添加公共理性的形式要求,就构成了政治自由的内核。正义的政治观念是其实质,公共理性是其程序。

另一种态度截然相反,认为政治自由主义是对正义论的一次颠覆也不为过,就像维特根斯坦后期在《哲学研究》中完成的对他前期《逻辑哲学论》中的颠覆那样。[①] 首先是方法论上的。正义论基于一种抽象的思想实验,即“无知之幕”背后的原初状态下理性人的自由选择。它所遭到的批评迫使罗尔斯反思自己在《正义论》中的方法论问题。问题不在于“无知之幕”背后的原初状态是不现实的,而在于从这种“无知之幕”经由反思平衡直接过渡到了正义的两大原则。罗尔斯过于自信地认为,这是每个理性人都理应接受的分配原则。

相较而言,至少从表面上看,罗尔斯在《政治自由主义》中的抱负则要谦逊得多。他不再主张只存在一种正确的正义理论,即他的作为公平的正义理论,而这里的正义概念具有理论思考中的真理概念那样的重要位置。不过他仍然坚信,正义理论从根子上是没问题的,有问题的是达成这种正义理论的方法。实际上,他在《政治自由主义》中的反思不仅抽掉了《正义论》中关于稳定性的不妥表述,也一并抽掉了关于原初状态和“无知之幕”的表述。对于反思平衡,他的态度是有条件地保留。

方法论的颠覆在于用事实考察取代了思想实验,用合乎情理的多元化取代了“无知之幕”,用公共理性理念和重叠共识理念取代了理性人的自由选择理

---

① 当然,颠覆性与继承性并不是截然对立的,譬如,我们在后期维特根斯坦哲学中可以同时看到这两种因素的存在。比较准确的理解也许是,后期哲学对于前期哲学是一种“批判性继承”关系。相对来说,罗尔斯前后期所关注的问题具有更强的继承性,但同时也不妨指出,他后期在某些重要方面修正或重构了前期的论证。

念。为此,他特意区分了合理性与合情理性概念。[①]《正义论》采取一种自觉的道德观点,或准确地说是道德—政治未明确相分的观点,试图以道德为政治辩护。这种辩护的缺陷在罗尔斯本人看来至少有一个,即它对稳定性的解释是不现实的。从我们的角度看来,它仍然可被视为一种罗尔斯式的整全性学说。而《政治自由主义》则采取一种自觉的政治观点,试图以政治为道德(政治正义观念)辩护,它遇到的挑战是整全性有余而公共性不足,或曰实质性有余而程序性不足。《正义论》同样关注程序正义,但它关于程序正义的学说仍然是一种实质性学说,在某种意义上仍可归入合理且有理的整全性学说范围。后来,罗尔斯不再把作为公平的正义论看作普遍范围内的道德学说,而将之理解为一种严格的政治正义论。他将正义论从整全性的道德哲学缩小到非整全性的政治哲学。不过,这并不意味着他将政治哲学视为道德哲学的一个分支,因为非整全性学说并不是整全性学说的一个部分。这意味着他已经不再坚持一种政治道德主义了。

然而,这种谦逊也许只是表面现象,因为我们有理由怀疑他的政治正义论的非整全性特征并不彻底,同时,我们还看到了罗尔斯为寻求作为公平的正义与政治正义之间的一致性而做的努力,其中一个重点努力方向是消除《正义论》第三部分关于稳定性的解释与全书观点之间的不一致性。换言之,他在《政治自由主义》中所做的一项重要工作就是提供一种更令人(或至少更令他自己)满意的稳定性解释,并且他最终用一种公共理性的进路取代了原先的道德心理学进路。

在作为公平的正义理论的稳定性要求之外,罗尔斯还看到了引入公共理性理念的一个全新的必要性,也就是基于将公共理性诉诸政治共同体或公民同侪这一特别观念之上。基于此解释,公共理性的实践本身具有一种无可替代的关系性价值:它是一个政治社会的"黏合剂",使每个社会成员依赖它来找到自我认同感,维持自己的政治同一性(political identity)。这种关系性价值让我们联

---

① 作为政治自由主义概念基石的"rationality"和"reasonableness",其中译问题着实令人头痛,熟悉罗尔斯著作中译本的人必定有所体会。暂且不谈已有的中译名没有一个能够服众,我甚至怀疑取得最终定译的可能性,因为很难说存在两个汉语词即便在微妙之处仍能与这两个英文词工整对应。我们在哲学术语(还有罗尔斯的 idea、comprehensive doctrine)翻译上采取"不折腾"策略,非到万不得已,尽可能在已有译名中择其善者,而非生造一些新词。

想起社群主义的某些理念，它使一个政治共同体（更准确地说，一个政治社会）的公民同侪之间相互影响，彼此认同，互相承担，依赖对方来界定自己的身份，彼此协作以便形成共同体的规范和凝聚力，在政治上扮演了个人和家庭无法取代的角色。作为一个公平合作系统的社会理念亦可在同样的意义上是本质上有价值的，它由特别的社会实践所构成（如共享的语言和文化传统）。

此外，人们通过共同遵守某些彼此可接受的公平的合作原则时所获得的一种相互性观念，加强公民同侪的认同感和归属感。在梅维·库克（Maeve Cooke）看来，罗尔斯的公共理性概念正是由"相互性条件"和"公民性责任"所勾画出来的。[①] 将心比心是一种道德要求，但公共理性并不局限于道德，因而也就超越了道德。"假如我是你"这样的说法常常用作劝告他人。因为我不可能是你，因此这种假设是没有意义的。它表达的无非是这样的意思：你应当像我说的那样去做，进而提出了要求。人与人的不一样就在于没有人可能真正站在他人立场上，每个人都有一个独一无二无可取代的位置。"将心比心""换位思考"相当于提出了一种道德要求。公共理性不同于康德所说的"拓展的心智"之处在于，它并不要求所有人都应当像自己一样思考，或者有一种思考问题的方式同时适合站在两个不同立场上的人。

最后，我们还要讨论通常被视为成熟期的公共理性（Ⅲ），其存在某些容易受到批评的缺陷，这一点导致了罗尔斯后期在《政治自由主义》等著述中为自己所醉心的正义论给出的补救性辩护颇有争议——如果并非失败的话。罗尔斯并不情愿让自己的公共理性理念成为一个纯粹的程序性或形式性理念，所以力争为它保留了尽可能多的实质内容，其中最重要的是公共政治文化和公平正义理念所支配的良序社会。罗尔斯试图通过指出这些实质性内容的政治哲学而非道德哲学进路来强调它们的非整全性特点，以使政治自由主义成为一个良序社会的必要理论基础。

后来独立成书的《万民法》原本是《作为公平的正义——正义新论》一书的最后一部分即第六部分。这种内容编排上的考虑提示我们注意万民法与公共理性之间的关系。与万民法相应的国际正义并不直接体现罗尔斯正义论的基

① 参见［爱尔兰］梅维·库克：《协商民主的五种观点》，载［南非］毛里西奥·帕瑟林·登特里维斯主编：《作为公共协商的民主：新的视角》，王英津等译，中央编译出版社2006年版，第29页。

本结构理念，而是受这种基本理念的影响或制约。这意味着国际正义并非公共理性的典型的适用领域。罗尔斯式公共理性是基于国家的存在这一基本政治事实而成立的。然而，我们只能在类比的意义上将"联合国"视为一个世界政府，在一个严格意义上的世界政府到来之前，适用国际正义的公共理性将会缺乏一个政治事实的基础。用罗尔斯的话说，"即便作为公平的正义可以延伸到民族与民族之间的正义关系（just relation between peoples），这也无法表明它是普遍性的"①。

罗尔斯在这里开始关注康德式的世界政府实现的可能性。"我认为康德的观点[《永久和平论》（1795）]是正确的，即一个世界政府要么是一种压迫性的全球专制主义，要么是一个为持续不断的内战弄得支离破碎的脆弱帝国，而各种不同的地区和文化试图通过内战为它们赢得政治自主权。"②一种正义的世界秩序最好被视为一种万民社会（society of peoples），在万民社会中，每个民族都维护一种秩序良好的和体面的（国内）政治体制，这种政治体制虽然不必然是民主的，但至少应当充分尊重人权。

第二节　何为公共理性?

公共理性在罗尔斯那里属于一种组织良好的民主社会的理念，因此，我们对罗尔斯式公共理性的解说始终围绕以下几点来展开：首先，公共理性涉及现代民主社会的基本政治结构；其次，它与政治自由的其他理念相互契合，比如一个作为公平合作系统的组织良好的社会的理念、政治正义的理念、自由而平等并且理性而合乎情理的公民理念，以及重叠共识的理念。

一、公共理性的功能：程序的与实质的

公共理性具有两大程序性功能，即框架性功能和范导性功能，前者体现为"框架协议"（framework agreement）的功能，后者则体现了公共理性作为一个

---

① John Rawls & E. Kelly ed., *Justice as Fairness: A Restatement*, Harvard University Press, 2001, p. 13.

② John Rawls & E. Kelly ed., *Justice as Fairness: A Restatement*, Harvard University Press, 2001, p. 13.

“理念”的功能。

公共理性具有框架性功能,它在社会合作中扮演了“原则性文件”的角色,不可能也无必要事无巨细地包罗所有的“协议条款”。框架协议不同于具体协议,它在合同法实务中又被称为意向书,其特点是,协议的内容主要是表明双方(或多方)达成共同完成一件工作或一个项目的共识、愿景,但没有具体的权利义务条款,相关的权利义务需要双方(或多方)在达成共识的基础上另行签订涉及具体权利义务内容的单个或系列的具体协议。

公共理性并不排斥投票,尽管公民可能秉持某种整全性学说来投出他的一票。问题不在于他是否诚实地只秉持公共理性进行投票,这一点对他的公民理性显然提出了过高的要求。审议民主既要求审议,也要求民主。如果某个投票人只秉持公共理性来投票,那么他的投票实际上未必体现了他自己的真实意志。诚如罗尔斯所说,非公共理性有许多个,但公共理性却只有一个。公共理性的这种单一性特征实际上很可能抹杀了某个具体的投票者的个体性(individuality)。在传统自由主义者约翰·密尔看来,这种个体性对于人类幸福绝对是必要的,如果没有处境或情境上的个体差异性,那么自由就无从谈起。阿伦特也特别强调人的复数性(plurality),亦即我们每个人作为个体都具有平等和差异的双重特征。如果人们是不平等的,那么他们既不能相互理解并了解他们的先辈,也不能计划未来和为他们的后辈作打算;如果人不是彼此差异的,即每个人都不同于过去、现在和未来的其他任何人,那么他们就不需要通过言说或行动来让自己被理解,只要用手势或声音来传达直接的、同一的需求或欲望就足够了。接着她指出,自柏拉图尝试用“理想国”“乌托邦”代替雅典民主制以来,政治哲学家对政治的书写就系统地忽略了人最显著的政治属性,即人是复数的。复数性是一种政治生活特有的充分条件。①

公共理性主张公民应当按照可被公共证明的程序来投票,这意味着人们不仅有权利投出自己的一票,还有义务对为何投这一票而非那一票给出理由说明,这种理由还必须是可被公共接受的。这种公共理由说明意味着民主投票只能随着民主审议而进行。从公共理性角度看,民主已经超出了一人一票和多数决的传统内涵,因为投票本身已然不是一种私人行为,每个公民在原则上都应

① 参见[美]汉娜·阿伦特:《人的境况》,王寅丽译,上海人民出版社2009年版,第175~176页。

当基于可被公共接受的充分理性来投票,并且实际上只有在投票之前进行充分审议,才有可能确保投票理由是充分的和可被公共接受的。

公共理性还具有范导性功能,它以"理念"的身份来对公民的政治活动进行约束。在某种意义上,可以对公共理性作出一种柏拉图主义的解读。这也许已经超出了罗尔斯的本意,然而,我们在卢梭的《社会契约论》中可以看到柏拉图政治哲学的某种影响,比如卢梭将城邦视为"大写的人"。卢梭和罗尔斯的思想中都暗藏着这样一层含义:人的政治活动旨在将人升华为"大写的人",成为一名政治人(公民)是成为"大写的人"的一种可能的并且必要的途径。政治哲学貌似特别关注自我与他人的关系,但罗尔斯的"无知之幕"提醒人们,那个所谓的"他人",也就是"无知之幕"背后的"自我",或者更准确地说,在"无知之幕"背后,我们看不到自我与他人的界限。一个人的社会文化背景和他所信奉的种种整全性学说,是在"无知之幕"被揭开之后被附加的。但罗尔斯认为,在"无知之幕"揭开之前,个人已经拥有了一个完整的政治人格。他甚至进一步强调,只有在"无知之幕"背后,一个人才会有理想化的政治人格。只有在这种原初状态之下,那个"小我"才能成为真正的"大我"。从这个角度亦可理解,为什么在写作后期的《政治自由主义》时,罗尔斯仍然坚持将"无知之幕"视为一个必要的理念。

此外,公共理性还具有三个重要的实质性功能,它们分别对应公共证明的三个重要层面:国家层面、社会层面和个体层面。从国家层面看,公共理性旨在为国家的正当性提供公共证明;从社会层面看,公共理性旨在为社会的稳定性提供公共证明;从个体层面看,公共理性旨在为公民的合情理性提供公共证明。①

罗尔斯的一个重大贡献在于,他以一种独特的方式改写了"政治"一词的含义。他将"政治"与"自由主义"合二为一,重新定位了政治哲学,用一种作为重叠共识之核心的政治正义观念取代了之前的种种政治理论和自由主义理论。他与传统政治哲学的差别体现在两个方面:一方面,他降低了政治的抱负,不再让它担负使人类社会更加完善、使城邦幸福的重任;另一方面,他又完成将政治

---

① 有学者对这三个层面的功能作出了详细分析,参见林火旺:《公共理性的功能及其限制》,载应奇、张培伦编:《厚薄之间的政治概念——〈政治与社会哲学评论〉文选》(卷1)(第2版),吉林出版集团有限责任公司2015年版,第154~155页。

的范围缩小在“公共理性”与“非公共理性”之间、政治文化与背景文化之间以及公民的政治身份与文化身份之间的“划界”工作。与传统的理性主义者不同的是,他将合情理性和公共理性的理性形态置于整个政治证明的基础位置,进而提醒我们,在政治安排中要紧的并非追求真理,而是寻求合乎情理的重叠共识。

二、公共理性的内容:实质的与程序的

公共理性的指导方针和程序观点是人们在“无知之幕”下的原初状态设置中提出来的,而不是通过博弈论提出来的。我们可以看到原初状态设置是《正义论》(以及在某种意义上的《政治自由主义》)中提出的一种公共理性模型。

作为公平的正义所表达的政治价值有两类:一是政治正义的价值,它包括平等的政治自由和公民自由的价值、机会平等的价值、由差别原则所表达的社会平等和互惠性价值等,相当于“正义二元论”的内容,这些都是实质性的内容。二是公共理性的价值,它是程序性价值。正是这种程序价值的存在使推理成为公共理性。所有的推理方式,从个人、家庭、社团到国家都必须共享一些理性的成分,例如:判断、推理和证据的概念;推理的原则和证据的规则;正确的规定和真理的标准。不包括这三个成分的思维或行为方式不是严格意义上的推理方式,而只能是纯粹的说服技巧或修辞学之类的东西。实质公共理性要求正当性证明(得出正义原则),而程序公共理性要求合理性证明(实践智慧:将正义原则运用于实践)。

罗尔斯提出了两种不同的公共理性理念。《正义论》试图从以洛克、卢梭、康德为代表的社会契约论理念中发展出一种正义理论,使之替代长期占据主导地位的种种功利主义版本。通过提出正义理论的结构性特征和经过慎思的正义判断,它为民主社会提供最恰当的道德基础。作为公平的正义论与它的功利主义竞争对手一样,都属于整全性学说范畴,因为它要求一个良序社会的成员一致认可这种学说,而在有理的多元民主社会中这是不可能也不必要的。据此,《正义论》中的公共理性仍然是作为一种整全性学说中的公共理性存在的。这一点在后期的《政治自由主义》一书中被罗尔斯抛弃。当然,鉴于两本书之间的某些内在承续性,这种作为整全性学说的公共理性在多大程度上被抛弃也是存疑的。

罗尔斯认为，公共理性具有两个部分的内容：第一部分是政治正义的实质性内容，他将公共理性的理念运用称为一个自由民主社会内部之宪法要旨和基本正义事务（matters of basic justice）[①]。罗尔斯指出："当正义的宪法要旨和事务并非处于危急关头之时，公民和立法机关可以就他们更为整全性的观点进行投票，他们并不由公共理性来辩护为什么他们应该如何投票。"[②]在罗尔斯看来，宪法要旨包括建构政府和政治过程的原则（如决定谁可以投票的规则，以及是否有一个系统是实行议会制或总统制的），以及公民的基本权利和自由。基本正义事务涉及规制重要资源的分配的原则，它们并不包括在基本权利和自由的清单中。譬如，正义的观念对于政治来说，必须运用于社会的基本社会和政治制度之中，必须能够由任何特定的良善生活的观点所呈现，必须诉诸那些含蓄地表明一种民主的政治文化的理念。因此，对罗尔斯来说，正义和公共理性的政治价值的范例包括平等的基本自由的理念、机会平等的理念，以及对收入和财富的公平分配的原则。

罗尔斯将作为公平的正义视为一种理想的理论，或称为严格服从理论。这里严格的服从意味着，（几乎）每个人都严格地依从或遵守正义原则。就国内正义作为一种扮演着基本结构角色的背景正义而言，几乎每个人都严格遵守国内正义原则。这意味着一个人并没有拒绝接受国内正义原则的自由——从某种意义上看，他拥有拒绝接受它的权利。这种情况与一个人面对局部正义原则的情况不同：在后一种情况下，一个人至少可以通过退出一个社团来拒绝服从该社团内部的正义原则。和平与稳定成为国家的首要价值，以避免进入战争状态，从而为理性的论辩提供了政治基础。一部宪法的重要尊严，恰恰体现为它是由自由而平等的公民所组成的国家内部和平的协议。在没有一种整全性学说占压倒性地位时，公共理性理应挺身而出，占据这种"压倒性"的地位。对于公共理性而言，民主、自由和平等这些理念都是无条件的，它不是任何一种临时协定的产物。

罗尔斯将提出严格公共政治理性的要求称为限制条款，此条款将公共政治文化与背景文化区别开来，或者宽泛地说，它将政治与文化区别开来。与此相对应的另一个区分是公民的政治身份与文化身份，具有政治身份的公民是运用

---

① See John Rawls & E. Kelly ed., *Justice as Fairness: A Restatement*, Harvard University Press, 2001, p. 91.

② John Rawls, *Political Liberalism*, Columbia University Press, 1996, p. 235.

公共理性的主体之一。然而,罗尔斯更为看重的主体首先是法官,尤其是最高法庭的法官在作出判决前的论辩;其次是政府官员,尤其是行政首长和立法者们的论辩;最后是公职候选人及其竞选主管的论辩,尤其是其公众言谈。应该说,公共理性的实践并不是一蹴而就的事业。提供限制条款也只是一项原则要求,其具体细节必须在实践中摸索出来,而不能由事先给出的、清晰的规则来确定。

由此可见,罗尔斯对公共理性的实质内容或适用对象进行了严格限制,这些限制构成了罗尔斯式公共理性的核心内容。进而可知,罗尔斯有着某种"政治谦逊"(political humility):公共理性之适用对象被理想化的程度越大,那么我们对公共理性之内容的限制势必就越多。换言之,对于可以被相关适用对象中的成员合理性地赞同的理念或论证的集合的限制就越多;若公共理性的内容被限制得过多,比如它的内容过于庞杂,那么它实际上就无法诉诸公民的任何审议,最终只能通过哲学分析从而限制规则或原则被公共地证明。相反,对公共理性的适用对象之解释的理想化程度越弱,公共理性的内容就越会被现实世界中公民的实际审议过程确定,或至少对于这些行动者来说这些理想越可能成为现实。从这个角度看,罗尔斯关于公共理性的实质内容的限制是谦逊的,尽管他对于公共理性所要求的公民资格和它的内容的产生途径提出了更为理想化的限制。

政治自由主义的程序性内容是探究政治自由主义实质内容所需要的指南,以及合情理性、公民性、防止背景文化和整全性学说渗入的要求。至少就罗尔斯《政治自由主义》一书呈现的来说,公共理性的第二部分包括了一些研究指南,比如推理原则和证明的规则,决定运用的实质原则的证据,以及诸如合情理性和公民义务(duty of civility)这样的公民美德,也就是一种"公共合情理性"的美德(virtue of "public reasonable")。[①] 加在一起,这两个赞成意见都为公民提供了规范性内容和指南,尤其当他们参与关于基本政治事务的公共推理之时。

---

① 按照威廉·盖尔斯顿(William Galston)的解释,公民资格要求人们具备四种类型的公民美德:首先是一般美德,如勇敢、守法、诚信;其次是社会美德,如独立自主、思想开明;再次是经济美德,如讲职业道德、懂得知足、能适应形势变化;最后是政治美德,如能明白和尊重他人权利、有提出适度要求的意愿、有能力评价官员的表现、有从事公共讨论的意愿。See William Galston, *Liberal Purposes: Goods, Virtues, and Duties in the Liberal State*, Cambridge University Press, 1991, p. 221 - 224.

尽管罗尔斯接受了公民可能会合理地对特定观念的内容产生分歧这一观点，他仍然声称这种分歧将会被限制在一个自由主义政治观念的“家族”之内，这些观念共享了以下特征：首先，基本权利的清单包括自由平等和机会平等的正义原则；其次，对下述权利之优先性进行排序，即权利、自由和机会，尤其是当它们与旨在达到一般善或完善性价值的政策相比较时；最后，实施那些确保所有公民的自由不受干涉的种种措施。

在形式上，公共推理不同于理论推理。法官权衡证据的规则是法庭的一个专门功能，即政治功能。它不同于科学界中所使用的证据规则，科学并不扮演公共理性的“调和”作用——这是罗尔斯所说的政治哲学四大作用之一，即黑格尔式的调和作用。科学共同体本身也是一种“合乎情理的多元论”，它是一个社团，而非政治社会。当然，公共推理乃至所有的实践推理都要依赖于理论推理。罗尔斯主张，得到公认的科学知识有助于公共理性能力的培育。

在实质上，公共推理不同于非公共推理。它们在形式上相似，但实质上不同：出发点不同。公共推理并没有特定的出发点，或者说从哪里出发对它来说并不重要。而对于非公共推理，立场或观点是至关重要的。公共推理类似于一种内格尔式的“无立场观点”（the view from nowhere），它也类似于康德的“拓展的心智”。它让我们联想起罗尔斯对“一般视角论”的描述：“一个理性的、不偏不倚的具有同情心的观察者是一个采取一般视角（general perspective）的人：他假定自己处于一个自己利益并非特别迫切的地位，并且他拥有所有必要信息和推理能力。”[①]他并非刻意不关心自己的利益，而是并不刻意关心自己的利益，或者不妨假定他并不知道哪个人是他自己，哪些又是他的利益。

三、划界、权衡与保护：背景文化与政治文化

公共理性的适用范围是什么？它应运用于道德或政治生活中哪些话题或领域？罗尔斯在某种意义上分享了一个康德式旨趣——用理性为可知与不可知的对象划定界限，以便为信仰留下地盘——只不过罗尔斯将之用在了政治哲学上：利用公共理性为政治正当性的范围划定界限，以便为信仰留下地盘。这里的“信仰”除了宗教信仰，实际上还包括纷争不息的道德和形而上学学说。我

---

① John Rawls, *A Theory of Justice*, Revised edition, Oxford University Press, 1999, p. 163.

们把公共理性的这个旨趣视为一种“划界”的工作。它对背景文化与公共政治文化进行划界,规定其各自的“职权”范围,彼此不可越界。其中,属于背景文化的有个人、家庭,以及诸如教会、大学、俱乐部、科学社团和行业工会这样的共同体或联合体的事务。

公共理性会禁止比如由神学或其他的整全性学说来决定公共事务,公共理性的限度是公共事务。公共理性理念有助于识别政治价值,这些政治价值能够指明诸如宪法要旨问题和基本正义问题能否解决以及如何解决。

个人对于非公共领域有“进出”的自由,一个人可以自由接受或者退出任何一种整全性学说,包括宗教、道德及形而上学观点。即便这些非公共领域对其成员作出忠诚、承诺、依恋等方面的要求,也不能阻止作为其首要政治身份的公民的自由。公民的政治身份要高于其文化身份,其文化身份的行使不能妨碍其政治身份的行使,比如政治身份所赋予的种种自由权利。一个人对于其所属家庭、社团、宗教等背景文化的忠诚和团结的义务应当受到政治文化的约束,公共理性的权威对于任何背景文化的成员都是同样适用的。就公共理性所规定的公共性的三个方面而言:首先,任何一个背景文化中的成员都同时具有一个公民的政治身份,作为公民自身理性的公共理性对于每个成员都具有约束力;其次,每一种背景文化都不可能自绝于秩序良好社会的公共善以及基本正义原则之外,它的善观念不可能不受到公共性的约束;最后,任何一种背景文化都不可能排斥它的成员以公民的政治身份参与到公共论坛之中,就公共事务进行公开审议。

政治正义原则(如差别原则)不能直接应用于一个社会的内部生活。然而,社会基本结构仍然对其有所限制。这种消极意义上的实质性限制规定一个社团不能做什么,比如,社团不能干预其成员的基本权利、自由和公平的机会。这些权利并不属于其成员资格,而属于一个政治社会的公民资格:一个社团没有资格凌驾于政治社会之上干预这些权利。公共政治生活中的公民资格并不比非公共政治生活中的文化身份更为高贵。公共政治生活也不比一个人的道德或宗教生活更为重要。实际上,一种道德或宗教观念对于个人及他生活的共同体而言往往具有终极性意义,没有什么比它更重要。

公共理性并不在积极意义上直接作用于家庭内部生活,这与卢梭式公共理性并不作用于父亲如何对待自己的儿女有些类似。但罗尔斯与卢梭的区别在于,前者仍然在消极意义上将公共理性视为对作为一种制度的家庭施加了根本的约束,以保障所有家庭成员能够以公民资格享有基本权利和自由权项。公共理性并不干涉家庭内部事务,在许多情况下,它对之持有一种有条件的包容而非干涉的态度。比如,如果一个家庭中的性别分工确实是充分自愿的,那么就有理由认为,整个系统在两性面前实现了公平的机会均等,按理属于公共理性的包容和保障范围之内,尽管这种机会均等并不直接由公共理性所促成。但一个家庭的成员作为公民所享有的基本权利和自由,譬如财产权,并不仅仅属于家庭内部事务,它同时在公共理性的恰当范围内。借用洛克的话说,"父权固然是一种自然的统治,但决不能扩展到政治方面的目的和管辖范围。父权决不及于儿女的财产,儿女的财产只有他们自己才能处理"①。

应该说罗尔斯认为应处理好背景文化与政治文化之间的平衡关系,让它们各行其是、互不侵犯。由于每个人都生于特定的背景文化之中,他们生来就带有特定的背景文化特征,这构成了合乎情理的多元论不可回避的永久性事实。因此,在公共理性与诸多形态的非公共理性(个人理性以及家庭理性、宗教理性、行业理性等"社会理性")之间进行权衡,对于现代民主社会的长治久安显得极其重要。

公共理性属于民主理念本身的一部分,它要求将人们当作公民来对待,赋予每个人相同的基本政治身份:自由而平等是现代民主社会中的基本公民资格。公民除了同属自由而平等的理性主体之外,并没有任何其他的外部条件限制,比如阶级、职务和经济地位,那些担任立法者和官员的人就其普通公民资格而言也是如此。公共理性意在为公共辩护提供理由和推理。这里的公共辩护仅限于公共政治领域。"公共政治"这个概念包含双重的限制:首先,它严格地属于政治领域,以区别于背景文化领域;其次,它属于公共政治领域,以区别于关于政治的私人领域,比如对政治议题的私下言谈。公共理性以一种特别的方式明确地定位了政治自由主义,即政治自由主义并不是一种个人主义的政治观念。此外,政治自由主义也以一种公共理性的姿态区别于西方近代以来的启蒙自由主义,因为后者作为一种整全性学说攻击过作为另一种整全性学说的正统基督教。

---

① [英]洛克:《政府论》(下篇),叶启芳、瞿菊农译,商务印书馆1964年版,第108页。

除了“权衡”的功能,公共理性还需要做一种“保护”的工作。无论是个人、家庭还是共同体,都不同于霍布斯笔下的自然人,他们都应当受到保护。这种保护本身并不源于他们自己的实力或者弱者对他们的恐惧,而是来自公共理性,它以诸如法律这样的成文形态存在,一方面防止不同的个人、家庭或共同体之间的彼此侵犯;另一方面防止政府对个人、家庭或共同体的侵犯。

对个人、家庭和共同体的忠贞和团结之所以要受到限制,是因为在政治自由主义的框架中,这些个人、家庭和共同体并不具有政治上的终极权威。换言之,对个人、家庭和共同体的忠贞和团结义务并不是绝对的,它必须在宪法要旨和基本正义原则所允许的范围之内才存在。以家庭为例,妻子需要受到保护,以免受丈夫的欺负,子女也需要保护,以免受父母的虐待。当然,我们不能要求一对夫妻互作不利于对方的证词,这一点体现了公共理性保护家庭生活的重大利益,并表现出对婚姻、爱情关系的公共尊重。从公共理性角度看来,保护个人在家庭之中的合法权益与保护家庭内部的忠贞、团结的义务可以并行不悖。

公共理性构成了一个秩序良好社会中的种种政治分歧的“最终上诉法庭”,因为它是国家政权、政府正当性和法律强制力的最终来源。就此而言,它是每个公民的“最大”也是“最终”的保护者。在独立的主权国家消失之前,考虑到目前的国际政治状况,国际关系的基本成员不是作为个体的公民而是作为“公民联合体”的国家,公民不能指望凌驾于国家之上的国际组织或“世界政府”在与自己利益攸关的政治事务中扮演一个真实的终极仲裁者。[①] 在此状况下,国家的公共理性是保障公民自由平等权利这一职责的“最大”承担者,也是要求公民履行义务(如宽容和纳税的义务)的“最终”接受者。

此外,公共理性还是公民在一国之内的“最小”也是最基本的保护者。在国家内部,个人、家庭、教会、行业共同体等背景文化可以承担部分的保护功能,就像一个家庭中的父亲可以承担对子女的保护功能一样,但这些背景文化所承担

---

① 罗尔斯在《万民法》中特别同意康德的一个观点,认为世界政府要么施行全球性的专制统治,要么统治着一个脆弱帝国但其管辖下的各地区仍然战乱频发,人们获得政治自由和自治的企图害得它们四分五裂。See John Rawls, *The Law of Peoples*, Harvard University Press, 2001, p. 36. 不过放到国际社会中,公共理性的“最终上诉法庭”地位必须限制在一个组织良好的自由民主国家或正派社会(decent society)范围内,而那些侵犯人权的法外国家(outlaw state)则并不享有这种“最终上诉法庭”地位,因为在罗尔斯看来,良序国家有理由干涉法外国家的人权状况。See John Rawls, *The Law of Peoples*, Harvard University Press, 2001, p. 81.

的保护功能并不是自足的和最基本的,除了国家之外,一个家庭或共同体往往没有能力提供对其成员的充分保护,关键还在于这些背景文化并没有这样的资格。在一个秩序良好的国家里,公共理性不允许不同的甚至彼此冲突的背景文化之间为了承担起对其个体成员的终极保护责任而相互攻讦的情况出现。当某个背景文化意识到仅靠其自身难以保护其成员时,它有权利要求来自国家的保护。

四、合乎情理的整全性学说

在20世纪90年代,“政治哲学应该独立于任何整全学说而自足地获得辩护”这一看法已经得到了不少哲学家的支持。这一观点应该说是当代政治哲学发展的一个重要成果。茱丽亚·安娜斯(Julia Annas)指出,现代道德哲学在理论结构上基于两个基本假设:一是等级性的,它是指“理论中的某个或某些概念是基本的,而其他的概念都是从这些基本概念中派生出来的”①;二是完全性的,它是指“一种理论依据其基本概念及其派生性概念能够解释这一理论所处领域的所有现象”②。比如,后果论作为一种整全性现代道德学说,它依据善好(goods)的事态以及由之派生的品格(character)概念(这个概念是通过促进或抑制善好的事态来解释的)来解释我们对某个人作出的“懦弱”“不友善”等道德判断,然而,诸如品格、懦弱或不友善这些概念在传统上属于亚里士多德式美德伦理学的范畴。

我们说一种学说是整全性的,首先意味着它是完全性的或综合性的,从常识到实践各领域都能提供一个融贯的说明;其次意味着它是排他性的,要么排斥其竞争者,要么否认存在不可通约的“他者”。这样一种整全性学说的建构有三种途径:一是同意全部的整全性学说,并建构一个能够包容它们的优点、消弭它们的冲突的大全性学说;二是同意部分的整全性学说,摒弃或批判吸收另一部分整全性学说,然后在前者基础上建构一种新的更为大一统的整全性学说;三是同意多个整全性学说之不同部分,再拼成一种整全性学说。

整全性学说受到理性的严格限制。这里罗尔斯特指那种合乎情理的整全性

---

① Julia Annas, *The Morality of Happiness*, Oxford University Press, 1993, p. 7.

② Julia Annas, *The Morality of Happiness*, Oxford University Press, 1993, p. 8.

学说(reasonable comprehensive doctrine),以区别于不合情理的(unreasonable)或非理性的(irrational)的所谓整全性学说。与之相关的合乎情理的多元论的事实,同时被视为政治自由主义的一个必要前提和必然结果。合乎情理的多元论(reasonable pluralism)是一个现实的、必要的并且是永久性的社会事实。其中的"合乎情理"包括两层意思:其一,这些社团以及作为其价值目标和体现其性质功能的整全性学说之间,尽管彼此不同甚至可能相互冲突,它们各自仍然可能是合乎情理的,反过来说,我们无法合理地拒斥它们;其二,这种多元论符合公共理性理念。

在两种情况下,整全性学说可能遭到反对:首先,这些学说及其相关的生活方式直接同正义原则发生冲突;其次,它们也许是可接受的,但在正义的民主政体之政治和社会条件下,它们无法争取信徒。这样的学说,只能徘徊于社会主流的边缘。这里不合乎情理的学说之无法生存并不是由于代表正义原则的政府行使了作为集体权力的强制性权力,而是客观环境导致它们不可能成为一个民主政体中的主流学说,极端情况下它会自取灭亡。"任何社会在自身内部都无法包容所有的生活方式。"①不可避免的排斥不应当被误解成偏见或正义。包容允许自卫。当某种激进的整全性学说攻击宪法要旨和基本正义原则时,政府和公民都应当拿起武器自卫,将这种攻击造成的破坏力限制在最小范围之内。但在这种攻击出现之前,政府和公民应当对它持一种"无罪假定"的态度——这其实就是一种包容的态度。

正义原则对于整全性学说的限制应当从消极意义上来理解,它不会刻意鼓吹某个整全性学说,相反,它会在诸种分歧乃至冲突的整全性学说之间保持中立。但当某个整全性学说将原本对准异己的矛头转过来对准正义原则本身时,正义原则必须保留自卫的权利。正如政府的强制性权力是一种集体权利那样,这种自卫权也是一种集体权利。

民主与分歧不仅不矛盾,还为分歧提供了制度保证。在非民主背景下,分歧的弱势一方可能会被压制,但在民主社会中,分歧成为一种常态。一个民主社会明显分裂成许多不同的有时甚至是敌对的宗教联合体和世俗群体,每一方

① John Rawls & E. Kelly ed., *Justice as Fairness: A Restatement*, Harvard University Press, 2001, p. 154.

都力争成为一股压倒性的政治力量，而无论这样对其他力量是否公平。公共理性对于宗教的意义也是消极的，它并不试图帮助任何一种宗教提升自己的竞争力，认同、修正或者改变整全性学说（包括宗教信仰），这是公民们自己的事情，不是公共政治论坛的恰当议题。公共理性只是保护任何一种宗教免受权势宗教通过夺取和运用国家权力对自己进行支配和压制，它杜绝这种非公共性的特权将任何一种整全性学说强加于人。

公共理性不仅是一致性的基础，还是可理解性的基础。然而，公共理性并不寻求观点的普遍一致，并不四处为特殊的个人或群体提供辩护，以便将所有人、所有合情理的价值都包括进来。即便在连共识都无法达成的地方，公民也可以通过运用公共理性引导社会的政治文化并加深公民们的相互理解。

每一个公民都至少信奉一种整全性学说，这不是经验归纳，而是公共理性的本性使然。罗尔斯将政治观念和整全性学说的信奉视为政治自由主义的中心观点。一方面，公共理性要求人们各自的整全性学说满足一种相互性标准；另一方面，它又将那些并不支持民主社会的整全性学说当作无理的学说排除在外。这种无理学说对于民主制度构成了一种威胁，因为除了作为临时协定或权宜之计外，它们不可能受到宪法的约束。同理，对于那些拒不接受相互性标准的整全性学说，政治自由主义将之斥为无理的东西。这意味着整全性学说实际上是一种自由、平等的公共政治价值在其中不会被压制，相互性标准得到认可的学说。而能够满足这个标准的人则被认为满足了一种特别的实践理性理想，即不仅有自由平等权利，更有相互性责任的公民性（civility）理想。有些学者认为这是一个道德人格理想，但这一观点似乎不符合罗尔斯后期严格区分政治与道德的本意，又不可能与道德绝对无关，因此，我们不称之为狭义的政治人格理想，而是称之为包括道德和政治的更广义的实践理性理想。

五、公共理性与非公共理性

政治正义论与互不相容且各有其理的诸整全性学说之间，以及公共理性与非公共理性之间存在一个在西方政治哲学史上源远流长的二分法，即公共性与私人性的二分，这是事关公共理性的一个基本二分。整全性学说并不等于非公共理性，因此，即便是坚定而虔诚地信奉一门整全性学说的自由而平等、合理且有理的公民仍然可能甚至必然从这门学说中借用某些理性资源来参与公共政治论辩,只不过这里被引证的理性资源是以一种新面目出现的,即包含公共理性。这样,整全性学说与公共理性之间并不是且不能是一种非此即彼的二元对立关系。那些持有各自合理且有理的整全性学说的公民也就是那些在政治身份上自由而平等的公民,它们之间的相互关系是一种相互尊重和包容的关系。[①]它要求每一个公民都将他人在政治身份上设想成为同自己一样自由而平等的人,同时在理性能力上将他人设想成为与自己一样理性而合理的人,这个原则被罗尔斯称为“相互性标准”(standard of reciprocity)。[②]

在公共领域,必须坚持理性对于信仰、情感的权威。公共理性鼓励诸整全性学说之间展开论辩,认为这样有助于真理的发现和价值的提炼,并最终有助于公共理性的进一步修正和稳固。但公共理性在这些议题上既不能坐得太实,也不能坐得太虚。太实了影响其中立性,太虚了起不到限制和规范作用。公共理性对于真理的发现和价值的提升只是必要条件。

公共理性“悬置”整全性论争,并非不爱真理,而是防备它很有可能将假视为真,这不是对真漠不关心,关心真不是公共理性的任务。不如说,它为人们关心真在政治上创造条件、搭建平台。这一点对于政治来说是绝对必要的,尽管在单纯的宗教、道德或形而上学意义上似乎不太必要。在政治上,一个人的公民资格优先于他的信仰者、道德人等文化身份。与公共理性相对立的乃是宗派理性。

公共理性并非为了求得一致或共识而部分地放弃自己的立场,而是就议题挖掘出某些寻求共识的可能性。相对于妥协,后者更为内在,其中的理性意味要高于政治意味。为了政治而妥协,为理性而寻求潜在的契合点。这是公共理性的内在要求,它要求的容纳或宽容不是死板的。在充分考虑和尊重对手立场的前提下,人们仍可以践行己方立场。

---

① 也许由于缺乏考虑而引起争议的一点是,罗尔斯式公共理性所倡导的公民之间的相互宽容更多的是一种消极宽容,这与康德(至少就奥尼尔所解释而言)发生了分歧。

② 在理解上,这种相互性极易与互惠性相混淆;在翻译上,对这两个词的某些中译(如将前者同样译为“互惠性”)进一步助长了这种混淆。在罗尔斯看来,前者介于受普遍善驱使的、利他主义的无偏倚性与为他人按其在事情中的不同地位而获相应利益的互惠性之间。他赞成吉巴德(Gibbard)的一个看法,即公平正义在公平与互惠之间安置了相互性。See John Rawls, *Political Liberalism*, Columbia University Press,1996,p. 16 – 17. 此外,这种相互性理想与康德《判断力批判》中的“拓展的心灵”之间具有密切关系。

对于罗尔斯来说,公共理由是那些建立在常识、科学或公共政治文化基础上的理由。它严格限于政治哲学领域而非形而上学、道德哲学上的考虑。如果“政治哲学”中由于仍然含有“哲学”一词而难脱与形而上学的干系,有理由猜测,罗尔斯宁可说公共理性乃是严格限于政治而非哲学(形而上学、道德哲学等)领域。当然,这可能意味着罗尔斯所理解的“政治”悬在半空中,位于其上的乃是关于政治的形而上学或道德哲学等整全性学说,位于其下的乃是政治实践的现实:他的政治哲学一边区别于哲学理论的高而玄,一边又区别于政治实践的权宜性。① 罗尔斯并不指望甚至有意避免为公共理性的政治辩护寻求进一步的或最终的形而上学或道德哲学理论基础,甚至可以反过来说,那些为这个为那个提供进一步的或最终辩护的形而上学或道德哲学理论,本身只不过是种种不同的乃至彼此存在深刻分歧的整全性学说,它们的合情理性以政治哲学为基础。

罗尔斯的上述主张会引来一些质疑。在某些形而上学家看来,常识是成问题的,因为它未经反思,有待于在哲学上或形而上学上“去蔽”或作澄清。从宗教理性角度看,罗尔斯式的公共理性似乎有意偏袒世俗理性,因为它特意强调科学上的而非宗教上的理由。然而,罗尔斯无意回应这种质疑,因为对他来说,最值得回应的质疑应当源于政治哲学内部而非外部。这可能与他在形而上学上的不可知论立场相关,并且这种不可知论只不过是诸多相互冲突的整全性学说之一。尽管政治实践中的不可知论是不可能的,然而,政治理论中的不可知论似乎是必要的。

这种关于公共理性与合情理性的整全性学说之间的区分,乃是罗尔斯式公共理性区别于康德式公共理性的一个重要方面。罗尔斯将公共理性的运用严格限制在政治或公共领域内,而将非公共的、非政治的领域排除在外。但在康德那里并没有这种限制。康德式的公共理性并不反对将关于善的性质、生活的意义此类深层次的问题拿到论辩中来,只要这些论辩满足公共理性的一些程序性要求——在康德那里,这种程序性要求是通过批判给出的。康德式公共理性并不会对论辩的经验性的实质内容有过多的限制,我们称之为批判的先验公共

① 许多人强调政治理论(尤其是被奥克肖特等人批评的理性主义政治理论)与政治实践之间的鸿沟。政治理论家(政治哲学家)对政治上的道德应当高谈阔论,而政治实践家(政治家)则忙于在种种现实政策中作出艰难选择,对权宜之计的态度也与政治理论家截然不同。

理性,正如他的哲学体系乃是作为批判的先验哲学体系一样。在康德看来,就什么实质内容进行论辩这属于言论自由的范畴,而罗尔斯式公共理性所许诺的言论自由的范围则要狭窄得多,无论是就言论的依据而言,还是就言论的内容而言。在罗尔斯式公共理性中,人们未被赋予放任自由的权利,毕竟他在非公共理性中容留了言论自由的余地:针对那些整全性学说,人们完全可以在非公共理性层面进行自由论辩,但这已超出了公共理性的实质要求。公共理性为这些论辩所做的是为论辩各方提供一个形式上的或程序上的平台。由这一角度来看,罗尔斯式的公共理性严格受限于政治上的公共理性,而康德式的公共理性并没有"政治上的"这个限定语。在罗尔斯那里,"理性"意味着是非个人的或非私人的——据此,公共理性中的"公共"和"理性"存在字面上的也是表面上的同义反复,但实际上"公共"一词仍有所指:"公共理性"意味着"政治上的理性",以区别于"非政治上的理性",据此,他否认"个人理性"或"私人理性"一说,转而强调公共理性与非公共理性之区分。在他看来,基于道德、宗教等合情理的诸整全性学说的理性并非旨在直接建立一个自由平等的公民共同体,因而是非公共的。

公共理由应当以何种态度对待那些非公共理由?索罗姆在《建构一种公共理性的理想》一文中详细讨论了公共理性的三种备选原则,即自由原则、排斥原则和包容原则。自由原则是一种类似于康德式的公共理性原则,它容许将任何一种理由放到公共论坛中加以考量,任何一个公民都有公开论辩的自由,当然,其他公民也有与他进行争辩、同意或者反驳他的自由。论辩话题并不受严格限制,因为这恰恰是康德式公共理性的核心——言论自由所要求的。索罗姆从罗尔斯式公共理性角度得出结论,他认为自由原则并不能作为公共理性理想的一个表达。[1] 理由是,基于人类的理性有限性(人的理性能力是有限的)和存在有限性(人的生命长度是有限的)的考虑,大量的被罗尔斯归入整全性学说的话题永远不会有一个最终结论,更为关键的还在于,自由主义的公共理性并不依赖于这些话题的争论结果,也不依赖于这些学说本身所提供的理由。

然而,康德式公共理性所要求的自由原则只是形式上的,而索罗姆所反对

① 参见[美]劳伦斯·B.索罗姆:《建构一种公共理性的理想》,陈肖生译,载谭安奎编:《公共理性》,浙江大学出版社2011年版,第27页。

的是实质性自由原则。因此,索罗姆的上述言论并不构成对康德式公共理性的真正反驳。公共理性当然应当捍卫言论自由的权利,并且这种捍卫本身在逻辑上先于任何一种事关言论自由的论辩的结果。一个人首先要有言论自由,然后才能通过自由论辩最终得出一个捍卫言论自由的主张。一种实质性自由原则要求一个人可以基于某种整全性学说列出自己的理由,进而用这些理由来为一个行动进行辩护,并且这个行动还是一个公共的政治行动。当这些被列举的理由恰恰依赖于那些极具争议的信念(即便这些信念是合情理的)时,公共辩护不仅是不成功的,还是有害的,因为它浪费了公共辩护的有限资源——理性资源和存在资源。基于以下两点考虑,索罗姆最终反对将这种实质性的自由原则作为公共理性的原则:第一,这种自由原则不适用于公共政治领域,即便是自由主义的公共政治领域;第二,这种自由原则违背了经济原则,它无助于将有限的资源进行效率最大化的利用。在公共政治领域之外,如在关于政治或私人事务的私人讨论,以及关于道德和文化问题等非公共政治问题的论坛中仍然适用自由原则。这表明,自由原则仍然具有不可替代的积极作用,自由原则和政治上的公共理性原则都有严格的适用范围,不可彼此越界:不能将自由原则拓展至政治上的公共论辩,也不能将政治上的公共理性原则强加给私人、家庭、教会、学校等非公共领域中的讨论——至少就公共理性与自由原则之关系而言乃是如此。

既然公民不能任意地选用某些理由就公共政治领域进行论辩,为了使一个论证符合公共理性的理想,那么就必须对之施加某些限制。施加限制的途径有两种:第一,从积极方面看,容许何种非公共理由以何种方式进入公共论坛,包容原则与之相对应;第二,从消极方面看,禁止何种非公共理由以任何方式进入公共论坛,排斥原则与之相对应。索罗姆首先从消极方面入手,列举了排斥原则的三个备选项,分别是:首先,对有争议的信念的排斥。其强版本是,排斥所有不能被公众接受的信念和推理模式。其第一步放宽版本是,排斥那些未能得到任何充分拥有各种能力并基于达到真理的真诚欲望而行动的成年公民所赞成的信念和推理模式;其第二步放宽版本是,仅仅排斥第一步放宽版本中的那些道德方面的信念;其第三步放宽版本是,仅仅排斥第二步放宽版本中的那些被用来直接支持政治论证的结论。其次,作为有争议的信念的一个特例——对宗教信念的排斥。但这里考虑的不是宗教信念普遍存在的争议性,而是它是一种宗教信念。最后,对非公共理由的排斥。索罗姆得出阶段性结论说,对非公共理由的排斥在所有的排斥原则当中是最好的,它不仅优于实质性自由原则,也胜于排斥有争议的信念的原则和排斥宗教理由的原则。

然而,这不是索罗姆的最终结论。排斥原则类似于"做减法",而包容原则类似于"做加法"。与包容原则相比,即便是最好的排斥原则也存在一些重要缺陷,比如,它妨碍了公民的政治团结和培育宽容的美德。最有希望的包容性原则无疑首先应当包容公共理由,其次应当有条件地包容某些非公共理由。这里的条件是,非公共理性能同时给出充分的公共理由。"这意味着非公共理由的提供仅限于以下两种情况:其一,非公共理由是一个公共理由的基础;其二,对于一个可以由一个公共理由来提供独立和充分辩护的政策,非公共理由是一个附加的充分辩护。"①换言之,那些可以作为公共理由之基础的非公共理由,以及那些在公共理由的充分辩护之外还能扮演一个附加的充分辩护角色的非公共理由,是不可或至少不必被公共理由排斥的。这里并不适用排斥原则。

排斥原则类似于充分条件原则,而包容原则类似于必要条件原则。为公共理性的必要条件所做的论证是一种先验论证。包容原则更接近于先验论证的思路。为公共理性寻求充分条件或充要条件往往是徒劳的,排斥原则所排斥的是那些非公共理由,无论排斥什么或排斥多少都不足以为公共理性提供充分性论证,而包容原则所包容的除了公共理由外还有一定条件下的非公共理由,它意味着如果并不包括公共理由以及一定条件下的某些非公共理由,公共理性的运用将是不可能的。然而,这么说不等于将包容原则与排斥原则彻底割裂开来。因为一种有限度的包容原则除了主张包容那些应当包容的东西,还主张排斥那些不应当包容的东西,首先应当排斥的是那些不宽容者,尤其是那些不宽容自由平等之民主理念的人们。全面地看,包容原则与排斥原则是相互补充的。索罗姆的看法是,私人公民应当同时运用包容原则和上述排斥非公共理由的原则,而政府官员则应当由排斥非公共理性的原则支配。②

---

① [美]劳伦斯·B.索罗姆:《建构一种公共理性的理想》,陈肖生译,载谭安奎编:《公共理性》,浙江大学出版社2011年版,第32页。

② 参见[美]劳伦斯·B.索罗姆:《建构一种公共理性的理想》,陈肖生译,载谭安奎编:《公共理性》,浙江大学出版社2011年版,第35页。

六、法庭理性与自由理性

公共理性不是遥不可及的“乌托邦”，它已经在某种程度上体现于现行的法律和制度安排之中。从制度维度看，公共理性是法庭理性，尤其是最高法庭的理性，它是一种制度规范的体系。它是关于一个正义的、稳定的民主社会如何实现的问题，不可能不存在任何规范性的向度。公共理性本身的规范性向度落实到法律层面，须通过法庭尤其是最高法庭的权威来保证。在罗尔斯那里，它很适合于最高法庭履行其作为较高层级法律的最高司法解释者而非最终解释者的职责时的法庭理性；此外，最高法庭作为政府的一个分支机构，它起着公共理性之范例的作用。[①] 首先，通过运用公共理性，法庭将使法律免受更替频繁的大多数立法的侵蚀，或者免受有组织的、占据优势地位且善于投机取巧的狭隘利益的侵蚀；其次，法庭的作用不仅是辩护性的，还可以通过发挥其作为制度范例的作用，对公共理性产生恰当而持续的影响；最后，法庭还在公共论坛上赋予公共理性以生动性(vividness)和生命力(vitality)。

从程序维度看，公共理性是公开的(或公众的)理性而非私密的(或私人的)理性。这意味着，理性而合理、自由而平等的公民在绝大多数情况下，能够对“宪法要旨”和根本正义问题展开公开讨论。这种公开讨论过程在很大程度上类似于审议民主理论中的公共审议过程，只不过它的讨论议题受到了较多的限制。公共审议的过程也是公共推理的过程，除了遵循理论理性和实践理性的准则性约束，比如信念的融贯性原则和信念与行动的逻辑一致性原则外，还必须遵循民主审议的互惠性原则和公共性原则。[②]

在运用维度上，公共理性是政治理性而非单纯的道德理性。理性的政治运用不同于康德式的理性的实践运用，抛开其共性不论，政治实践与道德实践之间存在不容忽视的差异。这种差异不仅是罗尔斯与康德的差异，也是写作《政治自由主义》时期的罗尔斯与写作《正义论》时期的罗尔斯之间的差异。在《正

---

① See John Rawls, *Political Liberalism*, Columbia University Press, 1996, p. 231.

② 关于信念融贯性原则以及信念与行动的逻辑一致性原则，参见 Alfred R. Mele & Piers Rawling eds., *The Oxford Handbook of Rationality*, Oxford University Press, 2004；陈常燊：《理解的准则——戴维森合理性理论研究》，中国社会科学出版社 2012 年版，第 47～49 页。关于民主审议的互惠性原则和公共性原则，参见［美］阿米·古特曼、丹尼斯·汤普森：《民主与分歧》，杨立峰等译，东方出版社 2007 年版，第二、三章。

义论》中，一种普遍范围的道德正义学说没有与一种严格的政治正义观念区分开来。若用《政治自由主义》中的术语来说，它没有讨论一种作为整全性学说的道德正义观念与作为一种公共理性学说的政治正义观念之间的区别。用传统实践哲学的话说，《正义论》未能自觉地区分作为道德理性的实践理性与作为政治理性的实践理性，而《政治自由主义》试图做到这一点。当然，这并不意味着《政治自由主义》中的罗尔斯已经不再重视道德理性问题，而是在作出上述区分的基础上将政治理性置于较为优先的地位。在该书中，道德本身也经常被作为整全性学说来看待，政治自由主义在诸道德学说之间保持中立。这么说并不意味着实现政治正义与美德无关，相反，“政治正义永远需要其他美德来补充”①，但这些美德对于政治正义而言只是一个必要非充分条件。

从组织化维度看，公共理性是合作理性，而不是社会协调理性。用罗尔斯自己的话说：“合作与纯粹的社会性协调活动不同，比如说，与那种根据某个核心权威发布的命令而进行协调的活动不同。合作是由公共认可的规则与程序来引导的，合作者把这些规定和程序视为恰当引导他们行为的规则和程序。”②为了说明我们并非在共同体或联合体中进行合作，我们提出“底线合作”的概念。政治权力总是一种强制性权力，但在一种民主政体中，它同时又是一种公共权力，亦即作为一种集体的自由而平等的公民的权力。这种权力体现了权力的一般性与特殊性的统一，即强制性作为权力的一般特征与公共性作为民主政体中的权力的特殊特征之间的统一。而将这种一般性与特殊性统一起来的恰恰是公共理性。必须通过公共理性为强制性权力辩护，使其成为一种公共权力。在这种权力框架下，每个公民的公共理性对自身政治行动及其在政治上负有责任的事件进行强制，这时，单纯强制性的外部权威内化为一种“理性的权威”。从理性主义角度看，外部权威只是某种“临时协定”的产物，它们所代表的是“力量的均衡”，只有理性才具有真正的、永久的权威，它所代表的是“理性的均衡”（可普遍化原则和相互性原则都体现了这样的均衡），我们将之视为一种内部权威，在这里，权力与服从的关系体现为公民身上的理性与行动之间的

① John Rawls, *Political Liberalism*, Columbia University Press, 1996, p. 21.

② John Rawls, *Political Liberalism*, Columbia University Press, 1996, p. 16.

关系。[①] 同时，一个人只有服从理性的权威才能成为一名理性的公民，从而成为一名充分的人类个人。

"力量的强制"（coercion by force），即压迫性地使用国家权力，这时的权力即统治阶级的暴力机器。然而，"理性的强制"（coercion by reason）有一种字面上的悖论。任何一种强制性权力只有通过一种恰当的方式在其自身框架内表明其用意，以赢得每一个公民的理性支持，才能合乎情理。这种公共理性应当被视为普遍的理性和自由的理性。我们并不通过寻求说服（以及某种形式的教育、洗脑等方式）或强制的手段来赢得公民的理性支持，因为这里的"理性支持"同时要受到合理性原则和合情理性原则的双重约束，它必须体现合情理性原则中的平等、自由和正义的原则。任何一种说服或强制的手段都必须在公共性和互惠性前提下体现公平、自由和正义。通过这些限制，我们发现在说服和强制之间、在个体理性和公共理性之间已经没有了泾渭分明的界限。

罗尔斯对理性的强制给出了一种反思平衡式的解释。那些强制性的原则乃是普遍性原则，而我们实际上是在那些较为特殊的判断上感觉自己受到强制的。换言之，当一个人感觉自己受到强制时，实际上是他的较为特殊的判断（如政治判断）与被要求普遍遵循的一般原则（如政治原则）之间产生了一种张力。公共讨论所确立的重叠共识往往带有较强的普遍性或一般性色彩。然而，尽管作为政治规范的公共理性必须是抽象的，它也不能压倒公民的特殊判断。"把抽象观念和普遍原则视为永远压倒我们较为特殊的判断之想法是错误的。"[②]为此，罗尔斯认为，在我们的判断最终经过所有普遍性层次上的恰当反思之前，最好重新确认我们较为特殊的判断，并以此为准修改人们所提出的正义观念及其原则和理想。为此，我们应当将抽象或普遍的公共理性原则与个人的特殊判断之间的关系视为一种相互补充、相辅相成的关系，以便消除两者之间的紧张冲

---

① 布莱恩·巴利（Brian Barry）说，从历史角度看，作为制度辩护之基础的理性被用来与权威、迫害、启示或强制作对比。在这种语境中，"理性"意味着有理由的（reasoned）论证，这种论证从原则上可以从每个人接受的前提开始。See Brian Barry, *Justice as Impartiality*, Oxford University Press, 1995, p. 7. 在"理性的权威"这一表述中，"理性"与"权威"之间的张力只是字面上的，不妨将之视为一个隐喻式表达。同理，与"力量的强制"（coercion by force）相比，"理性的强制"（coercion by reason）中也包含一个字面上的悖论。尽管法律带有强制性，但作为公共理性之典范的法庭理性只有在捍卫宪法要旨和基本正义原则时才会诉诸强制，并且它只是对"法外行为"（outlaw behavior）而非对守法公民的强制。

② John Rawls, *Political Liberalism*, Columbia University Press, 1996, p. 45.

突,达到一种融贯的状态。我们将罗尔斯的此番解释视为《正义论》中提倡的反思平衡方法在公共理性领域的又一次运用。

我们注意到,反思平衡的运用恰好体现了公共理性的开放性特征,公共理性的内容不是一劳永逸、固定不变的。此外,公共理性不可能使人民的观点普遍一致,而且也无必要如此。

罗尔斯从康德那里继承下来的一个观点是,公共理性与自由理性只不过是政治理性的一体两面。人只有作为公共的人(公民)才可能是一个自由的人,与此相应,理性只有作为公共理性才可能是一种自由理性。自由需要以公共理性为基础。公共理性划定了自由的边界。"政治正义观念所共享的原则和价值使理性成为公共的,而民主政体中的议论自由和思想自由则使理性成为自由的。"①公共理性作为国家强制力的最终来源,只有当它是一种自由理性时,受其约束的公民才不会产生一种被"奴役"的感觉。在现代民主社会中,如果一个人所受的限制是理性的,那么他必定也是自由的,因为只有当我们的言行中包含了表达理性的自由时,我们才能成为一个自由的人。对自由的限制也是对理性的限制,反过来,对理性的保证也是对自由的保证。在一个社会中,如果一个人除了受到理性的限制,不再受到其他因素的限制,那么他就实现了真正的政治自由;如果一个人除了受到公共理性的限制,不再受到其他理性形态(如诸多非公共理性形态)的限制,那么他就享有了真正的自由;对于一个自由的公民而言,服从公共理性就是服从他自己的理性,也就是在公共领域中服从自己的理性。公共理性是实践理性的原则,也是政治上的观念,而政治行动作为公共行动,必然受到公共理性的限制,公共理性限制的并不是公民自由,而是仅当公共理性对公民作出限制时公民才有自由。这是一种公共的而非个人的自由。个人的自由可能需要一些整全性学说的支持。

对自由的保证必须以放弃某种自由(如妨碍他人自由的自由)为代价。我们生活在现实社会中,我们所能合理追求的政治理想充其量只是一种现实的"乌托邦"。国家的存在为完美主义的"乌托邦"之实现设置了障碍,而现实主义的"乌托邦"正是基于国家存在并将长期存在(如果不是永久存在的话)这一

---

① John Rawls & E. Kelly ed., *Justice as Fairness: A Restatement*,, Harvard University Press, 2001, p. 41.

事实。政治价值与公共理性之间的关系类似于亚里士多德的道德德性与理智之德性。[①] 公共理性在政治价值中所扮演的角色类似于实践智慧在德性中所扮演的角色。一方面,它们都具有程序性特征,起着一种“为达到目的而选择手段”的作用;另一方面,它们又都具有实质性特征,因为它们本身具有价值——实践智慧具有道德性价值,而公共理性具有政治正义价值。

作为罗尔斯的“公平即正义”(justice as fairness)之理论前设的“原初协议”(original agreements)包括实质协议和程序协议两部分,就后者而言,我们发现它仍然要求(政治上的)实践智慧能力的运用。这条形式协议指出:“关于推理的原则和证明的规则所达成的协议,公民根据这些原则和规则来决定正义原则是否适用,它们在什么情况下和在多大程度上能够得到满足,以及在现有条件下什么样的法律和政策能够最好地实现它们。”[②]在罗尔斯看来,一种满足“公平即正义”条件的政治社会之所以成为可能,就在于那些共享了基本理性能力的人们亦即自由而平等、理性的公民们不仅达成了关于基本政治结构之原则的实质协议,还就这项实质协议之所以能够达成所需的理性要求达成协议,我们称之为程序协议,其内容包括推理的原则和证明的规则。这种原则和规则不仅能够在理论上决定正义原则是否存在任何比如逻辑上的问题,更能够在实践上结合正义原则所运用的具体环境来决定这些原则是否适用,在何种程度或意义上能得到满足,以及为了满足它们需要什么样的法律和政策——我们将法律和政策视为一般正义原则和特殊的正义环境相结合的产物,而这种结合离不开公民们围绕推理原则和证明规则所达成的协议。这些原则和规则不仅为公民们所共享,从而成为公共理性的一个程序部分,它们还是一种将一般正义原则运用到特殊环境中的能力,我们称之为政治上的实践智慧能力(公共理性与非公共理性的不同理性维度见表4-1)。

---

① 这种类比的方法在罗尔斯作品中并不少见。一个著名的例子是,罗尔斯将他的“合情理性”与“合理性”比作康德的绝对律令和假言律令。在早期论文《一个伦理学的决定程序纲要》(此文原是罗尔斯博士论文之部分)中,罗尔斯就将合情理性视为一种理智德性。参见[美]约翰·罗尔斯:《罗尔斯论文全集》,陈肖生等译,吉林出版集团有限责任公司2013年版,第4~5页。

② [美]约翰·罗尔斯:《作为公平的正义——正义新论》,姚大志译,上海三联书店2002年版,第111页。

表 4-1 理性—维度

理性维度	主体	制度	程序	适用范围	组织化
公共理性	公民理性	法庭理性	公开理性	政治文化	合作
非公共理性	人的理性	无政府主义	私密理性	背景文化	社会协调

罗尔斯后来对《正义论》中关于稳定性的解释很不满意,在写作《政治自由主义》一书时对稳定性问题给予了更多的重视,并且试图为之提供一种更好的政治哲学说明。从某种意义上说,针对“一个正义而稳定的(民主)社会如何可能实现?”这个政治哲学根本问题,他在《政治自由主义》中给出了一种新的解决方案,并更加明确地将之视为一种理性的建构程序的结果。[①] 据此我们认为,罗尔斯政治建构主义的初衷并非提出对某种政治制度的科学预言(如声称其为“人类历史的必然”之类),更非关于实现某种政治制度的可操作性手册,仿佛一册在手,建成一种政治制度如探囊取物,而是一项先验建构的工作:它像康德那样执着于回答“如何可能”这样的问题。换言之,这种建构主义告诉我们,如果某种政治制度真的实现了,那它会是什么样子,至于是否必然实现或者具体会在何时何地实现,并非关注重点。[②]

每一个社会都有一种对于稳定性(通俗说法是“长治久安”)的诉求。但在某些社会中,通过强制、威胁、利诱、欺骗等方式排斥异端往往被作为维持社会统一和稳定的一个有效举措。然而,这种对于稳定性的诉求与人类价值分歧和利益冲突的现状之间存在某种政治上的张力。价值偏好的多样性或多元论是人类理性的自然结果,这是罗尔斯的一个重要命题,他称之为“理性多元论的事实”。在他看来,唯有通过强制、胁迫、利诱、欺骗等“不自然”也不正当的手段才能消除这种多元论事实。然而,多元论虽然是个政治事实,但它不完全属于价值中立的事实维度,因为它仍然具有一定的规范性。罗尔斯将带有规范性维度的价值多元论称为“理性多元论”。我们可以理解为,这种多元论与简单多元论之间的一个重要差

① 从“理性的建构”角度看,罗尔斯的政治建构主义及其先验论证方法都深受康德式道德建构主义影响。在此意义上,我们将罗尔斯视为一名理性主义者;相较而言,写作《政治自由主义》时期的罗尔斯更是一名现实的理性主义者,尽管他仍然在某种意义上延续了《正义论》中的先验论证思路。

② 从这个角度看,不要轻易断言罗尔斯的政治建构主义无非是在为美国现行的那套政治制度作理论辩护。实际上很少有民主理论家(尤其是审议民主理论家)会严肃地认为美国的民主政治现状是非常令人满意的。

别在于,它要受到公共理性的约束。因为只有这样的多元论才能形塑一种正义而稳定的民主社会。从某种意义上说,聚合民主与审议民主这两种民主政治模式之间的区别亦可从简单多元论与理性多元论之区分中看出些许端倪。正是这种理性多元论的存在才使重叠共识的产生成为可能,因为与简单多元论相对应的所谓"共识"只不过是一些临时协定或权宜之计,达成这种"共识"的社会并不具有根本意义上的正当性和稳定性。从这个角度看,一个稳定的社会,从时间上看,乃是一个长治久安的社会;从逻辑上看,乃是各种力量"势均力敌"的社会。当然,不是说各种势力真的没有强弱大小之分,而是存在强弱大小之分的种种势力之间保持了一种必要的重叠共识,此外,它们共同受到了公共理性原则的制约。否则,这个社会就不是一个由自由、平等的公民所构成的正义而稳定的民主社会。

合情理性与重叠共识之间是一种相辅相成的关系。仅当理性的公民产生时,重叠共识才会产生,反过来,可能产生重叠共识的公民才是理性的公民。这是罗尔斯在《正义论》中倡导的反思平衡方法在政治建构主义中的再一次运用。反思平衡同时还作为一个标准,用来检验有关政治正义的慎思确信(deliberative conviction)在所有普遍性层次上是否得到恰当解释。①

对于达成一个秩序良好的社会这个不太现实的理念,政治正义原则的论证框架从"无知之幕"下的原初状态假设性和非历史性换成了理性多元主义事实条件下寻求重叠共识的努力。罗尔斯自始至终没有完全放弃"无知之幕"背后的原初状态假说,他认为不能将公共理性视为诸多彼此冲突的理性的整全性学说之"真实基础"。罗尔斯关于重叠共识的学说并不是一种基础主义学说。(公共理性与非公共理性的不同要素见表4-2)

表4-2 理性—要素

理性要素	多元性	稳定性	正义性	对待分歧的态度	对待自由的态度
非公共理性	简单多元	临时协定	整全性正义	排斥异端、强求一致	非自由理性
公共理性	理性多元	重叠共识	政治正义	尊重差异、理性包容	自由理性

① See John Rawls, *A Theory of Justice*, Revised edition, Oxford University Press, 1999, p. 29.

罗尔斯的正义论可能面对这样的质疑,即基于平等来论证正义,会出现平等与自由这两个最核心的现代政治价值之间的冲突。我们试图通过将平等拆解成两个层次来回应这种质疑。各方当事人在原初状态中处于平等的地位,这是自由的保证,因为这里的平等首要的是自由的平等,即人人都平等地享有基本的自由权利。如果连这个层次的平等都得不到保证,奢谈自由就毫无意义了。因为从公共理性角度看,自由乃是每个人的自由,而不是某个人的自由。只有人们被免于处于不平等地位时,人人才都享有同等的自由。也许从私人理性角度看,某个人的自由(如从张三角度来看的他自己的自由)才是最值得关心的,但严格来说,自由主义并不采取这种私人理性视角,因为自由主义并不等于也不预设罗尔斯所说的"第一人称利己主义"。

"激进的自由主义者"[①]可能提出进一步的质疑,即由第一层次的平等(一阶平等)所保证的平等的自由,到了第二层次的平等(二阶平等)中立刻遭到了破坏。也就是说,体现第二层次平等的"差别原则"实际上至少损害了某些人的自由。果真如此的话,可能意味着"平等"这个概念中存在一种内在冲突,即第一层次平等与第二层次平等之间的冲突。对此,我们可以这样回应:首先,第一层次平等是绝对的、不妥协的平等,而第二层次平等是相对的、妥协的平等。一个理性人在"无知之幕"背后所作的推理必须考虑到"无知之幕"被揭开后的情形:这个世界上无法避免地存在事实上的不平等。由于"无知之幕"背后的正义原则尚未制定出来,所以罗尔斯建议我们将这种不平等视为一种自然事实,它包括天赋、出身、运气等偶然性因素,而不是将它视为一种不正义。正义论要考虑的是,面对这种必然的不平等事实,我们如何推理出一种正义的理论,它使这种自然事实意义上的不平等在政治理念上是平等的进而是正义的。此外,由于着眼于不平等自然事实的"差别原则"乃是公共推理的自然结果,所以,差别原则背后的"最小最大化原则"并不是一种严格的妥协,而是出于一种现实主义的考量。

其次,正如平等乃是相对的,自由也是相对的。"任何基本自由都不是绝对的,因为那些自由在特殊的场合可能会相互冲突,所以它们的要求必须加以调

① 这使人们容易联想到诺齐克的《无政府、国家和乌托邦》中的理论。

整以使之成为一个一致连贯的自由体制。”①从现实“乌托邦”角度看来,能够合理地追求的自由无非是“受到最少拘束”的自由,也就是“最不自由”,而非“最自由”。从公共理性的角度看,自由也面临必要的妥协。一个人为了获得自由——这一点在“无知之幕”背后只能通过保证每一个人的自由来获得——他必须诉诸平等的自由原则,也就是第一个正义原则。但出于对自由的稳定性之考量,一个人又必须在必要时放弃或牺牲自己的部分自由,才符合他在“无知之幕”背后进行推理的结果,这不仅是因为他可能成为那个现实中的最不利者,而且因为他同样可能成为现实中的得利者,这种自由是合理的、稳定的,进而是正义的。

七、客观性、中立性与宽容理性

让我们在亚里士多德的意义上区分理论理性与实践理性,然后在实践理性的层面上区分个体理性与公共理性。为何不在理论理性层面上作出此区分呢?显然,理论理性亦可用于公共领域,就像它同样可以用于实践领域一样。但是,最好不要将实践理性完全等同于理论理性在实践领域的运用——我们知道有些哲学家就是这么做的,也许其中包括柏拉图。因此,不要以为公共理性乃是理论理性在公共领域的运用。

理论理性是实践理性的基础,而不是相反。被托马斯·内格尔批评的很多哲学家实际上持有一种看法,即客观性和理性化都建立在主体间的共识之上。我们认为客观性与主体间性之间可能存在一种“反思平衡”的关系,其中不再有基础主义甚至通常所说的融贯论的余地。托马斯·内格尔特别提倡一种“无立场的观点”(the view from nowhere),也就是超越任何特定的个人观点的观点。如果你持有的观点是任何人站在你的立场上都会持有的观点,那么,这是否意味着你持有一种“无立场的观点”呢?笔者认为不是,因为这时你还有立场。至于任何人若站在你的立场上都会持有与你类似的观点,这只能表明你持有一种理性的观点。在实践中,这不是一种公共理性,相反,它很可能是一种个人理性。理论理性也有这样的康德式要求,即“可普遍化”的要求。公共理性要求一

---

① John Rawls & E. Kelly ed., *Justice as Fairness: A Restatement*, Harvard University Press, 2001, p. 104.

个人放弃自己的立场,站到一种罗尔斯式的“无知之幕”背后来选择一个方案。这种“可普遍化”既可以被理解为一种“将心比心”式的道德共通感,也可被理解为一种“无我”的公共理性。在理论上采取一种“无我”的视角,有助于我们得出一些客观的观点,形成有效的判断,同样也可以使我们的观点理性化,形成有效的推理。

公共理性是一种理性的观点,同时又是一种客观的观点。公共理性是一种超越个人视角的观点,也是一种超越主体间视角的观点。在《社会契约论》中,卢梭特意区分了公意与众意。公意与众意之区分不是程度上的或统计学意义上的,而是性质上的。我们也不能将公共理性置于主体间性的框架中来理解。当然,公共理性并不排斥主体间性,就实践领域而言,一种理性形态若无法满足主体间性的要求,那么它即便是客观的,也不会是理性的。

在实践问题上,当一个人试图诉诸理性时,首先出现的备选项是个体理性。这种理性形态与理论理性并不冲突。理论理性着眼于真理,实践理性着眼于行动。关于行动的真理容许有一种个体的视角。公共理性是反思的产物,它并不意味着要牺牲个体理性,但它要求在个体理性之间进行平衡。从公共理性的角度看,伦理学和政治哲学都可以是客观的。当然,这里的问题在于,公共理性是否可能以及如何可能。公共理性的可能性可以通过一种途径来弱化,即采取一种多元主义的观点。个体理性是多元化的,公共理性更是如此。站在罗尔斯的“无知之幕”背后,很可能作出与罗尔斯截然不同的制度设计。然而,问题在于,当我们从客观的立场看问题时,为什么仍然可能发现多种不同的公共理性模型?这是否意味着公共理性存在一个程度问题,而客观性只是一个努力的方向?诚如托马斯·内格尔说,站在爱因斯坦相对论时空观的立场,牛顿的绝对时空观甚至带有更多的主观色彩——尽管它带有了“绝对”这一通常与客观性联系在一起的词。然而,这一点并不意味着爱因斯坦相对论的客观性是永远不可超越的终点。理性化的过程同时也是客观化的过程,而从个体理性到公共理性正是实践理性化(实践领域中的理性化)的必由之路。当然,个体的行动也有实践理性的维度,正如公共的行动也有理论理性的维度一样。再者,任何一种公共理性无非是人的理性,而人的理性最终还是要落实到个人层面,这意味着公共理性也是个人的公共理性,只不过在公共理性层面,个人性的色彩已经趋向于零了。然而,反过来看,如果没有个人性,公共理性也是毫无必要的。正如在罗尔斯的原初状态中,如果人没有一点私心和个人理性,“无知之幕”就毫无必要了。

罗尔斯的抑真理性、崇真诚性的做法恰好验证了威廉姆斯(Williams)的表述,即现代人在否认存在真理时却对真诚性钟爱有加[①]。威廉姆斯认为这引发了一个悖论。很难想象一个政治道德主义者(political moralist)对自己的政治理论所依赖的道德基础的真理性毫不关心。[②] 按照罗尔斯的思路,甚至“政治道德主义”本身就意味着这种道德主义的政治哲学总体上乃是一种整全性学说,无论其中的分支有多少。当然,这并不意味着作为其反面的政治现实主义总体上不是另一种整全性学说。关于整全性学说的这种定位意味着罗尔斯在政治现实主义与政治道德主义之间只能采取某种“居间”的策略。这与他较早时期在《正义论》中的态度很不一致。[③]

这种威廉姆斯悖论(Williams' paradox)是可以被破解的,对罗尔斯的上述疑问最终依赖于这种破解。至少在政治上,很多公民可以在一方面做到不在政治论辩中提及真理问题,另一方面又能真诚地这样做。但这需要对罗尔斯式公共论辩进行更细致的澄清:哪些论题以及哪些理性被允许进入公共政治论坛。这取决于两个重要因素:一是事先的规定,也就是公共理性的原则。这是一门先验论证的功夫。二是事中的论辩过程,它是一门反思平衡的功夫。真诚性的要求是一种全体性要求。论辩各方的真理冷淡与《正义论》中的“无知之幕”背后的道德冷淡(无利他主义关切)之间形成了对比。

个人慎思和排他的、自愿的社团内部的讨论并不属于公共理性的恰当运用领域。公共理性的恰当运用领域是非个人的、非社团的整个公民社会,小至一国,大至整个世界。在一国内部,当公民被设想为一个普通公民而不是某个家庭或社团之成员时,才能符合公共理性得以恰当运用的条件。在一个公民社会中,公民关于国家权力强制运用的公共讨论构成了公共理性运用的恰当领域,

---

① 在威廉姆斯那里,一个符合“真诚性”要求的人同时拥有真挚(sincerity)和准确(accuracy)的美德,他或她不仅如实说出自己所相信的东西,还特别在意自己的信念是否为真。See Williams, *Truth, Politics, and Self-Deception*, in Williams, In the Beginning Was the Deed, Princeton University Press, 2005, p. 157.

② 关于政治现实主义(political realism)与政治道德主义(political moralism)的区分,参见陈德中:《政治现实主义——威廉姆斯政治哲学研究》,知识产权出版社 2010 年版,第 131 ~ 145 页。

③ 当然,罗尔斯对能否真正将这种不一致性贯彻到底是很有疑问的。

另外一个领域是代表国家或者扮演了公共人角色的政府官员在他们的官方职位上所作的慎议和讨论。普通公民只能以一种身份参与到公共理性讨论中,即公民资格。而官员在作为公共的国家权力代表人参与到公共理性讨论中之外,还可以作为普通公民参与到公共理性讨论中。官员的权力是人民和国家赋予的,所以,官员在其官方职位上对理性的运用,必须受到公民关于国家权力强制运用的讨论结果的约束,这一结果的通常形式(但又不是最终定型的形式)是宪法和法律。

合理性还要寻求合情理性的辩护,为稳定提供基础。合情理性为多元论提供基础,即如何在有理的多元论条件下,就政治正义理念达成共识。理解和接受是较低的要求,基于理解的接受不要求它们提供理性基础。可能有些人是被强迫(或至少是非自愿)加入某个社团的,当我们将家庭理解为一个相对小规模的社团时尤其如此。一个婴儿并非自愿地降生在某个家庭,然而,他的福祉和命运从此便不可避免地与这个家庭紧密地联系在一起。尽管家庭和其他公民非自愿地加入的社团不能满足社团的自愿性要求,但它仍然与社团的排他性特征相吻合。公共理性则要求非社团性,即公民之间并不具有社团的排他性和自愿性。公民并不属于任何一个社团——如果在国内公共理性情况下,国家并不被视为一个较大规模社团的话——因此公民之间并不存在排他性。公民的非自愿性在国内公共理性情况下并不典型,因为现代国家往往认可其本国公民自愿移民他国的权利。但就全球公共理性情况而言,这一点是显而易见的。生而为人并不是他本人自愿选择的结果,生在这个世界而不是别的世界(假如有的话)也不是他本人自愿选择的结果。

公共理性的推理是一种理由推理而非因果推理。比如,对一名立法者的投票结果可以有两种解释,一种是因果解释,另一种是理由解释。前者告诉我们,他的投票结果是由何种原因导致的;后者告诉我们,他的投票结果获得了哪些理由的支持。由于几乎任何一个公共理性的推理结果都可能由至少一个合乎情理的原因导致,这样立法者的整全性道德或宗教学说就成了投票结果的原因或原因之一。这时我们判断这名立法者是否依据公共理性行事的标准是,他能否为自己的投票给出一个令人信服的公共理由。当这种理由乃是公共的理由而非基于立法者本人或其他人的整全性学说时,尽管这里他的整全性学说仍然在起作用,我们仍然将他的投票视为符合公共理性的行动。在这一行动中,他的整全性学说扮演了理由上的辅助性角色和因果性上的原因或原因角色之一。

考虑到每一个公民都可能隶属于特定的合乎情理的整全性学说，而这些学说比如宗教信仰业已深入他的行为方式之中，甚至使宗教教义成为其人格同一性（身份）的不可忽视也不可剥离的一部分，这种同一性甚至让人无法想象，如果他身上没有这种整全性学说的精神支撑，他会是一个什么样的人，在特定情况下会以何种方式行事。

公共理性的运用是一种基础运用而非仅仅是直接运用。在前例中，判断立法者的投票是否遵循公共理性，标准不在于他是否给出了直接的公共理由，而在于他能否给出一个最终的基础理由。直接的公共理由显然可以为其行动提供公共辩护，但那些并非直接的公共理由同样可以做到这一点，在为其行动提供公共辩护的直接理由并非公共理由时尤其如此，如果他能够为这一直接理由提供进一步的或者最终的公共理由的话，这一公共理由就在他的推理之链中扮演了最终前提的基础性角色。

公共理性并未特别偏袒世俗理性，它在世俗理性与宗教理性之间保持中立。世俗理性与宗教理性一样，往往分属于具有深刻分歧的诸种整全性学说，这种情况在那些宗教势力并非特别大的社会中比较明显。在这些社会中，存在多种相互冲突的道德乃至政治学说，它们都可能是合乎情理的，但彼此又存在深刻分歧，同时，它们并非源于严格意义上的宗教传统，而是世俗传统。这时我们称那些基于非宗教传统的整全性学说所提供的理由为世俗理由。在公共理性面前，世俗理由并不享有任何的优先权利，因为我们判断一个理由能否胜任公共理由的标准，并非其是否隶属某一宗教或世俗传统，而是它能否提出令人信服的公共辩护。

公共理性与社团的两个特征有关，一是社团的排他性，即它区别于——有时甚至敌对于——其他的社团；二是社团的自愿性。排他性分为两种情况，即相对排他性和绝对排他性。前者发生在公共理性（非整全性学说）与互不相容且各有其理的整全性学说（非公共理性）之间，后者发生在公共理性与那些并不主张对之进行宽容的人之间。从对待分歧的态度上看，公共理性是宽容的理性。公共理性以法律、道德等社会规范的形式为宽容划定界限，由它来规定哪些地方必须宽容，哪些地方不能宽容。一种行为是否理应得到宽容，并不取决于它是否对他人不宽容，而是取决于它是否践踏了公共理性的“底线”。在现代民主自由社会中,彼此宽容的双方隶属于不同的文化背景和整全性学说,此外,由于公共理性这个"理性平台"的存在,他们之间可以做到并且必须做到彼此宽容。只要对方维护自由平等和宽容的政治正义理念,那么,即便我们并不同意他们的那一套整全性学说,我们也有义务去宽容对方。因此,这里并不存在所谓的"宽容悖论"问题。①

公共理性的价值在于它使宽容不再成为权宜之计,而是每个自由而平等的理性公民的义务,被宽容则成为他们享有的权利。有些批评者认为,在遇到边界的地方,政治自由主义将那些不能满足相互性标准的整全性学说拒斥在外,这使其自身成为某种整全性学说。一种整全性学说在原则上可以被诠释为能够容纳政治价值,甚至其他的整全性价值,但相对于后者来说,容纳前者将会更为容易。这不是一种外部要求,而是理性的内部要求。"种种合乎情理的政治正义观念并不总是导向相同的结论,持有相同观念的公民也并不总在特殊的问题上意见一致。"②一致的原则不能确保对原则的一致运用。一个民族对公共理性的坚守,整全性学说之间的融洽与和谐,并非人类生活的恒久状态,它是一个行动目标。

罗尔斯看重的公共理性,是现代民主社会中所有的自由、平等而宽容的公民所"共享"的理性。他在《政治自由主义》《公共理性理念新探》等著作中表达的自由、平等和宽容的公共理性理念,与他在《正义论》中表达的自由、平等而博爱的正义理论之间存在一个重要的差异,就是宽容与博爱之间的差异。博爱的观念在《正义论》中是通过"差别原则"来体现的,侧重于分配正义角度,而宽容的观念在《政治自由主义》中是通过合乎情理的整全性学说来体现的,侧重于政治自由主义角度。

此外,对宽容理性的强调,也从一个侧面表明了罗尔斯清楚地意识到公共理性的限度所在。首先,从不可调和的完备性学说中衍生出来的冲突,要求信奉不同整全性学说的各方之间彼此宽容;其次,从社会身份、阶级地位或职业中,或者从族群、性别、种族差异中衍生出来的冲突,要求置身不同的文化背景

---

① 对宽容悖论的讨论,参见谭安奎:《政治的回归:政治中立性及其限度》,中央编译出版社 2007 年版,第 47~52 页。

② [美]约翰·罗尔斯:《公共理性理念新探》,谭安奎译,载谭安奎编:《公共理性》,浙江大学出版社 2011 年版,第 148 页。

的各方之间彼此宽容；最后，从判断的负担中衍生出来的冲突，要求那些理性并且合乎情理的，同时又在哲学、宗教和关于美好生活的其他方面发生永久性的分歧的人们之间彼此宽容。

第三节　公共理性如何可能？

为公共理性之可能性提供论证的建构主义的方法论，以一种非常富有罗尔斯特色的"理念"和"事实"为前提。《政治自由主义》中的"理念"分为"基本理念"和"主要理念"两部分。

首先，基本理念有五个，前三个是：(1)政治的正义观念的理念；(2)作为公平合作系统的社会的理念；(3)原初状态的理念；(4)政治的个人观念即公民的理念；(5)秩序良好的社会的理念。

其次，主要理念有六个，它们是：(1)重叠共识的理念；(2)权利的优先性及善的理念；(3)公共理性的理念。《作为公平的正义——正义新论》在此基础上还增加了三个理念：(4)社会基本结构的理念；(5)公共证明的理念；(6)反思平衡的理念。理念具有抽象性、理想性和规范性，它既是假定的(hypothetical)，又是非历史的。比如，作为一种政治理念的原初状态，其一种代表设置或思想试验，它不是任何一种意义上的——曾经有过的、正在实现的或将来要实现的——事实。原初状态对于公共理性而言，它模拟了一种对推理而言属于施加适当限制的东西。换言之，它为我们提供了公共推理的一个恰当起点。政治正义观念可以与合乎情理的多元论事实相适应。它可以适合于各种不同的甚至相互冲突的整全性学说；它是各种整全性学说之间重叠共识的目标或对象。

此外，罗尔斯在《作为公平的正义——正义新论》中还提到五个极其重要的"普遍事实"：(1)合乎情理的多元论的事实(fact of reasonable pluralism)，即现代民主社会中存在的多元化的整全性学说是一个无法回避的、永久性的(也是必要的)事实；(2)压迫性事实(fact of oppression)，即任何一种整全性学说为确保人们对它的持续忠诚都必然会依赖国家的强制性权力，典型的如意识形态控制；(3)广泛赞同性事实，即一个持久的和稳定的民主政体，必须赢得至少是绝对多数政治上活跃的公民自由和自愿的支持；(4)隐含理念事实，即一个业已维持很久的民主社会，它至少隐含了某些基本理念，它们充当了民主事实之可能性的先验条件；（5）国家的存在是一个至关重要的事实，不过它又是一个重要的理念。① 它有规范性的一面。一个任何人在其中都未能取得公民资格的国家，不属于一个严格意义上的国家，至少不是一个现代民主政体。

合情理的多元论的事实的存在，意味着即便公民彼此之间真诚地、认真地相互讲道理，仍然无法就所有问题达成一致。即便公民们在涉及"事实判断"的自然科学中是可能达成一致的（这种一致性在一定程度上取决于科学共同体内部的一致性），他们也很难或甚至是不可能在涉及"价值判断"的诸如宗教、道德、审美、形而上学等"文化"领域内达成全体一致。但只要这是一种合乎情理的不一致，那么它的存在就是必要的。罗尔斯认为产生这种不一致的根本原因是判断的负担，它解释了为什么理性的且合乎情理的人们会在哲学、宗教和关于美好生活的其他方面发生永久性的分歧。

一、合作社会、公民性责任与公共论坛

政治社会既不是一个私人社会，也不是一个市民社会，而是一个公民社会。我们合理地追寻的正义社会并不是一个完美社会，正因为其不完美，它才可能有实现的希望。政治可能性的界限就在于我们不能合理地期望一个乌托邦或理想共同体，但我们仍然不能放弃理想，因为我们可以合理地期望一个现实主义的乌托邦（realistic utopia）。政治在理论上具有无限的可能性，但这种可能性一旦落实到实践或现实层面，亦即这种理论可能性一旦面临落实到现实可行性或实践中的可操作性时，政治本身仍然是有界限的，因为它受到现实性的限制。从现实性角度看，这种政治可能性界限同时也是现实的可行性之界限。当然，诚如罗尔斯所言，"可能性的界限不是由现实性决定的，因为我们能够多多少少改变政治制度、社会制度以及许多其他东西"②。这里的关键区分是"被……限制"与"被……决定"。如果说作为理想共同体的乌托邦着眼于一种"最好制

① 《政治自由主义》中的表述有所不同：该书的"第五种普遍事实"是指，在我们最重要的判断中，许多都是在我们不能期待正直的个人以其充分的理性能力（甚至是经过自由讨论之后）总能达成一致的条件下作出的。See John Rawls, *Political Liberalism*, Columbia University Press, 1996, p. 58. 不过，我们在该书第一讲第六节中只看到三个事实，因此，我们对第四个事实存有疑问。

② John Rawls & E. Kelly ed., *Justice as Fairness: A Restatement*, Harvard University Press, 2001, p. 5.

度”的设计，亦即它必须优于任何一种可能的好制度，那么，现实主义的乌托邦则是着眼于一种“最不坏制度”的设计，亦即它在所有可实现的制度中是“最不坏”的。

然而，即便对于现实主义的乌托邦而言，它的实现仍然必须依赖一些理想化的概念和规范设置，罗尔斯称之为“理念”。[①] 它与作为一种理想共同体的乌托邦相比，有根本差异。它除了必须依赖理念设置，还必须面对现实问题，即罗尔斯所说的“事实”，并且还必须将理念与事实协调起来而不能有冲突。这一方面要求对美好但未必现实的理念如何可以适用于残酷但无法回避的事实给出证明，另一方面还要求这种事实的存在本身不仅不是坏事反而是一件好事——从某种意义上看，正是这些事实的存在使我们通过理念设置来追求一种现实主义的乌托邦是有价值的并且是可行的。此外，正是这些事实的存在使我们的生活充满意义，因为我们除了过一种政治生活，还需要过一种至少是部分整全性的生活，而不必是完全整全性的生活。对于任何一种政体而言，都很自然地会涉及以下层面的问题：首先，正当性问题，即它的制度是否正当和正义；其次，可行性问题，罗尔斯称之为“设计问题”，即一种政体的制度是否能加以有效设计以实现它所宣布的目的和目标；再次，激励相容性问题，即公民是否能够被信任会遵循正义的制度；最后，能力问题，即占据相关位置的人们是否能胜任分配给他们的任务。

罗尔斯特别强调作为公民相互合作系统的社会的理念。这个理念当然是必要的，但通常意义上的“合作社会”并不能成为公共理性的充分条件。对“社会合作”可以有不同的理解。就其最一般性的理解来说，它指的是两个或两个以上的社会成员之间的合作，这种合作可能是经典功利主义意义上的（如经过“合作变换”之后的囚徒困境所导致的“帕累托效率”）着眼于生产的合作，也可能是合作博弈论意义上着眼于分配的合作。但是，这两种合作都不是公共理性的充分条件。公共理性需要一个更加严格的合作概念。公共理性的合作，不是任何两个或两个以上的人之间的合作，而是社会所有成员（历史上的、现实的以及未来的人）之间的“合作”，但这种合作不是一个事实（显然没有人可以和古今中外以及未来的所有人“合作”做一件具体的事情）。通常的合作可能假定了

---

① 这个概念在罗尔斯后期的《万民法》中比较常见，可视为他对自己政治主张的自我定位。

"敌人"的存在,比如在联盟博弈中的联盟,假定了"损人利己"的可能性,但这不是公共理性需要的合作。只有在罗尔斯的"无知之幕"下,才能理解这种合作理念。如果说以囚徒困境为代表的非合作博弈体现的是个体理性,两个或两个以上的人或由人构成的组织之间的合作体现的是集体理性,那么"无知之幕"下的合作理念体现的正是公共理性。

毋庸讳言,罗尔斯的"社会"概念带有一定的模糊性。他强调社会的规范性,但这里的社会不是指随便一种什么社会,而是特指一种秩序良好的社会,即被公共的(政治的)正义观念有效规范的社会。在此意义上,它是一个政治理念而非政治事实。它传达了三样东西:首先,其中的每个社会成员(自由而平等、理性且合理性的公民作为他们的政治身份理念)具有相同的正义观念或遵守相同的正义原则,并且他们每个人都具有这样一种"共同知识",即彼此都知道对方也接受这样的正义观念或原则;其次,其中的每个社会成员都能够公共地证明体现社会合作的基本结构能够满足他们所遵守的那些正义原则;最后,其中的每个社会成员经过教育和反思都可以形成一种正义感。①

公共理性从人类理性能力的平等开始。这是罗尔斯和霍布斯共享的一个出发点,即便两人由此得出的结论大异其趣。我们在两个意义上将公民视为平等的人:其一,每个公民都被平等地看作拥有最低限度的道德能力,如正义感和善观念;其二,每个公民都被平等地看作拥有最起码的推理能力,如理论理性能力、实践理性能力和公共理性能力:公共理性乃是基于这种理性能力的平等。实际上,若一个人要拥有正义感,就正义感本身含有一种理智力量而言,它的实际应用仍然要求理性能力、想象力和判断力。② 这表明公民作为平等的人所享有的两种基本能力是密切相关的——这种平等身份可最终归结为平等的理性能力和平等的最低限度的情感能力(就其作为道德感而言)。

---

① 在谈到稳定性的根据时,罗尔斯指出,公共政治观念的教育功能会产生一定的效果,公民作为一个规范性概念这一点本身意味着,教育有助于增强政治社会成员的公民意识;政治正义的理想乃是通过包括教育在内的公共文化手段与公民的相辅相成来实现的。此外,更有利者基于对自己获益的运气因素的反思以及对不确定性因素的考虑,会形成一种正义感,这种正义感进一步使一个正义社会更加稳定。参见[美]约翰·罗尔斯:《作为公平的正义——正义新论》,姚大志译,上海三联书店2002年版,第125~126页。

② 亚里士多德的道德性要求理智力量的能力,如要求实践智慧的能力。康德所说的理论理性能力和实践理性能力都要求想象力和判断力。

从主体维度看,公共理性是公民的理性而非单纯的人的理性,而罗尔斯所说的公民性责任可以被直接理解为一种公共理性的责任,因为“公共理性是一个民主的公民群体的特征:它是其公民们的理性,是那些共享平等的公民资格这一地位的人们的理性”①。理性公民与政治人概念是罗尔斯后期颇具创造性的思想。只有满足某些条件才能被视为一个政治人,也就是一名理性的公民。从这个维度看,对理性的政治哲学研究有别于对通常意义上的理性/感性(它们可统称为人性)的哲学一般研究。政治哲学不再被视为人性论体系中的一个普通分支。这种公民理性涉及政治同一性(political identity)概念,一个人的政治同一性由他的理性公民资格来保证,并不取决于他的人性或单纯的人类理性所信奉的整全性学说。罗尔斯为此明确地区分了公民资格(公民的政治身份)与公民的文化身份。一个公民同时具有公民资格和文化身份,但这两种身份存在不可忽视的不同。一个人之所以能够享有特定的文化身份,享有信奉特定整全性学说的权利,正是他所享有的自由而平等的公民权利的体现,没有公民享有的平等的良心自由和思想自由,不仅任何理性的政治正义观念都不可能实现,而且任何得到保障的文化身份也不可能实现。

公共理性恰恰在理性运用的模式上保证了自由和平等的公民资格,据此我们称之为“理性公民资格”。一个人如果改变了他的公民资格就不再具有政治上的同一性。一个人如果移民到另一个政治文化背景迥然不同的国度,那么就相当于一次“政治重生”。但是,一个人文化身份的变更并不会伤及他的政治同一性。相应地,如果一个社会只有种种强势或者弱势的整全性学说,生于其中的人也就只有这样或那样的文化身份,由于缺失了一种自由而平等的公民资格的观念,这个社会也就无法成为一种严格意义上的政治社会。

由此,我们发现“政治”这个基本概念的某种规范性维度。② 关于“政治人”的概念,罗尔斯还特意举了奴隶制的例子:“奴隶属于人类,但他们被视为没有诉求的,甚至不把他们的要求视为基于社会义务和职责的诉求,因为奴隶被视

① John Rawls, *Political Liberalism*, Columbia University Press, 1996, p. 218.

② 关于对“政治”概念的经验性和规范性定义的分析,参见江宜桦:《西方“政治”概念之分析》,载应奇、张培伦编:《厚薄之间的政治概念——〈政治与社会哲学评论〉文选》(卷2),吉林出版集团有限责任公司2008年版,第1~46页。有趣的是,在“政治”的定义问题上,江宜桦正确地将罗尔斯定位为一名“公共理性论者”。

为不能拥有义务和职责的。禁止虐待奴隶的法律,不是建立在奴隶提出的诉求之上,而是建立在奴隶主的诉求之上,甚至是建立在社会普遍利益(不包括奴隶的利益)的诉求之上。也就是说,奴隶在社会中不是人:他们根本不被当作人来对待。”①总之,罗尔斯的“政治人”概念是由“公民理性”概念来界定的,缺失了理性公民资格的人在政治上不能算作人。换句话说,如果一个人不幸生于一个非自由平等的民主社会,他一生下来就已经在政治上死亡了。“社会死亡”(social death,简称“社死”)的概念的一部分也是由此而来。

公共理性的理念在公民身上体现为一种公民性责任(duty of civility),它不仅是一个道德要求,也是一个强制性政治安排。罗尔斯论证说,自由而平等、理性而合乎情理的公民,是公共理性的恰当的主体,他们是权利和义务的统一体。就权利而言,每个人都有在公共理性所保证的宪法要旨和基本政治原则下寻求庇护的权利;就义务而言,每个人都必须在公共理性的政治价值所支持和限制的框架内表达自己的政治立场或者就政治议题进行表决。那些受公共理性限制的公民,就像卢梭笔下的受公共意志限制的公民一样,应当像一个公正无私的立法者或执政官那样,只会去支持那些他们相信所有合情理的人们都会赞成的理由来得到辩护的政治立场,在国家的宪法要旨和基本正义原则处于危急时刻时尤其如此。当然,对于那些身兼普通公民和政府公职人员双重政治身份的人(如法官、政府官员、公职候选人)而言,罗尔斯似乎提出了更高的要求:除了公民性责任,他们还必须履行自己的岗位职责,对宪法要旨和基本正义原则的实际运行和日常保障承担相应的责任。

最后,公共论坛的理念也是必不可少的,因为每个公民都生活在特定的“背景文化”之中,正如每个公民都属于特定的家庭、社区、教会、大学或俱乐部,但这是社会文化,而不是政治文化。以自由主义为例,公民资格“信奉”政治自由主义,而文化身份信奉整全性自由主义,政治自由主义在诸多不同乃至彼此冲突的整全性学说(整全性自由主义只是其一)之间保持中立。在理性模式上与之相对应的区分是公共理性与非公共理性的区分。在政治自由主义的建构框架下,每一个公民都与其他公民共享某种公共理性,同时他们也都属于特定的非公共理性社会领域。就公民们信奉不同的整全性学说和非公共理性而言,他

① John Rawls, *Political Liberalism*, Columbia University Press, 1996, p. 33.

们并不栖居于同一个共同体之中。为此，罗尔斯特别强调，平等自由的民主社会并不是一个通常所谓的共同体，公民在公共论坛而非任何整全性的背景文化中参政议政。实际上，只有这样的公共论坛才是公共理性的适用场合，它被称为公共政治论坛（the public political forum）。

然而，罗尔斯对这种公共政治论坛作出了严格的限制。就公民们参加的公共论坛而言，首先，它必须是“公共的”论坛，因此，必须将所有私人商谈排除在外，无论这些私下讨论是否涉及政治议题；其次，它必须是“政治的”论坛，必须将所有非政治议题（也就是并不涉及宪法要旨和基本正义原则）排除在外，无论它是否采取了公开讨论的形式。当然，这种论坛还包括另外三个部分：其一，法官之间的商谈；其二，政府官员之间的商谈；其三，公共职位的候选人以及他们的团队管理人员之间的商谈。由此我们看到，公共政治论坛是这样一个舞台：我们基本的政治原则和制度都在这里被讨论并得以形成，因此，它是公共理性的个体责任之运用的最恰当场合——在这里，各种集中起来的政治势力最为直接地得以呈现或演练。当公民和官员们参与到这个舞台中进行商谈时，公共理性理念要求他们避免诉诸那些尽管合乎情理但容易引起争议的整全性学说，而是诉诸与他人共享的政治价值去作出论证，这就是“公共推理”（public reasoning）的过程。

二、公共证明与反思平衡

公共理性与正义原则究竟何者为先的问题，在罗尔斯那里仍然有待澄清。简单来说，若正义原则为先，那么公共理性岂非多余？若公共理性为先，那么将《正义论》中的原初状态设置到《政治自由主义》中又不再必要。对此，我们倾向于认为，对于前一问题，即便《正义论》中的原初状态设置对于“无知之幕”背后的正义原则的选择是充分的，其对于“无知之幕”被揭开之后对正义原则的可适用性问题和可持续性问题的讨论也仍然是不充分的，可适用性问题涉及现实政治的复杂性，可持续性问题涉及正义社会的稳定性。显然，罗尔斯在《正义论》中对这两者估计不足，为此，他后来径直指出书中稳定性解释的不足之处；对于后一问题，秉持公共理性观点的《政治自由主义》并不试图颠覆《正义论》中关于社会基本结构的那种整全性学说，相反，它试图为后者提供更加有力的补充性或重构性论证。在罗尔斯看来，这两种论证不仅没有非此即彼的根本冲突,甚至是同样重要的:“公共理性的探究指南(guidelines of inquiry),以及它的正当性原则,与实质性正义原则有着同样的基础……对那些指南与正当性原则的论证与对正义原则本身的论证几乎是同样的,而且同样强劲有力。”①

原初状态下的理性选择由于被安排在“无知之幕”背后进行,不难理解,代表各方利益诉求的决策者既遵守合理性的要求,又遵守合情理性的要求。当然这两种理性形态的要求所扮演的角色是不同的,前者可以被视为决策者天然具备的理性能力,而后者仅在“无知之幕”的建构性约束条件下才得以生效。也就是说,在原初状态之下,虽然公共理性因素没有被考虑进来,但是决策者们在这种双重约束之下所作出的选择,尽管在主观上并非出于公共理性,但在客观上合乎公共理性。从这个角度看,《正义论》中的原初状态设置与《政治自由主义》中的重叠共识设置并不冲突,就它们都指向政治原则的选择而言,它们是殊途同归的。然而,重叠共识的设置并不是多余的,因为“无知之幕”被揭开后,相关各方正式进入纷争不息的现实政治之中,正义社会的稳定性成了一个问题,这时公共理性就派上用场了。它一方面为正义原则的适用提供了很强的理论指引和制度支撑,为各方的公共证明提供了规范标准;另一方面对正义原则的进一步稳定和巩固提供了以重叠共识设置为核心的公共证明模式。

实际上,只有在公共理性正式登上舞台之后,对于正义原则的公共证明才算是完备的,因为事关人们在“无知之幕”被揭开后的现实状态下如何运用这些正义原则的探究指南的公共理性,对一个就其基本结构而言正义而稳定的社会的证明,毕竟与原初状态下的各方在“无知之幕”背后采取面向社会基本结构的正义原则同等重要。而且,公共理性补充了后者在稳定性方面的缺陷,通过引入公共理性与整全性学说的区分,以及重叠共识和公共证明的设置,实际上为正义原则的选择提供了一种新的辩护。甚至可以说,它为现实背景下的良序社会中对于正义原则的选择、确立、适用和稳定,给出了一个不可或缺的论证。《政治自由主义》中的这个论证,首先是与《正义论》的基本旨趣相融贯的,其次对后者有所补充、有所完善,甚至有所超越。

① John Rawls, *Political Liberalism*, Columbia University Press, 1996, p. 225.

诚如有论者所言,公共证明(public justification)[①]的理念与公共理性理念之间存在本质上的关联,因为说白了,公共辩护的过程也就是公民们运用理性进行公共推理最终形成彼此共享的公共理由的过程。[②] 运用公共理性,目的是提出社会合作的公平条款,用以调整公民与公民之间以及公民与政府之间的关系。而这里的“社会合作的公平条款”构成了公共证明的主要内容,也就是宪法要旨和基本正义原则。正义的原则必须是合乎情理的原则,这种原则在公平的条件下会得到人们的一致同意。它诉诸的主体是平等而自由的公民。

让我们稍作展开。公共理性的证明的主要工作包括:首先,国家或政府的强制性权力的证明——这是一种公共的权力,包括每个人给予自己并且相互授予的权力,每个人限制自己并且相互限制的权力;其次,正义社会的稳定性的证明;最后,宪法要旨和基本正义问题上的政治观念的证明。法律和政策制定出来后,只有在宪法要旨和基本正义问题处于危急关头时,才需要所有公民再次按照自己的理性为自己的政治观点相互出示可被公共接受的理由。政治合作从给出可被公共接受的理由开始,就此而言,公共理性不是纯粹的说服技巧或修辞术,也不是一种意识形态。根据马克思的解释,它是一种非正义的、没有价值的现状(*status quo*)。[③] 这里所谓的“维持现状”(*maintain the status quo*)含有“维护稳定”(maintain the stability,简称“维稳”)的负面含义。

这里的公共证明要满足几个条件:首先,证明被假定是基于共识——有理由被期望加以共享,被期望能加以赞成的;其次,人们被假定具有推理的能力并共享逻辑推理法则;最后,人们被假定是自由的和平等的。对于不自由的人们来说,公共证明甚至是不可能的,因为没有言论和思想自由的人要么无权给出一个证明,要么无权不接受一个证明——原则上,没有不被接受之可能性的证

---

① justification 在知识论领域被译为“证成”或者“辩护”。笔者认为对于政治哲学来说,“证成”一词具有较强的真理性指向,因而显得太强,而“辩护”一词作为一个辩论场合下使用的概念,有时暗示了一种“狡辩”“强辩”的可能性,因而又显得太弱,所以我们还是将之译为“证明”。

② 参见谭安奎:《政治哲学:问题与争论》,中央编译出版社 2014 年版,第 288 页。

③ 在马克思看来,意识形态具有阶级性,但是,在形式上统治阶级常常将意识形态升华为全社会的公共利益,使其意识形态带有全民性的虚假外观。马克思说:“意识形态如物象在视网膜上的倒影是直接从人们生活的生理过程中产生的一样。”参见中共中央马克思恩格斯列宁斯大林著作编译局编译:《马克思恩格斯选集》(第 1 卷),人民出版社 1995 年版,第 72 页。

明并不是一个严格意义上的证明,而只是一种通常所谓的“强盗逻辑”。[①] 再者,对于身处不平等地位之中的人们来说,证明即便是可能的,也不是必要的,因为证明无论如何都无法改变什么。

正义原则必须得到公共的证明。公共证明满足一种塔斯基(Tarski)式的要求:一方面,形式上正确(formal correctness);另一方面,实质上恰当(material adequacy)。[②] 公共理性辩护了或证明了政治正义观。反过来,作为政治正义观(包括宪法要旨和基本正义问题)题中之义的民主政体的言论自由和良心自由,则又使理性变得自由。公共证明是《作为公平的正义——正义新论》中的一个理念。它涉及另外三个“次级”理念,即反思平衡理念、重叠共识理念和自由的公共理性理念。政治哲学的任务是努力设计出一套正义观念,而这套正义观念能够在大部分有争议的问题上缩小分歧,或者将分歧限制在一个合理的、可控的范围之内。缩小分歧的一个理性策略便是证明,而所谓的证明是针对那些与我们观点不尽一致的人而提出的。这里的证明不是一个真理性概念,而是一个合理性概念:它不是要证明自己的观点是正确的,而是要证明它是合理的;它针对的不是错误的观念,而是不一致的观念——没有不一致或分歧就无须证明。“向其他人证明我们的政治判断,就是通过公共理性来说服他们,也就是说,通过同基本政治问题相适宜的推理和推理方式,通过诉诸那些其他人也认作是合乎理性的信仰、根据和政治价值,来说服他们。”[③]

如何看待公共证明中对整全性学说的征引,事关公共理性何以可能实现的一个重要方面。初看上去,罗尔斯对此问题的态度是暧昧的:一方面,他支持公共理性对整全性学说的排斥,“在政治当中表达总体真理的,与隶属于民主公民资格的公共理性理念是不相容的”[④];另一方面,他又主张“仍然允许我们随时

---

① 这里强调的自由类似于贡斯当(Constant)称谓“现代人的自由”的东西,它包括但不限于思想自由和良心自由。

② See Alfred Tarski, *The Semantic Conception of Truth: and the Foundations of Semantics*, Philosophy and Phenomenological Research, Vol. 4:3, p. 341 – 376(1944).

③ John Rawls & E. Kelly ed., *Justice as Fairness: A Restatement*, Harvard University Press, 2001, p. 27.

④ [美]约翰·罗尔斯:《公共理性理念新探》,谭安奎译,载谭安奎编:《公共理性》,浙江大学出版社2011年版,第121页。

将自己的整全性的宗教或非宗教学说引入政治讨论中,只要我们在恰当时候给出严格的公共理由去支持我们的整全性学说所支持的原则与政策”。然而,我们认为这种暧昧只是表面上的。在原初状态设置下,各方对于正义原则的理性选择,这个公共证明的过程并不存在整全性学说的问题,因为按照罗尔斯的设定,厚实的“无知之幕”背后的各方难以形成自己的整全性学说。我们说公共证明的理性根据必须是公共理性,是说它必须能够在公共理性那里找到最终根据。由于合乎情理的整全性学说本身也受到公共理性的限制,所以在种种的学说之中可能包含公共辩护可接受的证据资源;由于这些学说的正当性也是通过公共理性来保障的,公共辩护实际上也需要来自它们的有益补充。在公共辩护中引入整全性学说,是被公共理性所保障的言论自由权利的一个重要方面。此外,整全性学说是公民在文化上安身立命的价值观念体系,对于这些学说的包容和尊重在很大程度上有利于公民对于政治正义原则的理解和接受,有利于缓和彼此在社会—文化身份上的差异对民主审议的冲击,还有利于在公民同侪中培养必要的道德理想和公民友谊。

然而,公共证明对于整全性学说之引入的邀请、接受和包容是有限度的。首先,通过引入整全性学说而作的公共证明,必须在客观上与公共理性的探究指南并不抵触。换言之,公共证明并不要求其在动机上总是出于公共理性,而是要求其在结果上合于公共理性。其次,对一种整全性学说的征引,并不以排斥对其他整全性学说的征引为前提,因为对整全性学说的征引限制,是公共理性而非任何一种整全性学说的职能,一个人在享有在公共证明中征引自己整全性学说的权利的同时,也应当尊重他人的同等权利。最后,对于无论是谁作出的基于或合于公共理性的公共证明,不能从一个整全性学说中寻求反对依据,除非这种反驳本身合于公共理性——当然,由于公共理性探究指南内部的协调一致性,且任何一种合乎情理的整全性学说与公共理性之间的张力通常被限制在可控范围内,这种反对的声音也许要比我们想象的少得多。

罗尔斯也通过诉诸被他称为公共政治文化的“广义观点”(wide view)的方法来限制这种责任,在公共理性的证明中人们可以援引合乎情理的整全性学说。一种包容性观点(inclusive view)认为,可以从整全性学说中引出公共理性(这一点有助于加强稳定性的力量以及对公共理性的深刻理解),但只能从公共理性中寻求对立法和政策的支持。相较而言,关于公共理性的“狭义的观点”是说,不可以援引这些学说。考虑到适合的公共理由也是由适当进路提供的,这种观点允许官员和公民将他们的宗教或其他的整全性观点引入任何政治讨论当中。注意到下面一点同样重要:在罗尔斯看来,公民性责任是一个道德上的但不是一个法律上的责任——它不能被强加——它不能运用于公民或外在于公共政治论坛的讨论之中,例如,作为私人协会、家庭或其他被罗尔斯称为背景文化的部分之成员的讨论之中。

这种“广义观点”也被称为“弱共识”(weak consensus)。公共理性属于政治哲学议题,它关乎原则问题,旨在回答:在政治领域,何种原则具备可接受性,换言之,何种政治行动或政策是原则上可接受的?对此问题的回答有赖于一种令人满意的先验论证。

公共理性具有自我辩护的性质。在公共政治论辩领域,对一种公共理性的理想的辩护必须遵循公共理性。此外,公共理性是自我超越的。尽管它只能从常识和我们的公共政治文化中提取,但它使一个人从自己最深层的信念中为政治的公共理性理想找到根源。公共理性排除道德、宗教、文化等非政治的运用,但它并不排除在道德或形而上学方面为之追根寻源的活动。当这些道德或最深层的关于价值的最终源泉的非公共理性充当了一个公共理性的基础时,或者它对于可以由一个公共理性来提供独立和充分的政策辩护来说乃是一个附加的充分辩护时,非公共理性的存在是公共理性所能允许或应当包容的。

罗尔斯式公共理性的政治背景乃是现代民主社会;公共理性的主体乃是普通公民资格和政府官员身份;公共理性的适用范围乃是公共政治领域;探究公共理性的方法乃是政治建构主义;公共理性的作用包括两个方面:积极作用是为主体的政治行动作出政治辩护,消极作用是对主体的政治行动作出要求和限制。

里奇在一个不起眼的脚注里提到了一种反思平衡方法论对于公共理性的重要性,但丝毫未做展开。[①] 我们试图用反思平衡方法来弥补这个先验论证的缺陷。公共理性追求一种大致框架上的稳定性,在细节上它仍然是开放的、动态的,我们将这种稳定性理解为一种“动态稳定性”。反思平衡的方法即“动态的平衡”。公共理性为正义原则辩护,正义原则又反过来为理性的公共性辩护。

---

① 参见[美]迈克尔·里奇:《霍布斯式的公共理性》,陈肖生译,载谭安奎编:《公共理性》,浙江大学出版社2011年版,第91页。

公平正义观念需要简单、明确和易懂的规则。

反思平衡方法不仅是《正义论》中特别推崇的一种道德论证方法，在《政治自由主义》的政治正义论中，也仍然是一个重要的“理念”。在对公共理性的诸多解释中，反思平衡的解释占有重要的地位。它一方面反对否认存在一般道德原则(更遑论强调一般原则的优先性)的直觉主义者，另一方面又反对将所有的政治安排最终归结于一条或少数几条“自明原则”的基础主义者；它一方面反对声称不可能存在关于政治安排的道德的怀疑论者，另一方面又反对主张用追求真理的方式解答政治问题的自然主义者。

罗尔斯似乎主张合情理性对于合理性的优先性，公共理性对于非公共理性的优先性。公共理性乃是多元合情理性的一个基础。这样它就成为一种基础主义理论。公共理性乃是强制性公权力的基础，也是公共辩护得以可能的条件。任何一种主张只有符合公共理性的基本要求才有资格进入公共论坛。这样，罗尔斯的公共理性与他的政治自由主义以及正义论就成为一个融贯一致的理论系统。不过，这意味着公共理性的中立性受到了损害，它很可能只是诸多整全性学说之一。融贯性也是公共理性的一个必要条件，甚至也是所有理性形态的一个必要准则。

如果公共理性是融贯性的，那它与什么相融贯？如果与罗尔斯式正义原则相融贯，那他的政治自由主义就难以避免一种批评，即它只不过是诸多整全性学说之一。公共理性中的实质性因素更加重了这种担心。而要满足反思平衡方法的要求，其中的实质性因素将会更少，并且程序性要素也要作出动态修正。

有一种解释可能更为糟糕，因为它是循环论证式的。公共理性基于现代民主社会的事实，一方面，公共理性为民主制度提供辩护，另一方面，民主又反过来为公共理性提供辩护，若没有民主制度，公共理性就没有现实根基。民主预设了公共理性，公共理性又预设了民主，其中存在循环论证。

另一种解释是反思平衡式的。首先，它反对基础主义，因为它并不承认存在一个无须依据多元整全性之论辩而有所修正的基础；其次，它反对融贯论，因为公共理性的确不是任何一种整全性理论的一部分；最后，它并不循环论证，因为它并不假设公共理性的理想要经由民主制度来确立。

政治建构主义本身也具有一种“中庸”色彩，是一种政治上的元理论(元正义论)。它一方面反对过分强调个人价值，忽视公共价值的政治冷淡主义，另一方面又反对过分强调公共价值,忽视个人价值的政治狂热主义。

正义原则的证明包括两个部分:其一,它在理论上的可能性证明:正当性证明;其二,它在实践中的可行性证明:稳定性证明。《正义论》侧重于前一个证明,而《政治自由主义》(以及某种程度上的《作为公平的正义——正义新论》)侧重于后一个证明。罗尔斯后期在反思《正义论》的论证合理性时,倾向于将这两个证明结合起来。实际上,一种政治正义观念仅仅满足于一种可能性证明是远远不够的,因为即便它在理论上是可能的,也并不意味着它在实践中是可行的。《正义论》给出的"可行性"证明,即其中的稳定性证明——那里的"稳定性"论证在篇幅上只占全书的极少部分(主要集中在第三部分即"目的"部分的第76节),这部分也是罗尔斯后来极不满意的一部分。①

尽管在添加一些限制性条件——比如自由而平等的公民以及组织良好的政治社会——的前提下,政治正义论的正当性证明与稳定性证明之间存在一种"先天可能"与"后天必然"之间的区分,但罗尔斯为可能性证明准备的"原初状态"假定和为可行性证明准备的"重叠共识"假定都是一种建构的程序。这种建构对于原初状态来说不是一种自然事实或历史事实,而对于重叠共识而言,也不是一种经验上的归纳,而是一种理念。

《作为公平的正义——正义新论》试图在《正义论》与《政治自由主义》之间搭建起一座桥梁。如果说《正义论》将作为公平的正义表述为一种整全性自由主义观点的组成部分,那么《作为公平的正义——正义新论》书名中的"新"主要体现在,这种正义论可以被理解为一种政治自由主义。它阐明了如下内容:一方面,从消极角度看,即便不将作为公平的正义视为任何一种整全性学说的组成部分,它仍然能够得到证明;另一方面,从积极角度看,在承认并且保证一种合乎情理的多元论事实存在的前提下,可以通过诉诸公共理性和重叠共识的理念,在"无知之幕"被揭开后的现实社会中寻求政治正义论的理性证明。②

---

① 罗尔斯本人对此的说法是"《正义论》中关于稳定性的解释与全书的观点并不一致",并且指出,《政治自由主义》与《正义论》之间的相互差异都是这种不一致性的结果。See John Rawls, *Political Liberalism*, Columbia University Press, 1996, XV–XVI.

② 《正义论》中使用了与"公共理性"关系密切的"公共讲坛"(public forum)概念,也提及了"重叠共识"概念,但它们并未受到像它们在《政治自由主义》和《作为公平的正义——正义新论》中那样的重视。实际上,为了论证一种政治正义论并非任何一种整全性学说的组成部分,还需要诉诸更多的理念,而这些理论在《正义论》中未受重视或至少未受到足够重视。

在罗尔斯看来,“无知之幕”下的理性决策只能是一种公共理性决策。此外,他还坚称这是一种彻底的个体理性决策:“无知之幕”后的每个人都足够自私,他们信奉的是自利论,而不是功利主义或利他主义。然而,在批评者眼中,这是一项相当奇怪的公共理性方案,因为“无知之幕”后的人们已经丧失了自我的独特性,一个人无法真正站在自己的当下立场看待问题。这个人即便从另一个人的角度看待问题,得出的结果也是一样的。这样一来,所谓的“个体理性”就失去了立足之地。

据此,我们认为“无知之幕”下所订立的正义原则,完全是出于政治哲学家(如罗尔斯本人)的公共理性。他似乎对现实世界中的人们的公共理性倾向持有一种悲观看法。然而,实际情况可能是,没有“无知之幕”之预设的公共理性制度方案,未必比在“无知之幕”后面订立的制度方案更缺乏合理性。我们从权利的自由主义者、社群主义者、德性论者、现实主义者等阵营的学者对罗尔斯的批评中,就可以看出稍许端倪。当然,这一点并不能表明罗尔斯式的公共理性方案是错的,而只能表明存在各种各样的公共理性制度方案,不管有无“无知之幕”的原初状态预设。

罗尔斯的辩护是有限定范围的,那就是仅涉及某种特定社会中的诸公民。这种辩护不是针对持有不同的道德观的不同人之间的正义观点的辩护说明,甚至也不涉及那些非民主体制国家的人。所以,这种辩护针对的是一个在其中多元主义属于既成事实、民主制度成为基本共享理念的社会;其辩护需要一种公共的民主文化,在这种文化中,社会中的诸公民共享一种公共理性。这种公共理性是一种偶然的重叠共识,所以其辩护过程很大程度上依赖于碰巧达成的约定(happen to lead to agreement),从而也就使深层的必然辩护不再可能。而且,经由这样的辩护获得的正义观念难以跨越文化体制乃至国境,因而只能是某种体制下的诸公民共同认可的观念,而不是一种在范围上普遍有效的辩护,从而其正义观也就不同于康德意义上的世界主义。

三、重叠共识:理性政治与政治理性

从每一种整全性学说观点内部寻找支持公平的正义理念和原则,这就是重叠共识。从积极意义上,运用公共理性就是在辩论根本政治问题时,诉诸基本的政治和社会制度亦即社会基本结构等政治观念中的一种,也就是诉诸它们的理想与原则、标准与价值。公共理性包含整全性学说,但前提是整全性学说所支持的原则和政策能够从公共理由推理得出。从消极方面讲,公共理性包含公共理由,同时也有条件地包容非公共理由。"整全性学说"这一概念并非专为宗教量身定做。罗尔斯反对这种观点,他认为任何一种反思性的、批判性的、可为公众所理解的、合情理性的观点都是世俗观点。公共理性非世俗理性所能涵盖,后者与宗教一样属于整全性学说范畴。

从所有并不相容且又都有理的整全性学说中以某种方式(如以霍布斯或康德的方式)遴选一种作为现代民主社会之稳定性的最有理的基础,此举低估了其他学说与这个被赋予指导性地位的学说之间深刻而永久的不相容性。罗尔斯论证道,以此方式而企图达致稳定性一方面没有可能,另一方面也没有必要——唯一存在的可能性不是稳定性,而是权宜性(expediency),而唯一存在的必要性则是通过另一种途径所达致的稳定性,而非权宜性。他还暗示道,某个特定的整全性学说取得凌驾于原本各不相容且各都有理的所有学说之上在两种情况下可能成为现实——当然这不是一个稳定性的现实:一是这个整全性学说的代表使用了强制,比如硬暴力;二是这个统治性学说的代表使用了软暴力,比如谎言等各式的欺骗。[①] 在这种情况下,那些被统治的人们并不具备政治身份,即他们不是现代民主社会中的自由而平等的公民。

另一个既无可能也无必要的做法是,既然在所有整全性学说中都无法找到哪怕是一个足以胜任现代民主社会之长治久安所必需的理性基础,那么就干脆统统抛弃它们"另起炉灶"。就不可能性而言,一方面是因为这里的"所有整全性学说"其外延是原则上的而非现实中的,另一方面是因为在现代民主社会中除了那些持有某种整全性学说的公民之外并没有其他的公民,这些学说至少部分地融入他们自身的人格同一性(personal identity)之中,企图全然罔顾它们而坚持原有的人格同一性是不可能的。就其不必要性而言,简单地说,正因为在所有这些整全性学说中以某种方式达成某种一般一致性(general agreement)——它区别于普遍一致性(universal agreement)——是完全可能的。真正的问题与其说是这种一致性为何成为可能,毋宁说是这里可能达成的是何

---

① See John Rawls, *Political Literalism*, Columbia University Press, 1996, p. 69 – 70. 关于欺骗,罗尔斯使用的两个词是意识形态(ideology)和虚假意识(false idea)。

种一致性。罗尔斯论证道,首先,从消极角度看,这不能是一种临时协定,因为它只能达致权宜性而非稳定性;其次,从积极角度看,它必须是一种重叠共识。这种重叠共识意味着,所有认可某一政治正义理念的人都从他们自己互不相融但各有其理的整全性学说中引出一个共同的结论。这个结论本身并不是整全性的,而是公共性的。这种重叠共识并不是与生俱来、一蹴而就的,它是通过全体自由而平等的公民之间的论辩或商谈达成的。重叠共识是推理而非商谈的结果。

罗尔斯对这种论辩作出了以下必要的限制:首先,它只限于公共政治论辩。就其公共性而言,这意味着它不包括私人(私下)关于政治的言谈;就其政治性而言,这意味着它不包括人们不管是公共(公开)还是私人(私下)关于非政治议题的论辩。其次,在公共政治论坛上,它进一步被限制为关于基本政治问题的论辩,包括两类:宪法要旨和基本正义问题。最后,在这种论辩中可以而且只能诉诸包含公共理性的原则。这个"包含"意味着两个方面:一方面,可以仅仅诉诸公共理性;另一方面,除非源于各自合理且有理的整全性学说中的非公共理性能够导致公共理性或者这种非公共理性只是公共理性的一个自然伴随物或推理副产品,才可以使用非公共理性。这意味着在公共政治论辩中引证公民各自所信奉的整全性学说是有严苛限制的,至少在其他论辩中没有且不能有此限制。

合理性与合情理性之间的差别在于:前者是经验性、动机性的,后者是规范性的;前者是非道德敏感性的,后者是道德敏感性的;前者是非公共性的,后者是公共性的。公共性有社会和个人两个维度。合情理性与公共理性之间是一种相互依赖的关系。没有一个确定的公共世界(public world),合情理性的理念就会成为"空中楼阁",合情理性的行为就可能成为非理性的行为。可以存在争论,但必须和平地争论;可以有分歧,但必须和平地相处。借助公共性和互理性概念,可以将关于合理性的分歧转化为关于合情理性的分歧。合情理性分歧的种种根源,被称为判断的负担,它为合情理的整全性学说提供辩护。从合情理性中可以找到重叠共识的根源。

假如没有言论自由、平等和包容,那么任何论辩都是多余的,流派纷呈的诸多整全性学说之间,谁对谁错并不重要,甚至这些整全性学说的具体内容是什么也并不重要,重要的是自然状态下的战争,这种状态不仅耽误公共理性,甚至阻碍了一般理性(general reason)。若就整全性学说展开论辩,必先就公共理性达成一致。公共理性是论辩或冲突有意义的一个前提。若公共理性中存在分歧因而有论辩,必先找到一个公共平台,亦即更基本的、更恰当地得到修正的公共理性。有冲突或分歧,应当通过论辩的方式解决,论辩不单纯是为了消除冲突,也是为寻求共识。重叠共识作为公共理性的一部分,可以拓展公共理性本身。这种公共平台有下述层次性:其一,理论理性,其要求是无逻辑问题;其二,实践理性,其要求是无公共自欺或意志软弱问题;其三,合情理性,如平等、自由的公民资格。在政治上,公民资格优先。整全性学说之冲突即便无法调和,通过论辩也有助于反思公共理性和合理性。整全性学说也必须理性、合理,它与公共理性并非敌我关系,而是相辅相成的关系。在政治上并非任何一种学说都是整全性的,因为它违背了基本的政治价值:自由和平等、宽容。并非要宽容一切,而是要有最低限度的宽容,即对一个存在者、一个理性存在者、一个政治性存在者的宽容。有宽容才有理解,即交流的诚意和被理解的愿望。一个社会未能因分歧而崩溃,这一点正说明最低限度的共识是存在的。政治是一个平台,在此平台上有宗教、道德和哲学真理之争,没有这个平台,争论是无意义的,也是不可深入和持久的,这个平台本身不能依赖于宗教、道德或哲学争论的结果,而不管其结果如何,甚至没有结果,都必须设定一个公共平台。对公共平台自身的反思应当在更稳固的平台上进行,而不是直接求助于整全性学说。

罗尔斯曾经开宗明义地说,引入重叠共识的理念是为了使秩序良好社会的理念更加现实,并且使它适合于民主社会的历史社会条件,这些条件包括诸多事实,其中最典型的是合乎情理的多元论事实。① 重叠共识可以帮助那些处于不同的整全性学说中的人出于不同的理由或者按照不同的方式确信相同的政治正义观念。所谓重叠共识,是指这种政治正义观念是为各种理性的但却对立的宗教、哲学和道德学说所支持的,这些学说自身都拥有众多的拥护者,并且代代相传、绵延不息。

重叠共识的可能性并不因这些整全性学说之间可能存在的分歧乃至冲突

---

① See John Rawls & E. Kelly ed., *Justice as Fairness: A Restatement*, Harvard University Press, 2001, p. 32.

而受影响。他们首先是政治人或一个国家的公民,其次才是某个社团的成员。在一个秩序良好的社会里,公民资格是一个人的首要身份。重叠共识也被称为合理的重叠共识(reasonable overlapping consensus),其可能性取决于公共理性的理念。

作为公平的正义具有政治正义概念的以下三个特征,这些特征有助于它获得一种合理的重叠共识的支持:首先,它仅仅限于社会的基本结构,它的范围要比几乎任何一门整全性的哲学(形而上学)、宗教或道德学说狭窄得多;其次,对它的接受并不以任何特定的整全性学说为前提,它既不与某种整全性学说关系过于密切,也不刻意排斥任何一种合理的整全性学说;最后,它的基本理念在公共政治文化中是众所周知的并且是从中提取出来的,这里的关键词是"公共政治文化"。也只有以一种公共的政治文化为背景,一个合理的整全性学说(尤其在"无知之幕"背后)才能具备存在和延续的资格。任何一种合理的整全性学说要争取和维持其自身存在的基本权利——它与正义的第一原则是相符合的,比如公民的基本言论和思想自由原则——那么就必须履行这样的"义务",即它必须认可或赞成一种作为其自身存在之合理性背景的公共政治文化。

由此可见,正如"无知之幕"的论证,重叠共识的论证是一种先验论证,而不是经验论证。我们无须过多考虑历史和现实中的那些综合性学说,就能建构一种重叠共识的理念。笔者认为,这也是罗尔斯为何不断强调重叠共识只是一个政治理念而不是一个政治事实的原因。即便事实上许多公民并不拥有任何表述清楚的整全性学说,或者事实上完全的整全性学说并不多见,也不影响重叠共识理念的重要性。然而,无论是重叠共识还是整全性学说,严格来说二者都有两个限制:一是理性的,二是合理的。它们其实是公共理性的限制在不同层面上的体现。

重叠共识不是确认政治正义的必要条件。重叠共识并非为了求得一致或共识而部分地放弃自己的原有观点而彼此妥协,而是就议题自身挖掘出某些寻求共识的可能性,相对于妥协,后者的理性意味高于政治意味。为了政治而妥协,但为了真理而寻求潜在的契合点。这是公共理性的内在要求,它要求的容纳或宽容不是死板的,在充分考虑和尊重对手立场的前提下人们仍可以践行己方立场。

通过回应几种批评意见,罗尔斯从以下四个方面来定位重叠共识:其一,重叠共识不是一种临时协定;其二,重叠共识并非对真理持淡漠或怀疑主义态度;其三,作为重叠共识的一种有效的政治观念不必是完备的;其四,重叠共识不是通常所谓的"乌托邦"式的,因为它可以通过宪法共识和公共理性来实现。达成任何一项实质性共识的前提是,围绕达成这些共识之可能性而达成某些必要的程序性共识。宪法共识就包含了这样一层程序性共识。

罗尔斯是真理问题上的不可知论者,以及理性问题上的多元论者。政治自由主义依赖于这种弱化后的理性概念。真理优先还是合情理性优先,这并非无关紧要,它树立了罗尔斯式政治自由的理论品格。在他看来,民主社会强调合情理性的优先性,尊重所有合情理性的整全性学说所主张的真理。但非民主社会可能会出现另一种情况,即以自己的整全性学说作为唯一的真理标准,进而压制了其他与之竞争的整全性学说的真理性和合情理性。

人们先是形成一种重叠共识,而后稳定或巩固这种重叠共识。有三个特征使重叠共识区别于权宜之计或由强制力所维持的暂时稳定:其一,共识的中心本身是一个道德观念;其二,它在道德的基础上被确认;其三,它具有稳定性的特征,这是重叠共识的最本质性的特征。这使作为公平的正义的、作为权宜之计的最初默契能够经过世代的交替而发展成为一种稳定的和持续的重叠共识。

第四节 对公共理性的批评和反思

总体而言,罗尔斯式公共理性有下述特征:首先,它依赖于对政治与非政治(道德、信仰等)的先验区分;其次,它对有意义的公共证明以及最低限度内的重叠共识有信心;再次,它具有实质理性特征,而非单纯的程序理性;最后,它可与某种形态的审慎民主理论结成同盟。这一理论引起了学术界的普遍重视,也招致了不少批评。它被重视的一个维度是,有人将之视为罗尔斯政治哲学的一个核心乃至最高成就。[①] 而对之展开批评的一个向度是,这一理论由于被寄予过

---

① 比如,拉登(Laden)认为罗尔斯所要处理的问题是为现代多元民主社会的正义问题提供一个公共证明,并因此将公共理性视为罗尔斯理论的核心概念和最高成就。See Anthony Laden, *The House That Jack Built: Thirty Years of Reading John Rawls*, in Ethics 113, 2003, p. 389.

高的期望,其局限性在一定程度上被忽视。当然,在很多批评者那里,该理论的问题实际上是罗尔斯正义论尤其是政治自由主义的问题。此外,在一些批评者看来,实际上还有公共理性本身的问题,比如公共理性所暗示的理性主义与个人主义之间可能存在的张力问题。对罗尔斯式公共理性的批评反思,可以围绕四个层面来进行:一是中立性(neutrality)的限度,二是对公共证明的质疑,三是公共理性必须面对的怀疑论指责,四是公共理性作为一种建构主义所面临的问题。

一、中立性问题

就与公共理性概念密切相关的整全性学说概念而言,它至少面临以下问题:从整全性角度所作的区分是整全性与非整全性的区分,从公共理性角度所作的区分是公共理性与非公共理性的区分。这两类区分并非完全等同,但密切相关。将这两类区分整合到一起,我们就得出了整全性学说与公共理性之间的概念区分,这一区分符合罗尔斯的本意。整全性学说的区分是不成功的,因为它强行割裂了公共理性与形而上学、道德观念和宗教信仰等整全性学说的密切关系。换言之,它试图剥除实质性内容而追求程序上的中立性和有效性,但这是徒劳的。另一个思路刚好相反,它认为罗尔斯对公共理性和整全性学说所作的区分不足以保证其公共理性的中立性。因为他的公共理性学说仍然自觉地包含一些实质内容,他试图让一种程序性的公共理性为作为实质内容的政治正义论提供程序或形式上的公共辩护,实际上一方面损伤了公共理性在程序上的中立性和有效性,另一方面也无法根除人们的一个怀疑,即他的政治正义论仍然像他的作为公平的正义论一样,属于一种整全性学说,而他原本要极力回避使其成为整全性学说,这种学说只不过比作为公平的正义论更加精致罢了。

也许在迈克尔·J. 桑德尔(Michael J. Sandel)这样的著名批评者看来,对于像整全性学说这样的"非政治"思想阵地,公共理性不去占据,那么非公共理性自然会去占据,因此,公共理性的政治中立性观点是很难实现的。在他看来,公共理性对公共论辩施加了太多太强的约束,压制了公共政治慎议的活力。政治若一味地在道德与宗教问题上保持中立,可能导致道德空虚,从而为狭隘的、不宽容的道德说教敞开大门。而且,它也未能培育公民共享自治所需要的那些品质。①

应当说,自由主义采取中立原则的初衷是好的,即为了抵制政府权威的扩张,使其保持中立,从而保障个人的自由和权利。德沃金在《自由主义》一文中说,平等的关心和尊重要求国家在各种善观念之间保持中立,因此,国家不能以任何将会促进一种善观念的方式来限制个体自由。② 罗尔斯在《正义论》中通过原初状态的设置,试图对不同的价值观保持中立,但遭到了包括托马斯·内格尔在内的人的批评,认为这"包含了一种强烈的个人主义的偏见",但是,并非所有的价值观都和个人主义相容。③ 在桑德尔、查尔斯·泰勒(Charles Taylor)这些社群主义者看来,个体是社会的产物,社群的价值和文化内涵对于个人的价值和理想而言极为重要,个人也只有通过自己所属的社群才可能发现自我。

政治自由主义主张在诸多的整全性价值之间保持中立,但在布鲁斯·阿克曼(Bruce Ackerman)看来,无论中立性可能会是什么,它都不是一种超越价值的方式,它是一种价值,只有将之置于与其他价值的关系中,其才可以得到辩护。④ 如果对约瑟夫·拉兹(Joseph Raz)这些人来说,政治自由主义的严格中立性是不可能的,那么对于另一些人来说,这种中立性也是不必要的,因为即便自由主义无法在诸多整全性价值之间保持中立也无伤大雅,毕竟这个事实不能作为对自由主义的控诉,正如查尔斯·拉摩尔所说,自由主义也许有必要成为一种更有党派性的理想。⑤ 但对于公共理性而言,情况比较特殊。正如罗尔斯所说,非公共理性有许多种,但公共理性只有一种,公共理性在诸多的非公共理性面前保持中立,并不试图"偏袒"任何一种非公共理性以及持有这些理性的个人,这是一件很自然的事情。公共理性宽容和鼓励诸多整全性学说之间的论

---

① 参见[美]迈克尔·J.桑德尔:《自由主义与正义的局限》,万俊人等译,译林出版社 2011 年版,第 246 页。

② 参见[美]罗纳德·德沃金:《原则问题》,张国清译,江苏人民出版社 2008 年版,第 225 ~ 255 页。

③ See Thomas Nagel, *John Rawls on Justice*, in Norman Daniels ed., Reading John Rawls, Basil Blackwell, 1975, p. 9.

④ 参见[美]布鲁斯·阿克曼:《中立性种种》,陈丽微、朱海英译,载应奇、刘训练主编:《自由主义中立性及其批评者》,江苏人民出版社 2007 年版,第 69 页。

⑤ 参见[美]查尔斯·拉莫尔:《政治自由主义》,应奇译,载应奇、刘训练主编:《自由主义中立性及其批评者》,江苏人民出版社 2007 年版,第 122 页。

辩，因为公共理性毕竟是真理的发现和价值的提炼的必要条件，这最终有助于公共理性的进一步修正和稳固，但公共理性在这些议题上既不能坐得太“实”，也不能坐得太“虚”：太“实”了就会影响公共理性的中立性，而太“虚”了就起不到限制和规范的作用。

这种中立性具有规范性作用是显著的。比如，面对种族歧视和对异教徒的不宽容，公共理性不能保持“中立”，因为他们违反了合情理性所要求的自由、平等和宽容原则。公共理性不允许他们的“整全性学说”进入公共论辩领域，不将之视为道德冲突的适当范畴。公共理性在合乎情理的诸多整全性学说之间保持中立，但面对那些不合情理的整全性学说，则会扮演起法官的角色。它甚至也不介意被称为秉持某种“立场”，因为可以这样为之辩护：至少在诸多合乎情理的整全性学说之间，它仍然保持中立，尽管在合乎情理的整全性学说与不合情理的整全性学说之间它并不保持中立，但这种“非中立性”乃是一个更高阶层面的问题。譬如，某些非公共理性可能产生对于自由平等原则或其诠释版本的质疑，这时我们有必要进行公共理性的高阶论辩。我们认为，这是根本理念的冲突，达到了公共理性的最基本层次。

还存在其他的反驳进路。其一，对公共理性的探讨不可能脱离形而上学，公共理性试图摆脱认识论要素，回避真理问题，但这是不可能的。其二，公共理性与整全性学说的二元区分也许并非那么界限分明。例如，是否存在一种尚塔尔·墨菲（Chantal Mouffe）所说的可能性：“罗尔斯作为政治哲学呈现出来的其实仅仅是一种特殊类型的道德哲学，一种用以调节社会基本结构的公共道德。”[①]果真如此，公共理性岂非又重新落入了整全性学说的窠臼？

对此，罗尔斯指出，这些探究指南指导了公民杜绝诉诸某种“整全性的宗教或哲学学说——我们作为个体或协会的成员会将这些学说视为整个的真理（whole truth）——也不会诉诸关于一般均衡得到详细的说明的经济学理论，也就是说，如果这些理论仍处于争议之中的话”[②]，他指出公共理性必须依赖于“那些对于一般公民来说在眼下得到广泛接受的或信手可得的朴素真理（plain truth）”，其中包括并不处于争议状态的科学知识。

---

① ［英］尚塔尔·墨菲：《政治的回归》，王恒、臧佩洪译，江苏人民出版社2005年版，第65页。

② John Rawls, *Political Liberalism*, Columbia University Press, 1996, p. 224 - 225.

这种建议至少有这样一个方面令人疑惑。对于真理，存在相互竞争的哲学理论，公共理性意味着要杜绝诉诸特定的哲学学说。罗尔斯于是提出一个著名的建议，在这个建议中他对于政治自由主义的说明（公共理性的理念作为这种说明的核心部分），“无需真理的概念而做到了这一点”①。但是，如果没有真理概念，我们如何理解罗尔斯关于探究的指南的言论，尤其是他关于公民应当依赖“眼下被广泛接受的朴素真理”？

在一些批评者看来，罗尔斯的这种让公共政治论坛摆脱认识论要素，从而在真理面前保持中立的企图，无论如何是不能实现的。他们还会质疑道，公共理性与整全性学说之间是“一”对“多”的关系，还是“多”对“多”的关系？作为程序理性的公共理性具有更强的中立性，这种理性类型能够在政治审议（political deliberation）中得到适当发展。审议民主的程序有利于在诸多不同的整全性学说之间寻求重叠共识，公共理性的中立性在这里功不可没。当然，激进的批评者可能进一步认为，审议民主的程序本身也带有明显的价值取向，因而不具有严格的中立性。但无论如何，公共理性的这种中立性已经在尽可能大的范围内起作用了。对于已经达成共识的那些民主审议的程序而言，中立性是一个前提。而对于未能达成共识的那些程序而言，中立性可以是公共理性追求的目标。

二、对公共证明的质疑

我们可以从多个角度理解公共证明，然而，其背后的公共理性建构也遭遇了很多麻烦。

一个为人熟知的质疑来自哈贝马斯等人。这种批评包括紧密联系的两个层面：这种公共证明设置不仅剥夺了公民的政治自主性，甚至损害了民主制度本身。他们认为，罗尔斯的观念不是现代民主社会中的公民们所共享的观念，因此在他的原初状态设置中，尽管契约的形式表面上看来是代表不同利益诉求的设置，其实仍然等于一个人在做选择。就像我们从康德的道德建构主义中所看到的那样，差异性的、复数性的人的观念已然让位于普遍理性的、单一的人的观念，毕竟罗尔斯的政治建构主义脱胎于康德的道德建构主义，是个众所周知

① John Rawls, *Political Liberalism*, Columbia University Press, 1996, p. 94.

的事实。据此,有的学者得出结论说,罗尔斯的人的观念虽然强调人的差异性(为此必须寻求共识),但却未能彻底地尊重这种差异性。①

还有人质疑公共证明的要求过高,以至于公共理性对于公共证明并不是充分的。换句话说,它具有不完整性,只允许合乎公共理性的整全性学说进入公共论坛。这不合理也不切实际。一个更强的观点是,公共理性对于公共证明并不是充分的。一个较弱的观点是,公共理性对于公共证明也不是必要的。对于这一点,我国台湾地区学者林火旺也说得很清楚:"公共理性的要求不但不足,而且过于严格。"②

以哈贝马斯为代表的审议民主理论家,也许更愿意接受罗尔斯式公共理性对于在多元论的现代民主社会中从事政治哲学研究的方法论意义,而不是其政治自由主义的实质真理。在他们看来,这种实质性的公共理性既不是必要的,也未必融贯一致。但这显然违背了罗尔斯的初衷,实际上公共理性的"去实质化"会遇到意想不到的困难,因此,这里的关键仍然在于如何平衡好形式与实质的关系,兼顾形式与实质的平衡策略之一,就是强调"公共理性"与"诸公共理性"(public reasons)之间的区分,这意味着公共理性的多元论,或者说它是以一种复数的形态出现的,为此,我们不能满足于一种形式理论。

前面提到,罗尔斯的一个困难就是他的公共理性无法像他宣称的那样完全脱离形而上学、认识论、道德学说甚至宗教背景的影响,这些都属于他说的整全性学说范畴。实践理性从来都以理论理性为基础。将政治哲学标举为"第一哲学"也许有其特别含义,但换个角度看,认识论、形而上学或本体论、道德哲学甚至宗教哲学都不见得比政治哲学更不基本。这也带来了另外一个麻烦。罗尔斯将政治哲学列出来作为一个理性平台,这是很有原创性的想法。但是,这可能导致某些后果。如果现代民主社会都有自己的公共理性模式,那么其他的社会,比如说柏拉图意义上的共和政体或者现代开明专制政体为什么不能有自己的公共理性模式呢?比如它可能规定在专制背景下可以讨论一切问题,但是这个专制背景本身是不容许被质疑的。它亦可有讨论问题、处理分歧的政治平台。据此,公共理性的唯一性就不存在了,它的合理性如果不是基于道德哲学,

① 参见林火旺:《正义与公民》,吉林出版集团有限责任公司2008年版,第48页。

② 林火旺:《公共理性的功能及其限制》,载应奇、张培伦编:《厚薄之间的政治概念——〈政治与社会哲学评论〉文选》(卷1)(第2版),吉林出版集团有限责任公司2015年版,第169页。

那只能基于循环论证了。政治理性是否也像道德理由那样具有多样化特征呢？康德的道德哲学并不是唯一合乎情理的道德哲学，尽管它产生于对实践理性的严肃批判或审查；罗尔斯的公共理性也不会是其唯一合乎情理的版本。就连为之奠基的实践理性本身就是一个建构性很强的概念，至少从一种休谟式角度来看乃是如此，毕竟，不同的人在不同的背景下当然可能作出不同的建构。即便以合情理性为理由也无济于事，因为存在不同的但大致对等的合情理性标准。

从某种意义上说，公共理性的复数形态也不是坏事。它可以让一个背景全然不同的政体借用其他理论的形式框架。① 不过这种复数公共理性背后隐含的语境主义乃至相对主义，也许违背了罗尔斯的初衷。公共理性在他那里严格适用于现代民主社会，而不是一种降低要求后的合宜社会，比如一个尊重人权的开明专制社会。如果我们说，从语境主义角度看，在不同的政治背景中可能建构起稍有差异——抛开其共性不论——的公共理性模式，它们分别适用于自己的政治背景。然而，这种语境主义解释不仅适用于不同政治背景下的民族政治，还适用于同一民族在不同时代的制度选择，依据后面这种更加激进的解释，即便对于美国内部而言，也并不存在一成不变的公共理性模式，这不仅意味着公共理性理念的内容以及它所辩护的宪法要旨、政治正义原则需要与时俱进，不断修正，还意味着人们对于公共理性本身的理解也必定会一直处于探索之中，就此而论，公共理性不会有“建成”的那一天。

三、公共论辩与个人独断：公共理性的怀疑论

社群主义者对原子式自由主义者的一个反驳，集中在权利对于善好的优先性原则上。正如查尔斯·泰勒指出的那样，所有形式的原子论者的最基本的错误在于，他们未能考虑到，那种有其自身目的和渴望——原子论尽力维护的也

---

① 谭安奎论证道，公共理性与其说依赖于现成的西方民主背景，不如说意味着一种民主理想，也不能简单地被视为基于一种语境主义立场对现代民主制度的认可，它对于社会转型中的其他政体仍然有重要的启发意义。参见谭安奎：《公共理性与民主理想》，生活·读书·新知三联书店2016年版，第八章“民主背景与民主理想”。但这种启发意义并不意味着罗尔斯的公共理性就其实质内容而言不是一个地方性的理论，因为它背后所隐藏的政治正义观念和民主理念不仅未必适合非西方政体，甚至在西方国家内部也存在不同观点和不同做法。但无论如何，秉持政治中立性（就其与诸多道德、宗教等整全性学说划清界限而言）的“形式框架”的公共理性理念，的确为任何一个社会（不管是否符合罗尔斯的民主政治标准）的长治久安和社会内部不同声音之间的和谐共存提供了一个富有启发的构想。

是这种目的和渴望的公正回报——的自由个人，只有在某种特定的文明中才能存在；他们没有考虑到，要产生现代个人，就需要某些制度和实践、法律规则、相互尊重的平等规则、共同思考习惯、共同联合体以及文化演化等方面长期发展。①

在公共论坛上，人们围绕各种议题发表的看法往往聚讼纷纭、莫衷一是。阿拉斯戴尔·麦金太尔（Alasdair MacIntyre）在《追寻美德：道德理论研究》中，围绕战争、堕胎、私人医疗及教育机构议题，列举了各派观点。争论各方没有说服对方，尽管他们各自都能逻辑自洽，但他们所援引的前提具有一种深刻的不可公度性（incommensurability）。在各方都遵守推理规则的情况下，结论的分歧意味着前提的迥异。在战争的例子中，援引正义和无辜的前提与援引胜利和生存的前提相互冲突；在堕胎的例子中，诉诸权利的前提与自由的诉求针锋相对；而在私人诊所及私立学校的例子中，平等的诉求与自由的诉求彼此对立。人们最终无法说服对方接受自己的前提，在麦金太尔看来，在人们的争论无法继续深入的地方，必定存在某种非理性的决断，它们是论辩各方的立论基础，他称之为一种恼人的个人独断现象。在他看来，正是这种貌似有意义的政治争论的虚构的合理性掩盖了意志和权力的任意专横在解决争论中的作用，然而，事实上人们更青睐于用一种修辞术让这些独断的意志和欲望的表演藏匿到道德面具之后。

然而，基于这样的道德图景，修辞术是不可避免的。它使我们难以摆脱与他人相互操纵的关系。这里蕴含着一个深刻的悖论：一方面，为了保护我们珍视的自律性，我们力求自己不被他人操纵；另一方面，我们却发现，为了将自身的原则和观点具体呈现在实践世界中，除了用自己力求避免的操纵性关系模式来对付他人外，无任何他途可循。我们力求给予他人的东西正是我们自己力图避免的东西，因为只有将这些东西给予他人，我们才能避免这些东西。的确，攻击是最好的防守。据此，理性纷争和行动上的争斗是不可避免的。

彼此陈述自己的观点，让对方理解自己，这也是交流的必要环节。但是，理解与接受之间还有很长的一段距离。当我试图让对方接受而非仅仅是了解我的观点时，让对方接受某个信念的理由是我的，而接受某个信念的理由是对方

① See Charles Taylor, *Philosophy and the Human Sciences*, Cambridge University Press, 1985, p. 309.

的,当且仅当这两种理由在论辩中相互契合,形成某种"重叠共识"时,对方才能接受我的信念。所以,公共论辩的关键点不在于诉诸自己相信这个命题的理由,而是诉诸对方相信这个命题的理由。这里不能有一个假设,即我相信的理由自然就等于你相信的理由。公共理由在这里并不是论辩的前提,而是论辩的目标。如果我不知道对方相信一个命题的理由可能是什么,那么我就无法说服对方,哪怕我自己有充分的理由相信这一点。但真正的麻烦在于,出于不同的原则立场,我自己并不情愿诉诸对方的理由来为自己的主张辩护:一则这种辩护常常是徒劳的,二则我很多时候并不相信对方的理由。

人们彼此之间即便并没有发生过事实上的公共论辩,观念的分歧也是不可避免的。论辩只是将这种分歧公开化了。从公共理性角度看,将分歧公开化本身也是一个进步,因为它为分歧的澄清、缓和甚至消除开启了一种可能性。在日常的实践推理中,情形可能是这样的:要证明一个特殊判断,只能参考能够在逻辑上蕴含这一特殊判断的普遍规则,而这一规则又必须进一步从某个更为一般的规则或原则(原理)中推演出来;但是,既然每一个推理链条都必然是有限的,因此,这样一个论证推理的过程也必然最终以断言某个不能给出进一步理由的规则或原则而告终。由于在这个"第一原则"的问题上,理由已经退位,那么情感就会取而代之。任何普遍原则的言说最终都成为个人的各种偏好的表达。在理由鞭长莫及的地方,休谟诉诸情感,康德诉诸公设,而克尔凯郭尔(Kierkegaard)诉诸选择。在克尔凯郭尔的《非此即彼》中,描绘伦理生活的那些原则之所以被采纳并不出于任何理由,而是出于一个超理由的选择,因为我们把这个选择当成一个理由。换言之,在第一原则问题上,我们并非基于理由来进行选择,而是基于选择而给出理由。选择与理由之间的实践张力由此可见一斑,它深刻地影响了西方存在主义思想传统。

"选择"当然可以是有理由的或诉诸理由的选择,但它往往不是诉诸公共理性的选择。在公共理性没有占据统治地位的地方,意识形态或修辞术取而代之。意识形态让人选择了第一原理,在它面前,理性只扮演一种工具性(工具理性)的角色。让一个人选择某个第一原理的方式有很多,说服是其中最无效的方式,而让他置身于某个传统,可能是最有效的方式。意识形态对抗理性攻击的一个有效法宝是修辞术。修辞的目标与其说是说服,毋宁说是控制。当然这是一个心照不宣的、"寂静主义"的目标,没有任何成功的修辞人愿意公开宣称或承认这一点。在麦金太尔看来,在现代世界里以任何理由为一种道德辩护的努力都是徒劳的。现代实践因而具有一种深刻的无根基性,道德语言的唯一用途便是控制,尽管其外表还在。有意义的论辩结束的时刻,也就是修辞术粉墨登场的时刻。

维特根斯坦指出:"当两种水火不容的原则狭路相逢时,每个人都会宣称对方是傻瓜或异端。当我说我'反对'某人时,难道我不应该给出理由吗?当然应该,但是这些理由到底能有多大效力?在理屈词穷之后,剩下的就是信念。"[①]理由之争最终演变为信念之争,到这里,论理活动走到尽头了。信念不同的人,尽管生活在同一个世界里,但他们看到的世界截然不同。换言之,他们的世界观迥然有别。

四、理性与政治性:理性建构的缺陷及自然主义的善观念

罗尔斯的"原初状态"假设有一些怪异之处:它一方面预设了某些功利主义的道德观念,并认为一个理性人必然是一名功利主义者;另一方面将人类的政治性逐出了工具理性的范围,似乎政治性就意味着非理性。他设想的原初状态下的人首先是一个理性人,他在乎自己的利益得失,但没有特别强的道德关怀:他不是一个仁爱主义者和利他主义者。原初之人是仅有工具理性之人,他在"无知之幕"背后设计一个对自己最不坏的社会制度。这种制度不需要一群理性的人商议,而只需要一名理性的人推理。换言之,每一个理性人被置于"无知之幕"之后经过缜密推理都会倾向于设计或同意一样的基本制度——这不是巧合,而是由人类理性的本性所决定的。

原初状态不是一个自然事实,而是理性建构程序的一个环节。它的目标很明确,就是探寻一种正义的社会制度的可能性。一个正义的社会必定是由数量不太多也太繁杂的基本原则所制约或规定的,而这些基本原则之所以订立不起来,就在于人们在经验条件下的推理都带有太多的立场(standpoint)。立场不一致意味着通过理性的而非强力或其他非理性或不合理方式所推行和确保的普遍原则不可能被订立出来。于是,罗尔斯就像康德的先验论实践一样,采取一

① Ludwig Wittgenstein, G. E. M. Anscombe & G. H. von Wright, eds., *On Certainty*, translated by D. Paul & G. E. M. Anscombe, Blackwell, 1975, p. 81.

种“无立场观点”来开始他的建构。他首先在“原初状态”中将人们在实践推理中的起点(个人的经验地位)和实质内容(个人实际上得到了什么以及得到多少)排除在外,只剩下一些形式上或程序上的东西。罗尔斯并不否认他要提出的正是一种程序正义理论。接下来,罗尔斯意识到这个推理程序中还可能存在一些价值理性的杂质,比如一个人关于善的观念、道德观等。为便于从实践理性的地基上找到人们愿意普遍接受的正义原则,他将这些容易导致分歧的价值理性排除在外,最后只剩下一个孤零零的“工具理性”。他一方面假设了人是自私的,在原初状态下会尽量为自己而非他人的利益得失考虑;另一方面假设了人是理性的,他不仅擅长就如何满足自己的利益进行推理,还懂得原则或规范对于这种推理的重要性。换言之,他倾向于通过推理来订立一条或少数几条基本原则。

然而,问题在于,罗尔斯为了保证他的正义原则的形式性和普遍性,排除了过多的东西。他不仅排除了价值理性,而且排除了工具理性中的某些东西。抛开一些显而易见的问题不论,让我们暂且假定价值理性与工具理性的划分是勉强恰当的。任何一个实践推理都离不开起点,即便形式推理也需要预设一个前提。我想这一点正是人类理性的本性所决定的,推理必须着眼于一个目标同时又将之作为起点,比如罗尔斯在“原初状态”中将理性主体的自我利益作为目标。这当然是一个善的观念,但不是一个特别的善的观念,所以我们仍然将之作为实践中的工具理性的一个内在部分,没有它就不会有工具理性的实践运用。罗尔斯还试图论证,只有以这样一种善作为目标,一个人的推理才不会自我矛盾,进而陷入非理性。笔者认为问题不在这里,而在于这里的善的观念,即一个人在意自己得到什么以及得到多少。在他看来,一个对任何一个理性人来说最不坏的制度也就是他在其中的所得“最不少”(也许并非最多)的制度。

不过,这里的善的观念存在两个问题:其一,它过于关心一个人在积极意义上得到了什么以及得到多少,而非在消极意义上如何避免一个人失去什么以及失去多少(本书使用的“多少”一词同时是一个数量上的和程度上的概念)。这种倾向与功利主义以来的西方实践思考传统是一脉相承的。作为一个人,他生来就有一些不允许被剥夺或失去的东西,他还有一些一旦失去就极难甚至根本不可能被他的所得(哪怕是极其重要的所得)所弥补的东西。一个正义的社会在考虑一个人在其中过上一种“最不坏”的生活时,除了考虑他的所得,还要考虑他的所失。

其二,它过于关心一个人在绝对意义上得到了什么以及得到了多少,而非在相对意义上得到了什么以及得到了多少。难道一个工具理性的人只关注这种绝对意义上的所得吗?罗尔斯的回答是肯定的。他说"无知之幕"背后的各方不会嫉妒,因为他认识到嫉妒会使每个人的状况更坏,对谁都没好处,总之是对集体不利的。"无知之幕"背后的各方既不会无私地将利益奉送他人(损己利人)——这与有限的利他主义并不矛盾,也不想损害他人(损人利己),他们不受仁爱或者夙愿的蛊惑。"一个理性的人并不受嫉妒之累。他并不准备在只有别人损失更大的情况下才接受他自己的一种损失。……借用比赛术语我们可以说:他们在努力为自己寻求一种尽可能高的绝对得分,而并不去希望他们的对手的一个高或低的得分,也不寻求最大限度地增加或减少自己的成功与别人的成功之间的差别。"①

不禁要问,为什么只有想方设法在把"蛋糕"做大的前提下争取不让自己少分到"蛋糕"就是理性的,而不管"蛋糕"是否做大而想方设法确保自己拿到的那份最不少就不理性呢?这是因为,一个理性的人必须首先是一名追求福利总量最大化的功利主义者吗?同样,对一名政治人来说,"最不坏"的制度恰恰是他与别人的相对差距没有那么大的制度,而不是不管相对差别(如贫富差距)是否仍然在急速拉大而只要自己的绝对福利水平有所增长就心满意足的社会制度。一个正义的社会应当不让公民有一种强烈的被剥夺感或挫败感,而这两种负面感觉正是来自相对的差距而非这个公民的绝对福利水平。

然而,如果罗尔斯假设"无知之幕"背后的各方仍有强烈的功利主义观念,那么,他要建构的正义原则一开始就带上了强烈的功利主义色彩。但是他并没有向我们证明,一个理性的人必然是一名功利主义者。如果追求绝对福利总量最大化作为一种道德观念成为罗尔斯正义论的基础,那么就有这样一个问题:莫非这种追求相对差距最小化的政治性,非但不是价值理性,甚至连工具理性都算不上——严格来说只是一种非理性?

① John Rawls, *A Theory of Justice*, Revised edition, Oxford University Press, 1999, p. 124 - 125.

五、公共理性与政治沉默

在政治参与方面,西方现代民主国家中的大多数选民都是既冷漠又无知的人。他们无力陈述国家重大决策,甚至不记得代表或议员的名字。[①] 现代政治千头万绪,行政、法律事务的专业化程度越来越高,技术性内容也越来越多,也许只有少数职业政客和政治专业人员才具备参与政治论辩的必要知识。考虑到政治是每个公民的事情,因此就没有充分理由去充分信任他们。懂政治的人不值得信任,值得信任的人又不懂政治,这是现代人不得不面对的一个困境。

一个人最有资格发言的内容,恰恰是属于他所属社群的整全性学说,比如他从小被灌输的家族、道德伦理或者宗教信仰。在公共理性的实质性方面,很多人不得不选择沉默。这是一种值得关注的政治沉默,它与其他形式的沉默之间有一个非常大的差异,也就是在切身利益问题上居然选择了沉默。如果他们不愿意沉默,也就不得诉诸自己的生活常识和整全性学说,一旦这些东西不被允许进入政治论辩领域,唯一理性的选项就是保持沉默。

政治常识与其他常识也有极大的不同。两个数学家不会为了数学常识进行争论,相反,任何一种真正的数学争论都必须假设彼此认可某些数学常识。但是,政治上很难找到争论各方彼此认同的常识——如果有,那是因为某种意识形态已然悄悄地占据了主流位置,比如,分属不同的自由主义派别之间的争论,共享了某些关于自由主义的哪怕是最低限度的常识。据此,政治论争很大程度上成为"常识之争",它是一种"向后退"(back away)的工作。分歧的双方如果仍然愿意在最低限度内友好地争论下去,他们要做的不是像数学家那样,假定一些毋庸置疑的常识,相反,对于什么叫"毋庸置疑的常识",相关各方仍有可能僵持不下,一个人所认为的常识并不是另一个人所认为的常识,因此一个人基于自己的常识而作的所有推理,另一个人都无法苟同。当一个人质疑另一个人的政治观点时,很多时候会质疑另一个人的逻辑有问题,但更多时候,他质疑的是另一个人据此进行推理的前提。

友好的争论并不意味我们必须同意或假装同意对方的观点,甚至也无须默

---

① 参见[英]M. I. 芬利:《古代民主与现代民主》,郭小凌、郭子林译,商务印书馆2018年版,第5页。

认对方的推理逻辑及其前提是毋庸置疑的。人们不仅可以在是非善恶的价值问题上进行争论,还可以在描述性的事实问题上发表不同看法,因为很多时候,“事实”或“真相”终究是什么,在很大程度上依赖于观察的视角或描述的方法。然而,这并不意味着即便最低限度内的友好争辩也是不可能的,相反,至少在大致共享了某些道德观念的人们之间,它是可能的。

据此,公共理性就只剩下一些程序性的东西,因为所有实质性的东西要么必须诉诸整全性学说,要么必须诉诸各自的“常识”。况且,即便是这些程序性的公共理性,也要求争辩各方在最低限度内共享某些整全性学说,比如对彼此的基本尊重。至于什么叫“基本尊重”,这个保障公共论辩得以实现的前提,恰恰又是一个约定俗成的东西,比如,各方可以约定,在争辩中禁止直接使用暴力或以各种形式进行人格侮辱。

这里仍然有怀疑论的空间。有些人无法容忍冷嘲热讽,或者阴阳怪气的说话方式,但是对方很可能辩解说,反讽、揶揄的说话方式无可厚非。它们在多大程度上是被允许的,这可能引起争议,支持者会说它们与幽默接近,反对者会说它们可能刺痛对方的自尊心。如果各种形式的人格侮辱是不被允许的,如果争论各方除了骂人竟然无话可说,那么这个时候最为理性的做法就是保持沉默。

沉默不等于同意或默认,相反,有时恰恰是一种无言的抗议或轻蔑。沉默通常是个程度问题,即便最为滔滔不绝的人也有沉默时,也不会在一切事务上喋喋不休。然而,在言说和论辩成为必要的情况下,沉默是否符合公共理性的程序性要求就成了一个问题。沉默是言论自由权利的一部分,但“被迫沉默”并非如此。某人就某事“无话可说”,作为一种偶发现象,值得理解和尊重;倘若由于沉默,原本观点分歧的人们之间丧失了对话的可能,彼此“无话可说”,这算不算公共论辩的正常情况,是值得怀疑的。

第五章　公共理性与慎议民主

慎议民主代表了当代西方民主理论的一个极为重要的进展，其奠基者约翰·德雷泽克(John Dryzek)甚至称之为民主理论的“慎议转向”。① 作为旨在探寻一种道德上正当、逻辑上合理的政治模式的慎议民主，它被期望通过引入道德、公正、互惠性和公共理性等概念，用来克服流行的、基于利益博弈和个体理性(或者还可加上集体理性)的聚合民主的一些先天缺陷。它与起源于经济学和理性选择理论并在很长一段时期内占据主流地位的聚合民主观念(aggregative conceptions of democracy)之差别，就在于“慎议”二字上。deliberative 有两种意思：一是审慎的、深思熟虑的，二是慎议、评议。前者多用于个人，后者多用于群体。与此相对应的是个人慎思与公共慎议的区分。就这个词本身来说，它对于个人行为和公共行动的重要意义早在古希腊时期就得到了人们的重视。伯里克利就曾经说过：“我们并不把慎议视为行动的绊脚石，相反，我们认为慎议是采取任何明智行为必不可少的前提。”②亚里士多德是第一个捍卫慎议的哲学家。在他看来，慎议就是公民进行公共讨论、相互证明其规则和法律的过程。③ 不过在他那个时代，一个城邦

---

① See John Dryzek, *Deliberative Democracy and Beyond*: *Liberals*, *Critics*, *Contestations*, Oxford University Press, 2002, p. V.

② ［古希腊］修昔底德：《伯罗奔尼撒战争史》(下册)，谢德风译，商务印书馆 1960 年版，第 40 页。

③ See Aristotle, *Politics*, in Aristotle's Complete Works, Jonathan Barnees (ed.), Princeton: Princeton University Press, 1991, 1281b1 - 15.

的“公民”仅占总人口很小一部分，通常将女人、外邦人和奴隶排除在外，后来的精英政治模式继承了这种慎议的精神。他将慎议的公共维度与个人维度结合起来。这并非将道德哲学对于审慎的要求简单地移植到政治哲学当中，而是在审慎性中挖掘其本有的公共性维度。

公共理性与慎议民主的密切关系是显而易见的，按照威尔·金里卡(Will Kymlicka)《当代政治哲学》一书的主题分类，公共理性可以放在政治自由主义、公民资格和慎议民主这三个主题下来讨论。① 然而，慎议与民主之间本来就存在某种意义上的张力，而笔者之所以在讨论公共理性的书里用一章的篇幅介绍公共理性与慎议民主的关系，主要是考虑到公共理性与慎议民主之间关系的密切性，以及它们之间存在的复杂联系。这种联系之所以复杂，是因为它们是相互矛盾的。一方面，罗尔斯等人自觉地将慎议民主视为公共理性的应有之义，将公共理性视为公共慎议的理念根基；另一方面，正如我们在下文中看到的那样，许多学者尖锐地指出罗尔斯式的公共理性与正当政治理念中方兴未艾的慎议民主理论之间存在不可忽视的紧张关系，他们据此认为罗尔斯并不是一个真正的或严格意义上的慎议民主理论家。为了化解此种紧张关系，我们对罗尔斯式的慎议民主作了“窄”的理解，而对其他人比如哈贝马斯的慎议民主作了“宽”的理解。罗尔斯式的公共理性是窄的、厚的公共理性，但我们需要宽的、薄的公共理性。基于公共理性视角，探寻一种我们称为“最小限度”的慎议民主模式。这种最小限度的慎议民主既不同于罗尔斯式的政治自由主义版本，也不同于哈贝马斯的商谈伦理学版本。

第一节　慎议与民主

一、投票能决定什么：从聚合到慎议

一个不太起眼的直觉是，投票不能决定(科学)真理，在解答一个数学难题时或者对宇宙中的暗物质进行研究时，群众的“全体一致”或者“多数同意”并

---

① 参见[加]威尔·金里卡：《当代政治哲学》，刘莘译，上海译文出版社2015年版，第七章“公民资格理论”。

不比少数专家的结论更具有权威性。没有哪个社会是通过“全民公决”来判断爱因斯坦的相对论的对错的。该理论的对错是一个“客观事实”,与总人口中赞成它的比例无关。当然,政治总是复杂的,真理(或更准确地说,对真理的表达)这东西受投票抑或强权驾驭的例子不胜枚举。乔治·奥威尔(George Orwell)的小说《1984》中还有一个叫作“真理部”的政府机构。既然领导拍板可以决定何为科学真理,那么民众投票决定真理难道不是决策方式从独裁到民主的进步吗?没有人把《1984》当笑话看,因为它揭露了现实。

下面,我们来讨论三个重要的政治哲学概念,看看它们能否被投票所决定,当然,我们假定投票是公平、公开、公正的,选民和整个投票过程没有被操纵。

顺便一问,为什么不指望通过投票来解决数学或自然科学问题的人们,却认为可以通过投票来解决政治问题呢?比如说解决“哪一种政策或法律更好”或者“哪一个人有资格当总统”的问题。是否有理由断言,在这些人看来,何种政策更好、何人才能当总统此类问题,即使不需要专家,群众(他们当中的许多人对政策法律和总统等政治体制没兴趣甚至一无所知)也能给出令人满意的解答,或者至少是“差强人意”的、权宜的解答呢?难道法律、政策、总统的选择这些问题不够专业吗?政治学的专业性一定比自然科学的专业性弱吗?未必如此。法律、总统与公民息息相关,但对感冒病毒的研究也与百姓息息相关。所以相关性不能成为理由。

这三个概念是:公共意志、公共利益和公共理性。公共意志的概念可以追溯到卢梭的“普遍意志”或“公意”的概念,我们将它们视为近义词。从形式上看,投票能决定“一致同意”或至少“多数同意”。但“一致同意”不等于“理性同意”。倒不是因为选民及整个投票过程可能被操纵,而是因为选民并没有卢梭或罗尔斯意义上的“公民理念”(这是一个规范性概念)。选民首先是“私民”,不是大公无私的圣人,多数人带着私人意志或特殊利益诉求来投票,这是一个不得不承认的政治现实。这种投票所产生的结果,按罗尔斯的标准,叫作“临时协定”,不是公共理性。

引入恰当的慎议民主程序,可以在一定程度上解决此问题。所以很多人说,慎议民主是聚合民主的有效补充。按照罗尔斯的看法,慎议民主是产生公共理性的一个必要程序。当然,他更相信公共理性乃是某种理论建构的产物。理性是一种普遍的理性,所有真正理性的人,都理应就政治问题达成“一致”,尽管实际上达成一致的人们并不都是“理性的”,但是必须符合罗尔斯的“合情理性”要求。

然而,尽管投票未必能达成公共理性,但这并不意味着投票是多余的,这一点是政治问题与科学问题的区别所在。在罗尔斯看来,政治事务的目标不是追求真理,而是追求正义。正义是一个什么概念,不同的人有不同的理解。正义问题必须以人的参与本身作为主题,而投票或参与政治慎议乃是政治参与的一种必要方式。就此而言,社会正义问题不同于自然科学问题,自然科学问题可以成为少数专家的事业,而社会主义问题不行。这是一个基础的问题,一个人被专家欺骗了,只要他所在的社会基本结构是正义的,他的自由平等等基本人权就可以得到保证。但如果正义出了问题,这个人的人格尊严就可能受到严重的侵犯了。这已经超出了“合理性的善”的问题。而且,只有在一个正义的社会中,人类才能形成研究和讨论科学真理的环境,“真理部”这种部门才不会产生。也就是说,正是因为有投票决定的正义问题,才会有无须投票也能决定的科学问题。

现实中的投票未必能产生公共理性和公共利益,但必须作出这样的假定。这种假定,在罗尔斯等人那里被落实为一种政治建构主义的程序,他们称之为程序性的“公共理性的理念”。将“一致同意”与“理性同意”进行结合的背后,隐藏着罗尔斯的一个民主信念。独裁社会仅有“理性同意”就足够了,“我是普遍理性的代言人,所有理性的人都会同意我,那些反对我的人必定是非理性的”,独裁者的政治逻辑中并不假定自己得到了多数人的“一致同意”,因为这种同意并不值得追求。也许罗尔斯正是出于对独裁的警惕才特别强调“一致同意”的重要性,而这一点恰恰是可以通过投票达成的,尤其是在多数决规则下。

“慎议”包含了很强的理性主义意味,当我们将民主理解为“众人的统治”时,众人的意志与对理性的诉诸之间可能存在某种紧张关系。将慎议与民主结合起来的提法,意味着慎议民主理论家有义务将两者之间的张力缓和到最低程度。为此,他们主张从两个方向相向而行:一方面,主张用慎议的观点反思民主;另一方面,又主张用民主的观点来重新理解慎议。

“慎议民主”这个语词颇为吊诡之处在于,由于其自身包含的内在张力,它既能让精英主义者感到满意,又能让民主主义者感到满意。就“慎议”一词具有的审慎、周密和秩序的含义而言,它是政治的一个实用工具:一个审慎的人必定同时是一个既理性又现实的人,一个既富有前瞻性又富有后顾性的人。民主与慎议的张力是显而易见的,正如保守主义者埃德蒙·柏克所说,让群众参与公共的慎议实际上降低了他们的理性,公民在政治活动中可能被暴民心理"俘虏",故而把政治事务交给比较沉着冷静的专家(政治上的"职业经理人")去处理比较好。

如果慎议可以解决政治问题,那为什么还要投票?为什么不能像治理一个公司或者统领一支军队那样奉行精英治理模式?原因在于政治的本质与经济或军事活动有着根本区别,在政治领域中,理性不仅仅是作为工具理性而运用的,它必须为自己确立价值。那些政治的行家里手口口声声地说代表了公民们的真正利益或根本利益,可谁能保证他们不会滥用职权、假公济私呢?既然群众缺乏参政议政的能力,那么我们可以提高他们的能力。培养一种公民资格或公民身份是每个民主社会的公民的政治义务,因为政治不像经济或军事活动,它没有一个更为基础的制度支撑:任何一名公司职员或军人首先是一个公民,一个人作为公民的权利得不到保证,他作为一名公司职员或军人的权利自然也得不到保证。正因为一个人没有不作为一个政治人(公民)的自由,所以就必须通过政治活动义不容辞地为自己(并为自己关心的人们)争取并捍卫这种自由,没有人可以置身事外。

我们可以将慎议民主视为吸收了精英主义和聚合民主的优点、摒弃了它们的短处的一种政治模式。慎议体现了理性,民主体现了公共性,而慎议民主作为慎议与民主的结合体,体现了公共理性。精英主义尽管是理性的政治模式,但它未能体现公共性这个维度,而聚合民主尽管是一种公共的政治模式,但未能体现(公共)理性这个维度:并非聚合一处投票表决就万事大吉,各行其是的乌合之众无法确保公共利益的实现。

在慎议民主中,公民理性要求一个慎议者遵循互惠性原则,站在他人立场上,试图理解他人,试图去发现人们之间的共通之处,为了实现人们对于共同目标或共同善的理解而去倾听。

聚合民主的一个缺陷在于,共同的意见会优先得到关注,而少数人的意见就遭到了忽视或拒绝。如果慎议只是为了追求共识,那么也会有这种危险。慎议民主鼓励人们超越特殊利益的视角,这样做并不意味着将特殊利益排除在外,好像存在一个超越任何个体的特殊利益的"公共利益"似的,而是为了能够理性地沟通及论辩,人们有必要克服完全站在自己立场上看问题的心理倾向。正是由于存在冲突,我们才需要沟通和论辩。当然,我们不会说,如果不存在冲突,就不需要沟通和论辩。因为冲突的存在是政治的必然,这里的"如果"是不可能出现的。但是沟通和论辩并不是简单地为了消除、缓解或回避冲突,而是以一种更加建设性的、政治性的方式来看待冲突。在某些情况下,冲突可能通过沟通和论辩消除或缓解,但在另外一些情况下,冲突可能会加剧,这种辩论活动甚至可能引发新的冲突。

慎议民主比聚合民主模式更能照顾到弱势的声音。因为弱势的声音很可能仅仅是赞成者居少数的声音,但它不等于是在理性或道德上居于下风的声音。通过慎议,真正讲道理的、有道德分量的声音可以得到更好的表达,被更多的人倾听和理解。这种声音即便不能最终改变人们的看法,也能够赢得他们的包容和尊重。这种声音对于他们来说始终是开放的。鉴于此,慎议民主会要求每个公民或其代表都必须履行倾听的义务,保证每种声音都有被表达、被倾听和被理解的权利。

慎议民主比聚合民主模式更能照顾到可能的声音,也就是可能存在的某种政治主张。所谓可能的声音,是指那些没有被表达出来的政治主张,或者即便被表达出来却未能被倾听到的主张,但某些人又可能真实地持有这种主张。考虑到政治失语现象的存在,对这种可能的声音的重视要求慎议民主深入沉默现象的背后进行调查,而这些沉默包括由于种种原因未能明确表达出来的问题,尤其是那些失语的弱势群体,以及那些沉默无言的抗议者的意见。聚合民主只考虑现实存在哪些政治主张,所以没有人会去重视除了这些现实的主张之外还可能存在哪些主张,更不会考虑某个可能的主张会比一个现实的主张更加合理或更有道德分量。当我们说慎议具有开放性时,至少涉及两种意义上的开放性:一是时间上的开放性,即任何一个政治主张的合理性是开放的,当下合理的主张以后可能被认为是不合理的,反之亦然;二是逻辑上的开放性,它指任何一种政治主张只要在逻辑上是可能的,那么它就可能会在慎议中得到重视,尽管现实中未必有人严肃地持有它。当然,对这种可能主张的考虑,其作用是消极的,考虑它并非意在为这种可能的主张进行辩护,而是通过考虑这种主张,来帮助我们考量那些现实的主张的理性分量和道德分量。比如,当我们发现一种可能主张是非常合理的时,那么,一个与之截然相反的现实主张的合理性就存在疑问了。

卢梭要求公民的个人判断服从于得到了正确执行的民主程序，比如投票的多数决程序。他说："当与我相左的意见占了上风时，这仅仅证明了我错了，我所认为的共同意志实际上并不是真正的共同意志。"[①]杜威式断言代表了人们对聚合式民主之正当性的反思：奉行多数原则的选举"数人头的制度迫使人们放弃了讨论、商议和说服的方式"[②]，一个慎议者只能依靠哈贝马斯所说的"更佳论证的力量"(force of the better argument)，以保证他说服而非压服另一个慎议者，并且，只要另一个慎议者有理由拒绝被说服，那么，这种保留态度就应当获得这个慎议者的尊重，即便慎议者诉诸"公共意志"或"公共利益"也无济于事，因为卢梭式的通过投票得到公共意志(公意)的聚合式决策方案并非毋庸置疑的。相反，越来越多的民主理论家意识到，诸如"共同利益""共同意志"这种东西往往是被建构出来的，而不是被发现的。这种"共同意志"掩盖下的聚合式民主模式，使多数派的主张在未经(来自他者的)批判和(来自自我的)反思的情况下就占据了主导地位，而少数派的主张则在未被审慎周全地考量之前就被草率地忽视或拒绝了，甚至未能赢得多数派的尊重。

二、慎议的权利和义务

在公共慎议论坛上，每一个慎议者都享有表达意见的自由和对他人提出异议、质疑或批评他人的权利，同时也必须履行倾听他人的表达，以及回应他人的要求、异议或批评的义务。在整个慎议过程中起核心作用的价值观是自由、平等、彼此尊重和包容。这里的权利/义务关系具体表现为以下三种情况：

第一种情况是每个人都平等地享有表达意见或观点的自由权利，同时也必须履行相应的义务。比如，每个人都有义务对自己的观点作出进一步的澄清或解释(若有人要求或若有必要)，并为之提供辩护或论证。这里的自主性和民主性表现在：首先，在意见的表达或解释的态度和方式上，可以自主地选择明确地或者含糊地表达自己的意见，但应当让他人明确地知道你选择的是明确的还是含糊的态度；可以自主地选择是开门见山、直截了当地提出自己的观点和论证，

---

① [法]卢梭：《社会契约论》，何兆武译，商务印书馆2003年版，第162页。

② John Dewey, *The Public and Its Problems*, Athens: OH: Swallow Press, 1927, p. 208.

亦可拐弯抹角、隐晦曲折地提出自己的观点和论证，但应当让他人明确地知道你选择的是直截了当的还是拐弯抹角的方式，若他人对此有疑问或未能清楚地把握你的意思，你应当尊重并及时回应他人的疑问或要求。换句话说，你可以自主地选择是用文学化的“曲折语言”（如引用诗词、典故或运用叙事、修辞），还是用法律式的“直白语言”（如像法律条文那样清晰明确）表达自己的意见，但不管你怎么选择，都应当让他人明白你在说什么。其次，在意见的辩护或论证问题上，一个人可以自主地选择适合他的方式。比如有些人会选择通过抒情、叙事或修辞的方式阐明或辩护自己的观点，而有些人更愿意为之提供清晰严谨的逻辑论证。就逻辑推理来说，正如存在诸如演绎、归纳、类比、例示、归谬这样的论证方式一样，公共慎议论坛同样允许慎议者自主地选择适合自己的论证方式。我们很难断定，其中的哪一种论证方式必定是强势的，哪一种必然是弱势的。

第二种情况是每个人都有倾听他人的义务，若他人要求你对自己的观点做进一步澄清，或者对你的观点提出不同意见（正如你所提出的意见对于他人来说也属于“不同意见”一样），乃至批评、反驳或挑战，你有义务对之表示尊重，并且作出回应。在你认为不便作出回应的地方（我们应当尊重一个人不回应或保持沉默的权利），你应当对为何不便作出回应给出有说服力的解释。当然，他人对你的这些质疑或挑战不应当是一种显而易见的胡搅蛮缠、无理取闹，因为每个人在公共慎议论坛上的行为都应当受到程序正义法则的约束。这种约束是对彼此双方的约束，因为它同时也体现在，你不应当任意地将他人的异议或反驳草率地斥之为无理取闹、恶意抬杠。

当然，并不是任何时刻都会有异议、质疑或批评的声音，因为同意、赞许和喝彩的声音也是可能出现的。尽管我们无法保证慎议者之间必然会在某个政治或政策议题上达成共识，但达成共识仍然是可能的。我们不应将公共慎议论坛视为一群人聚合在一起单纯为了慎议而慎议、为了论辩而论辩、为了抬杠而抬杠的无聊过程，因为慎议具有很强的目的性：慎议者部分地为了寻求共识而参与慎议，部分地为了彼此了解和倾听参与慎议，这些都有利于培养慎议者自由而平等的公民身份、包容和尊重的公民意识。但无论如何，我们都应当将这种观点的交锋视为慎议论坛上的家常便饭，对于慎议来说，共识的达成是一项自然的而非强求的结果。在难以达成共识或短期内无法达成共识的议题上，慎议者之间彼此对他人意见的了解、尊重、包容以及相互的诘问、辩驳、交锋、砥砺,在道德上、理性上和政治上仍然是非常重要的。慎议并不由于未能或甚至不可能达成共识而显得毫无意义。寻求共识并不是慎议的唯一目标。从某种意义上说,单纯地寻求共识甚至不是慎议的主要目标——当然这取决于我们如何理解“共识”。总之,慎议者应当对这种自由主义的价值多元论现状(类似于罗尔斯所说的“多元主义事实”)持一种尊重、包容的平和态度。

第三种情况是你和他人的角色对换:当你扮演着“他者”角色时,可以对他人提出的意见或主张提出异议、批评或者驳斥,这时,你和他人在公共慎议论坛上所享有的权利和义务与上面第二种情况相反。

此外,值得强调的一点是,慎议论坛不是学术论坛,它具有很强的现实性、紧迫性和开放性特征。所谓现实性,是说它不是像哲学家那样“空对空”地讨论①,而必须结合一个国家的政治、经济、文化等方面的传统和现状(不妨理解为一国之“国情”),某些理论上、道德上无可厚非甚至完美无缺的政策主张,并不一定具有现实上的可操作性,反之,某些道德理由并不十分充分的政策主张,由于它特别具有现实意义或有助于解决现实问题而具有合理性。所谓紧迫性,是指政治慎议议题的讨论和决策一般都有时间限制,讨论不可能无限期延长,即便一时无法达成共识,也必须在慎议期限到来之前通过某种方式(如选民投票、委员会表决或领导拍板等)作出选择。正是部分地由于紧迫性的限制,多数慎议民主理论家仍然承认像投票这样的聚合民主模式,以及委员会表决或领导拍板这样的精英主义模式等非严格意义上的慎议程序在决策过程中的正当性。所谓开放性,则有相当丰富的含义。说慎议者的意见是开放的,是指它可能随着相关情况的变化而发生改变,反思、修正甚至放弃一个原有的观点对于慎议者而言都是正常的,没有理由强求一个慎议者对某个意见持“从一而终”的态度。说共识是开放的,是说业已达成的共识也可能被反思、被修正甚至被放弃,

① 这里的意思不是说哲学讨论没有现实意义,而是它的现实意义与政治议题体现在不同的层面。无论如何,哲学讨论更偏向于理论性(称之为“玄学”并非全无道理),而政治慎议更偏向于现实议题。政治慎议的这一特性也决定了形而上学问题一般只能局限在少数专家的圈子内讨论,不适合放到公共慎议论坛中来。慎议民主理论家一般会对公共慎议的范围有所限制,即哪些问题属于政治议题,哪些在通常情况下不是政治议题。此外,就紧迫性特征而言,哲学或科学上的争论与政治慎议的区别更为明显,没有人为一个哲学或科学问题的解决给出一个明确的解决期限。事实上,大量的哲学问题是“无解”的,争论可能无限期延续下去。

原先的共识到了新的情况下可能不再成为共识，没有理由强行捍卫一个共识的持续存在。对此，迈克尔·沃尔泽(Machael Walzer)说道："在民主政治中，所有的目的地都是临时性的，没有哪个公民曾经能够要求一劳永逸地说服他的同胞。"[①]在此意义上，我们可以理解为什么不能简单地说寻求共识是慎议民主的唯一目标。

三、慎议与民主的张力

民主有很多种操作方式，这里我们关注两种：一种是聚合民主，就是我们最熟悉的一人一票的多数决民主，比如一个班的学生选班长就是如此；另一种是慎议民主，有时也称为协商民主。这种民主所要求的东西比聚合民主更多，比如它要求将每个候选人的优劣短长以及每个选民的意图(他打算投谁一票)都搬到台面上来讨论、商议乃至争论，期望通过"集思广益"，以一种摆事实讲道理的和平理智的方式就应当选谁最终达成某种"共识"；退一步说，即便不能达成"共识"，亦可增进选民对候选人的了解以及选民之间的彼此了解。此外，围绕政策制定、法律颁布议题同样可以有这两种民主模式。

在过去很长一段时间里，人们所理解的民主就相当于投票，没有意识到慎议民主的重要性；即便后来意识到这种重要性，也难以处理这两者之间的关系。人们将它们割裂开来，甚至对立起来。在过去很长一段时间里，西方民主的实质是"有民主没协商"。按照"民主教父"法国思想家卢梭的观点，一个选民打算投谁一票，这是他个人的"私事"(行使公民权利并践行公共意志承诺的"私事")，只要他自己"凭良心(卢梭所说的良知)投票"即可，以免受到其他选民、媒体或相关组织的干扰或操纵(利诱、胁迫、蒙蔽等)，从而改变自己原来的真实意图。我们应当相信每个合法选民都有充分的、毋庸置疑的议政能力来决定谁可以"代表"他，他人无须置喙，就像我们应当相信每个合法选民都有不可剥夺的选举权一样，只要选民对那些候选人及其选举纲领有充分知情权。

最近几十年，西方人慢慢反思自己的民主机制，发现聚合民主具有一些重大缺陷，因此，很多人开始考虑慎议民主模式。不过这些人也分成两派：一派主

---

① Machael Walzer, *Spheres of Justice: A Defense of Pluralism and Equality*, Basic Books, 1983, p. 310.

张慎议民主可以完全取代传统的聚合民主,在他们看来,似乎共识比选票更靠谱;另一派主张慎议民主无法取代聚合民主,只能对之形成必要补充,也许一种新型的、“先慎议(将各自投票意图拿出来公开讨论)再聚合(最后投票表决)”的民主模式更有吸引力。

争议民主(contestatory democracy)概念是菲利普·佩蒂特(Philip Pettit)在《共和主义:一种关于自由与政府的理论》一书中提出来的。在他看来,共和主义的首要训诫便是,公共政策的制定应当寻求那些体现了一种既是选举的又是争议的民主理想的制度。这样方能避免国家陷入一种“选举的专制”当中,因为毕竟它可能成为一种“多数人的暴政”或者实际上成为某个精英集团或小群体的暴政工具。因此,佩蒂特很自然地将争议民主视为选举民主的一个必要补充。[①] 他的这种争议民主观包含了慎议民主的一些内涵,比如它遵循决策的慎议模式,能够包容共同体中所有重大的不同声音,并且能够对争议提出的反对意见作出恰当的回应,但在我们看来,更值得重视的是它与慎议民主的区别,亦即它所追求的民主理想不是基于人民的所谓同意,而是基于政府所作所为的可争议性(contestability):重要的是保证政府行为必须经得起民众的争辩,而非它们必须是民众意志的产物;更为关键的还在于,这种民主观还将理性放在最为显著的位置上,从而最终实现理性的目的(the ends of reason),而不仅仅是将理性作为公共慎议论坛的一个背景。

根据哈贝马斯的观点,人们对行动协调问题的感受有各种方式,这取决于行动者的视角是什么。在价值导向行动的条件下,行动者们追求或依赖的是共识;在利益导向行动的条件下,他们追求的是利益平衡或妥协。[②] 所以,这里的导向问题极其重要,公共论坛的导向是协调利益、寻求共识,抑或其他?在公共论坛上,如果说一致同意是一个可望而不可即的要求,那么多数同意则无法避免选举民主或聚合民主的一些弊端,诸如多数人的暴力、多数人的不明智、公民私利主义(civic privatism)、理性的无知(rational ignorance)、销声匿迹的人民。[③]

---

① 参见[澳]菲利普·佩蒂特:《共和主义:一种关于自由与政府的理论》,刘训练译,江苏人民出版社2012年版,第326~329页。

② 参见[德]哈贝马斯:《在事实与规范之间:关于法律和民主法治国的商谈理论》,童世骏译,生活·读书·新知三联书店2011年版,第173页。

③ 参见林火旺:《正义与公民》,吉林出版集团有限责任公司2008年版,第239~243页。

仅仅追求同意是不够的,民众的意志不应该是民主政府的唯一理想,当代慎议民主下,政治证成的核心是公共推理,其要求决策首先不把民众的偏好或意志当成既成事实,而是假定他们可以在相互性原则下、在公共理由面前可能被说服,从而将所有的偏好、意见都放到公共理性的天平上进行权衡。争议民主进一步提高了民主的理性含量,主张不再将公民的同意当作公共理性的追求目标,而是将可争议性当成公共理性的必然要求和核心要素,这使公共理性和整全性学说之间的张力得到了进一步的缓解:它不再一味地追求众多意见不一的公民之间的重叠共识,而是保持一种开放性的姿态,准备对民众提出的争议作出恰当回应。

第二节　慎议民主的主旨和副产品

一、慎议的副产品

首先,利益、共同善或公共福利只是慎议民主的副产品而不是其主旨。共同善的理论可能是一种整全性理论。公共利益最大化、实现社会福利的帕累托效率,并不是慎议民主的根本目标,无论这种共同善目标是罗尔斯式的差别原则所体现出来的,还是最大多数人的最大幸福这种功利主义原则所体现出来的。反过来说,即使其体现了这种公共利益最大化,也并不必然属于慎议民主的范畴。然而,相较于传统基于权力—利益博弈的民主模式,慎议民主的确更有可能实现这种共同利益的最大化,但它只是慎议民主的一个自然的副产品。

其次,理性或认识水平的提升只是慎议民主的副产品,当然,这里的理性指的是经济学中经常提到的个体理性或经济理性,亦可将合作所需要的集体理性乃至演化而来的族群理性包含进来,但它并不是政治哲学中的公共理性概念。基于理性商议的政治模式的确较之于利益博弈的模式更有助于个体乃至群体理性水平的提升,但这种提升本身只是慎议民主的一个自然的副产品。

再次,道德和受教育(教化)水平的提升只是慎议民主的副产品。的确,慎议可能诱导出高贵的品质,但这只是一个经验上的问题。反过来说也对,对慎议的诉诸也许会让虚伪和欺诈乘虚而入。慎议民主是工具性和目的性的统一体：一方面，它在某种意义上仍然是实现共同福利和提升集体认同感的一种有效工具（在这一点上它可以实现利益博弈的政治模式想要实现却难以实现的目标）；另一方面，慎议本身也是目的。换言之，政治本身就是一种共同善，甚至可能是一种至善。亚里士多德虽然并不主张城邦生活乃是至善的生活，但仍然主张它要高于源于个人或家庭的善。诉诸公共理性和讲道理的方式的确有助于在一个社会里培养理性并且通情达理的公民，提升人们的受教育水平，但这些都只是慎议民主的一个自然的副产品。

慎议民主无须培养大公无私的精神，而应旨在彻底消弭公与私的传统壁垒。某些民主理论家认为，理想状态下的慎议分歧可以归结为道德分歧。道德分歧是人类生活中的一个基本事实，它具有特别强烈的顽固性。① 面对慎议分歧，存在两种情况。第一种情况是议题直接涉及慎议者的切身利益，这使某些人愿意为自己的利益而战。但问题在于，如果一名慎议者仅仅以“它符合我的利益”作为支持一项主张的理由，那么就好比用“我相信它是真的”来为一个信念的真理性提供辩护。这些理由并不满足道德理由的客观性、互惠性和公共性条件。所以，慎议者仍然需要诉诸客观的、互惠的和公共的理由为哪怕是自己的利益辩护，这时他的辩护理由可能变成“它是正当的”、“它是合理的”或“它符合大家的利益”。② 固然，即便一个慎议者坚持站在自己利益立场上说话，这在政治上也是无可厚非的——这是他的基本权利。值得关注的并非他是不是一名自私自利之徒，而是他如何为自己的政策主张提供道德辩护。③ 对于那些

---

① 阿米·古特曼（Amy Gutmann）和丹尼斯·汤普森（Dennis Thompson）分析了道德分歧顽固性的四个根源，其中前两个是休谟提出来的，即（1）人类生存发展所需资源的匮乏性；（2）人性的自利性（self-interest）。他们给出后两个根源：（3）价值的不相容性；（4）理解的不彻底性。参见［美］阿米·古特曼、丹尼斯·汤普森：《民主与分歧》，杨立峰等译，东方出版社 2007 年版，第一章。

② 当然，在现实的慎议论坛中，借正义、道德之名行谋求私利之实的现象并不罕见。正如某些学者所批评的那样，慎议民主模式容易滋生言不由衷的作秀式表演。这意味着慎议民主对参与慎议的每一个人的分辨是非的能力提出了较高的要求，他们都应使自己不容易被假象迷住双眼。这种能力的提高反过来又依赖更多的信息沟通和言谈交流。随着慎议的展开和深入，慎议者中存在的伪善现象可能得到一定的遏制。部分地出于这个考虑，一些民主理论家认为慎议民主有助于公民社会整体的道德提升。

③ 出于自利动机的辩护有时被称为“审慎”，这种辩护过程实际上是一种讨价还价的过程，最终无法达成共识，而只能达成一种罗尔斯式的“临时协定”或权宜之计，当然也无法满足慎议的互惠性和公共性要求。处于另一个极端的是出于利他主义动机的公正无私（impartiality）原则，它向个人提出的道德要求比互惠性原则严苛得多，被称为解决慎议分歧的“圣人模式”。处于这两个极端之间的互惠性原则鼓励慎议者向他人证明自己的正当利益。罗尔斯称审慎原则为“互利的理念”（idea of mutual advantage），参见 Rawles, *Political Liberalism*, Columbia University Press, 1996, p. 16 – 17。

全然不顾道理、道德劣势而坚持自己利益立场的人来说,慎议民主所倡导的讲道理、讲道德的讨论氛围或多或少地有利于培养他的道德感和羞耻心。此外,也有助于其他人能够站在一种不偏不倚的道德立场来评估某个慎议者的政策主张的正当性。如果这些人出于自利的考虑选择了偏袒那个慎议者的主张,那么,他们同样要承受相应的舆论压力和道德负担。

第二种情况是某些议题并不直接涉及某些慎议者的切身利益。比如美国公共慎议论坛围绕是否应当立法禁止非医学或法律原因的妇女堕胎行为聚讼纷纭,对于某些慎议者来说可以站在"事不关己"的旁观者立场,作出自己的道德判断。当然,即便并不将私利因素考虑进来,慎议分歧也是难免的。人们会在两个层面上发生道德分歧:首先,即便慎议者共享了大致相似的道德观念,对于什么样的政策主张更加符合道德观念,慎议者之间仍然可能存在种种争议,比如共享了功利主义道德观念的人围绕具体的某个议题仍然可能发生道德分歧,我们将这种分歧称为"一阶道德分歧"(the first-order moral disagreement);其次,慎议者往往并不共享同一种道德观念,比如,持有一种功利主义道德观念的人与持有一种康德式义务论道德观念的人,同样可能围绕某个具体的政治慎议产生道德分歧,我们将这种分歧称为"二阶道德分歧"(the second-order moral disagreement)。

即便我们不反对将理想状态下的慎议分歧理解为某种形态的道德分歧,也不能因此而认为慎议政治问题根本上乃是道德问题。这一方面是因为现实状态下的某些慎议分歧不能被还原为道德分歧:某些情况下的分歧乃是赤裸裸的利益分歧。① 另一方面是前文提及的政治的现实性、紧迫性和开放性特征,使政治问题不同于道德问题。道德、正义的论理、辩驳相互砥砺,去芜存菁,不断提升慎议各方的论辩水平和观点说服力。没有一种正义观有资格拒绝反思和批评。我们可以寄希望于慎议推动公民道德水平的进步,但慎议首先服务于政治决策,而不是道德教育。提高公共道德水平不应当成为慎议民主的主旨。

最后,"求同"只是慎议民主的一个副产品,无论这种"同"指的是严格意义

---

① 这里的道德分歧乃是慎议各方彼此遵循了道德所要求的互惠性原则和公共性原则而发生的分歧,因此,我们并不考虑将私利上的彼此冲突视为道德分歧。尽管有一种观点认为,道德主张实际上可以还原为某种形式的自利,即便是利他主义行为也是如此。这种道德观实际上抹杀了道德与利益的界限。

上的大家一致同意,还是指非严格意义上的至少两个人之间的同意。与“求同存异”相比,慎议民主和公共理性更加倾向于“和而不同”——与其说慎议民主旨在求同,毋宁说它旨在求和。当然,这里的“和”并不意味着追求像下一盘和棋那样没有胜败输赢的结局,更不意味着一团和气、息事宁人,教导大家如何做个片面强调合作、团结的老好人。而是说,起决定作用的是理性和道理的力量,而不是权力和利益的博弈,同时为所有人提供一个和谐的合作和竞争舞台,不至于因为存在合作和竞争而“伤了和气”,不同的立场、观点和利益诉求之间的紧张、冲突可以在最大程度上得到缓解。慎议民主并不回避不同的声音,相反,它为不同的声音提供辩护。关键不在于是否应当达成或多或少的一致,而在于如果存在不一致,各方当事人能否都诉诸理性和道理为自己的立场、观点和利益诉求辩护。各说各理的情况在现代民主社会中是一个常态,我们可以不接受别人的观点,但我们能够理解他们。由于理性和道理的力量,所以人们原先的那些立场、偏好或观点可能在道理面前得到修正甚至被放弃。当然,在聚合民主模式下,一个公民同样可能修正或放弃原有的偏好,但原因不同:一个偏好之所以被修正或被放弃并非由于它的“无理”,而是由于它的“无利”,即出于某种成本—收益分析的经济学考量而被修正或放弃。而在慎议民主模式中,任何观点都必须放到公共论坛中接受众人的慎议(批判、反思),没有人掌握绝对真理,从这个角度看,慎议民主必须具备开放、谦逊和包容的品质。

二、慎议的主旨

经过约翰·杜威(John Dewey)对聚合民主的反思,人们越发意识到,将注意力放在共同意志上根本就是搞错了方向,无法把握政治安排的真正含义。但仍有一些慎议民主理论家不愿意放弃“理性共识”的慎议理想。阿米·古特曼(Amy Gutmann)和丹尼斯·汤普森(Dennis Thompson)提到了一个“道德分歧的缩减原则”。他们认为,如果分歧能够基于互惠原则或“第一人称复数”(first person plural)的精神得到解决,那么慎议比聚合更容易达生共识;退一步说,如果分歧一时无法解决,那么它更有可能在将来达成共识;再退一步,即便达成共识无望,它仍可以被期望用来促进公民之间的相互尊重。公民及其代表在互陈理由时应努力求同存异,将彼此的差异降到最低程度。他们将此视为“慎议民主的核心"①。

然而,问题在于:第一,慎议民主是否应当将"求同存异"视为核心要务?第二,慎议民主是否应当将提倡相互尊重的价值视为核心要务?古特曼和汤普森区分了两种不同类型的分歧,一种是看似无法调和,其实可能化解的"假分歧",另一种是那些根深蒂固、无法调和的道德价值,此谓"真分歧"。他们的意思是,慎议民主可以缩减那些"假分歧",而在存在"真分歧"的各慎议方之间应当培养互相尊重的政治氛围。但问题在于,无论慎议民主怎么做,都不能简单地断言它可以缩减分歧的绝对数量,因为,随着慎议的拓展和深化,人们之间的分歧可能更多了。一方面,人们不太容易缩减所谓的"假分歧";另一方面,人们又非常容易加剧现有的"真分歧"。公民或其代表并不必然在正义问题上达成共识,诉诸正义或其他可能有争议的原则可能会加剧现有分歧,尽管同时它可能给出新的处理现有分歧的途径。我们只能缩减道德分歧的种类,而不能缩减道德分歧的绝对数量。即便分歧的绝对数量增加了,也并不意味着慎议的失败。分歧的缩减不是慎议刻意追求的主旨,而是一种自然产生的副产品。他们自己也承认,在大多数决策中,我们并不指望能够达成广泛的共识,慎议所产生的争议一点也不比它所消除的争议少。如果以达成共识、缩减分歧为目标,那么慎议民主不仅会让人失望,而且可能误入歧途。自由主义者早就指出,民主制度无法建立在共同的、实质性的道德共识的假设之上。

当然,对待分歧的态度是一个大问题,其充分体现了慎议民主与其他民主形式(如聚合民主)之间的主要区别。围绕此问题,慎议民主内部也存在不同看法。有的以共识为导向,主张慎议应当达成旨在实现共同利益的共识;有的以多元主义为目标,主张慎议应当寻求能让彼此无法调和的多元价值偏好得以和平共处的公平条件。这之所以是慎议民主的内部争议,是因为它们共享了很多东西。换言之,它们之间存在某些共识。比如,双方都主张慎议民主的首要目标是证明公民及其代表提出的决策和法律的正当性。双方都强调分歧只能通过慎议的方式消除,共识也只能通过慎议的方式达成。它们的分歧在于,我们是应当通过消除分歧来达成共识,还是应当通过寻求共识来尊重彼此之间的

---

① [美]阿米·古特曼、丹尼斯·汤普森:《审议民主意味着什么》,谈火生译,载谈火生编:《审议民主》,凤凰出版传媒集团、江苏人民出版社2007年版,第7~15页。

分歧。

如何和善地共存,而非如何达成一致,才是慎议民主真正应当关心的问题。我们应当消解掉那些非慎议性分歧,但关键在于,我们只有首先在慎议各方之间达成一些最基本的共识,才能够慎议地消除分歧。我们将这些共识称为慎议民主的“底线共识”。共识并非越多越好,而是应当恰到好处。在该取得共识的地方,慎议民主要求人们谋求共识,而在不该取得共识而应当维持分歧状态的地方,慎议民主要求人们尊重差异、彼此尊重。我们不仅不应当在非公共领域(如私人、家庭空间及私人会所)强求达成一致,也不应当在公共领域中的某些根本性分歧(慎议性分歧)上强求一致。政治生活乃是一种公共生活,私生活有权拒绝被政治化亦即被公共化。一个企业的股东如仅作为股东并没有促进公共利益的义务。一个企业首先是个经济单位,应首先遵守利益博弈、收益—成本分析等经济法则,慎议对于一个私人性组织而言是一种补充,而且是内部的补充。这意味着我们无法将慎议从外部强加给一个私人企业。同理,宗教也有自己的非公共领域,艺术的创造和鉴赏活动亦是如此。这些都不是公共慎议可以横加干涉的。一个国家有赖于政治、经济、宗教、艺术等领域的协调发展,甚至消费主义在大众传媒和百姓生活中受崇尚也有其合理性。

基于以上分析,我们认为,慎议民主的主旨是追求政治正当性(political legitimacy),它以“和而不同”为目标。集权主义的政治模式缺乏正当性,是因为公共权力只掌握在极少数人手里。而多数决原则的聚合民主缺乏正当性,乃是因为真理有时候掌握在少数人手里:从目标角度看,最多人同意的候选人和政策并不必然是最正当、最合理的候选人和政策;从程序角度看,“多数同意”达成的过程本身也未必是合理的,因为群众可能受到了操纵,他们的利益诉求并不一定是合理的(他们可能舍本求末)、融贯的(他们可能陷入“囚徒困境”之中)。此外,集体非理性或“群氓的政治”也并不罕见。

慎议民主的政治正当性主旨较好地把握了政治的本质。政治不同于经济,私人的、团体的甚至是公共的利益诉求都不是政治最应该关心的问题,由此观之,基于权力—利益博弈的政治模式走错了方向。政治不同于道德,因为它要求在无比复杂的偏好冲突的态势中,在尽可能短的时间里,花尽可能少的精力去调节利益冲突。政治并不鼓吹自利论、利他主义、功利主义、亚里士多德式德性论、康德式义务论等道德学说。政治也不是哲学,它没有义务提升一个民族的理性水平和哲学水平，尽管它事实上通常做到了这一点。政治慎议并不是政治讨论，因为它必须面对复杂的政治环境，受限于诸种现实的甚至是残酷的政治因素，任何政治慎议都不可能像哲学家在会议上讨论那样悠闲自在。哲学讨论可以没有定论，但政治慎议必须有一个结果，尽管这个结果常常不是通过理性和道理的力量达成的。

第三节 慎议民主的一阶、二阶及三阶理论

一、慎议的三个层面

我们说，慎议民主是公民及其代表需要对其决策之正当性进行证明。这句话仍需要进一步解释。首先，这里的公民包括政府官员和普通公民。其次，这里的决策，包括三个层面。① 其一，对公共决策所依据的立场、观点或宣言进行辩护。这种辩护必须满足一种“讲理的需要”(reason-giving requirement)，向对方证明自己的观点为何是正当的。在很多情况下，这是一种道德论证。当然慎议民主并非总是事关道德论证。其二，决策的形成和执行过程在一定程度上仍然需要“非慎议”的决策形式，比如利益集团之间的讨价还价、由行政部门加以规范的秘密交易。在这里，政治的范畴超出了道德的维度。在道德上悬而未决的地方，政治必须有所取舍、有所抉择，慎议民主会为领袖人物拍板、委员会表决和选民投票等决策方式以及为这些决策的必要执行方案的正当性提供辩护。其三，慎议民主还必须为其自身的正当性辩护。这种自我辩护的过程可能会被怀疑为循环论证，即用慎议的方式为慎议的正当性提供辩护。当我们要求聚合

① 我们在这里对慎议民主作出一阶、二阶和三阶理论区分，与古特曼、汤普森的一阶理论和二阶理论在区分标准和目标上都有所不同。他们认为功利主义、自由主义、社群主义属于一阶理论，因为它们声称自己能解决道德冲突，但同时它们又互相排斥，相形之下，慎议民主和聚合民主都属于二阶理论，它们试图为上述一阶理论提供公平竞争的论理舞台，在保持这种互竞的一阶理论前提下保持自身的连贯性。在标准上，我们分别从三个层面来理解慎议民主的性质和功能，一阶理论直接面对分歧本身提供慎议模式；二阶理论在慎议模式不够用的情况下选择一些其他的(非慎议民主的甚至可能是非民主的)决策模式，并为之提供慎议的正当性辩护；三阶理论为慎议民主自身的正当性提供自我辩护。参见[美]阿米·古特曼、丹尼斯·汤普森：《审议民主意味着什么》，谈火生译，载谈火生编：《审议民主》，凤凰出版传媒集团、江苏人民出版社 2007 年版，第 7 页。

民主为自己提供辩护时,会有这种怀疑。但是这两种怀疑之间仍有根本区别。比如说,我们主张通过投票的方式来为一种投票制度进行辩护,这种自我辩护的方式是徒劳的。这个时候,我们可以诉诸慎议的方式为在某种情况下进行投票决策来辩护。

慎议民主与聚合民主对待投票的态度有一个重要差别,就是前者对投票作为一种正当的民主决策模式的认可是有条件的。慎议民主并非反对投票,而是对投票的态度更加慎重。从慎议的角度看,投票决策在很多情况下都不是解决分歧的最恰当方式。相反,投票在很多情况下实际上回避了分歧的关键。慎议民主并不否认公民权利的确认及其意志的表达是民主政治的核心要素,它只是特别主张这种政治模式需要通过讲理的方式来进行。这意味着慎议民主已经注意到,比如通过全民公决的方式来决定国家是否应当发动一场对外战争,这种决策方式并不总是合理的。一项决策仅仅在程序上是“民主”的还不够,它还必须在实质上是合理的,在某些(但并非所有)情况下,它还必须合乎道德。慎议民主试图将通情达理、讲道德和民主决策结合起来。

政治无法回避公民们在利益、偏好和价值观等方面的深刻分歧,而且其中有一些分歧是合理的。但并非所有存在分歧的利益、偏好和价值观都是合理的(我们不难举出不合理的例子),而是一个社会中存在这样那样的分歧,这一点是合理的。在罗尔斯那里,这一点被称为“多元主义的事实”。他认为这种多元主义是永久的、深刻的,既没有可能,也没有必要完全消除那些合理的分歧。慎议民主和聚合民主都肯定这些分歧的存在,但两者对之的态度存在非常大的差异。聚合民主将它们视为无法调和的权力—利益冲突,它假定任何一方的利益偏好都不可改变,他们也不会轻言放弃,因此最终选择了通过委员会表决和选民投票等方式来试图弥合冲突,达成一致。因而,多数决的投票制度在这种政治模式中发挥了重要的作用。

然而,在慎议民主模式中,冲突被当作分歧来对待,分歧的存在不再被视为一种无奈的局面,而是政治生活中的合理情形。它不再选择去弥合冲突,强求一致,而是试图调节分歧,尊重差异,和而不同。在慎议论坛上,经过各方的交流、论辩,人们原先持有的利益偏好可能得到修正,比如将一个可能原本不那么合理的利益诉求修正得更加通情达理。在某些情况下,人们甚至可能放弃原有不合理的利益诉求。当然,更常见的情况可能是,分歧各方既不愿意放弃也不愿意修正自己的利益偏好,但即便在这个时刻,慎议仍能发挥作用,比如它保持了“最终”决策的临时性、动态性和开放性。“慎议过程不是谈话秀,也不是学术研讨会。”①围绕任何一项法则和政策的慎议过程都有相应的时效性,决策既不能无限期拖延,也不能一劳永逸。一方面,慎议是为更好地进行决策服务的;另一方面,决策即便作出也不能免于慎议,它仍然随时受到慎议的着眼于未来的监督和反思。加之理解的不完备性、有限理性和世事变迁的现实因素的存在,慎议民主提出了如下要求:一个原先不愿意修正或放弃自己利益偏好的人,仍然可能在决策之后反思自己的偏好。此外,对于任何一方而言,外部的批判总是存在的。这些内部反思和外部批判即便无助于收回既有决策,也有利于影响未来决策。在慎议民主那里,我们可以发现决策的暂时性与持续性的结合,以及封闭性与开放性的统一。

慎议民主的一个重要主张是将利益冲突转化成道德分歧。所以,这里要引入一个“互惠性”的概念。它主张每个人都应当推己及人、换位思考、将心比心,不再将争取个人或小团体利益的最大化视为理所当然、天经地义。它号召每个人都换一个思考的角度,即不是因为这个利益、偏好和价值观符合个人或个人所在小团体的需求才据理力争,而是将这个利益、偏好和价值观视为合理的、正当的而据理力争。据此,人们之间的分歧不再体现为利益之争、权力之争,而体现为道理之争、道德之争。考虑到政治的现实性和复杂性,两个讲道理、有道德的人之间仍然存在大量的分歧,这一点正如两个谋私利、争权力的人之间存在大量冲突一样正常。但这两类分歧之间存在根本区别。道德或道理分歧在某种意义上可以视为一个人与他自己的分歧。当一个人站在任何一个立场上时,尽管他不会同意相反的立场,但他仍然认为相反立场是合情合理的。他明白,对方不是单纯在为自己的私利而计较。同时他也明白,对方也清楚自己也并非单纯在为自己的私利而计较。在这种分歧当中,双方都站在了道理一边,而且双方都知道对方站在了道理一边。他们也明白,两种(或两种以上)的道理之间存在分歧是很正常、很合理的一件事情。从这个角度看,“公说公有理,婆说婆有理”是讲道理、讲道德的常态。当然,这么说并不意味着人们从来就没有不发

---

① [美]阿米·古特曼、丹尼斯·汤普森:《审议民主意味着什么》,谈火生译,载谈火生编:《审议民主》,凤凰出版传媒集团、江苏人民出版社2007年版,第6页。

生分歧、达成一致的时候，更不意味着人们故意要寻找分歧、避免一致，而只意味着慎议民主以另一种态度对待人们之间的分歧与一致。

据此我们看到，慎议民主的一阶理论是回答民主决策何以作为合理、有德决策的理论，慎议民主的二阶理论是回答民主决策在何种条件下允许权力—利益博弈、讨价还价、领导拍板、委员会表决、选民投票，乃至政府的秘密交易、伸出"脏手"等决策模式。慎议民主为这些决策模式提供二阶辩护。在此意义上，我们说慎议民主并不一概反对上述决策模式，相反，它会谨慎地、有条件地加以运用。所以，在评价诸如传统的聚合民主模式与慎议民主模式之关系时，我们最好不要断言两者之间存在非此即彼的关系，甚至也不便轻易地断言两者之间乃是"相互补充"的关系。严格来说，慎议民主既不是对聚合民主（如选举制度）的简单替代，也不是对聚合民主的简单补充，而是在优化了民主政治制度的同时又有条件地吸收了包括聚合民主在内的其他决策模式，同时在慎议论坛上为这种吸纳作公开的二阶辩护。慎议民主的三阶理论在于为它的一阶和二阶理论提供根本上的正当性辩护，因为如果慎议民主本身都不是正当的，那么，通过它来为决策提供一阶、二阶的正当性辩护都是站不住脚的。所以，慎议民主不仅要为决策的正当性提供辩护（证明），还要为其自身的正当性提供辩护。

我们可以将慎议民主的某些内部争论视为这种民主模式自我辩护的一种方式。比如，代议制可以被视为慎议民主的必要部分，与直接民主相互补充。

从公共理性角度看，慎议民主试图让政治变成一种公开的、坦诚的人类活动，这是一种理性的、合理的活动，在某些情况下同时又是有德的活动。它使人们不再单纯地为了特殊利益、偏好、权力、价值观等而据理力争或据力力争，而是本着"互惠性原则"就无法回避的道理和道德问题展开论争。利益的考量一旦被放到道理和道德的维度上，它不再单纯是一己之私，而是公共的利益以及慎议民主为之提供了正当性辩护的个人及小团体利益。从这个角度看，公共理性并不简单地排斥个体理性、小团体理性，当然也不简单地排斥集体理性和族群理性，而是将这些实践理性形态重新整合到公共理性的逻辑空间之中，重新对它们的正当性提供辩护。

政治是现实的、复杂的，政治活动并不总是公开地进行。有些秘密或私密的活动（如秘密决策、安全机密甚至政府私下交易）对于政治而言是必要的。在这个时刻，公共理性并不简单地驳斥私密活动的正当性，相反，它为私密活动重新勘定畛域,有条件地对其提供支持,并且为它的正当性提供二阶辩护。

慎议必须在公共论坛中进行,而不能仅在个人的大脑中进行。卢梭认为,个人完全可以通过自我反思、通过“良知”来判断“公意”。但慎议民主主张,人们唯有进入公共论坛,通过与他人的沟通甚至交锋,才能把握和磨砺自己的公共理性。公共理性的沃土在于人际交流和理性论辩,而不单纯是自我的反思,抑或对“良知”的体认。公共性原则对慎议民主的要求体现在三个方面。其一,场合的公共性:慎议本身必须在公共论坛上公开地进行。其二,内容的公共性:慎议的议题必须是公共的,拒绝将单纯私人事务或一个家庭、团体的内部事务作为公共论坛的议题。其三,理由或论据的公共性:慎议所给出的理由或论据必须是公共的,也就是诉诸几乎所有人都能进行评估的证据和信念,比如慎议者不能仅凭据神的启示来证明某项决策或法案的正当性。

从公共性角度可以看出慎议民主在对待投票问题上与聚合民主的差别。在任何民主的模式中,投票都是必需的,但在聚合民主模式下,公民投票时直接地表达意志而无须给出理由,这种意志是未经反思并且无须反思的,他们就像在市场上扮演消费者角色那样,通过选择相互竞争的产品(候选人及其政党)来表达自己的偏好;退一步说,即便慎议者给出理由,在聚合民主模式下,这种所谓的论证也只不过是一种自我确认而已。但在慎议民主模式下,投票成了公民们公共的、公开的行为,因为任何偏好的表达都需要反思,并且慎议者之间会存在相互批判的行为。用罗尔斯的话说,公共理性拒绝将投票视为个人私事。①

假如我们要求所有政治活动都必须公开透明,那么这会像我们要求所有的政治决策都必须得到道德辩护,或者像我们要求所有的政治决策都必须基于道理或道德上的最后的、无异议的共识作出,或者就像我们要求所有的政治决策都必须取得一致同意那样不可思议。为这种现实性和复杂性提供辩护,类似于为政治为什么需要某种意义上的强制而非任何情况下的完全自愿进行辩护:因为没有强制就没有政治,正如没有权力就没有政治。政治不是哲学,哲学研究可以完全公开透明,但政治不行。政治不是道德,道德在没有取得定论时可以“悬置判断”,不下定论。再多的慎议也代替不了行动,正如有些时候,再多的慎议也阻止不了行动。通过这些角度,我们可以重新定位政治的本性。换言之,

---

① See John Rawles, *Political Liberalism*, Columbia University Press, 1996, p. 219.

慎议民主主张就像一个人处理个人决策那样,让公民或其代表们聚集起来作决策。从这个角度看,慎议民主中蕴含了一种重要的目的论:正如亚里士多德所言,一个人只有进入城邦,才能完成从小写的“人”到大写的“人”的过渡。城邦(现在的国家)也就是大写的“人”。

二、有合作的竞争与底线共识

尚塔尔·墨菲批评慎议民主“仅仅从(聚合民主的)经济模式走向了一种道德模式”,尽管两者的差别是明显的,但它们仍共享了一个缺陷,即以不同的方式缺失了政治的维度。尽管她所针对的慎议民主是典型的哈贝马斯式的,但她仍然将政治维度的缺失视为慎议民主的一个通病。[①] 她建议我们放弃理性共识的美梦,不要再幻想我们可以逃离自身的生活形式。

墨菲区分了“政治的”(the political)和“政治”(politics),前者指内在于人类社会的对抗性维度,这种对抗可能呈现为很多不同的形式,并可能出现在各种社会关系之中。而后者指各种实践、话语和制度的集合,人们试图利用它们来建立某种秩序,使大家在总是存在潜在冲突的条件下能和平共处。我们将“政治的”理解为一个描述性的事实概念,而将“政治”理解为多少带有规则性的价值概念:它在一个冲突或潜在冲突的背景下创造最低限度的合作,我们称之为“和而不同”。

墨菲接着区分了“敌人”(enemy)和“对手”(opponent)的概念。敌人是一个不共戴天,需要加以消灭(肉体消灭或精神消灭)的对象,而对手则是一个尽管你会反对他,但并不质疑他捍卫自己观点的权利的对象。换言之,对手是一个具有合法地位的敌人,他与我们一样认同并遵守民主的道德—政治原则。与之相应的是,民主政治的目标就是将不共戴天的“敌对”(antagonism)关系转化为与自己仍有最低限度合作关系的“竞争”(agonism)。

---

① 在以“政治的回归”这个意味深长的短语为书名的著作里,墨菲直言不讳地指出罗尔斯的政治自由主义是一种“没有政治学的政治哲学”。在她看来,过去几十年复归的政治哲学所褒扬的实际上仅仅是道德哲学在政治领域的一种拓展。只不过在罗尔斯那里,政治的核心被“道德齐一性”概念所占据;而在哈贝马斯那里,政治哲学基于普遍理性概念。参见[英]尚塔尔·墨菲:《政治的回归》,王恒、臧佩洪译,江苏人民出版社2008年版,第三章、第九章;[英]尚塔尔·墨菲:《慎议民主抑或竞争式的多元主义?》,霍伟岸译,载谈火生编:《审议民主》,凤凰出版传媒集团、江苏人民出版社2007年版,第353~361页。

彼此将敌对关系转化为竞争关系,关键在于一种最低限度的道德—政治原则能够成为一种"理性共识"。这种转化是民主的一个重要特征,而达成这种"理性共识"乃是慎议民主的根本目标。政治冲突的双方在论辩中并非一味指责对方妨碍了自己的利益,亦非一厢情愿地为自己的价值偏好的正当性提供辩护,而是相互督促对方认同或遵守民主的道德—政治原则。

慎议民主并非意在消灭或掩盖冲突,而是承认冲突并把冲突合法化,而且冲突的双方都能够自觉地拒绝通过一种独裁主义的秩序来压制冲突。这种理性共识首先表现为一种"冲突的共识"。然而,慎议民主并非简单地旨在达成更多的共识,亦非旨在就某些具体的政治议题达成共识,而是使冲突双方之间的竞争有章可循,避免陷入"霍布斯丛林"的"自然状态"之中,使敌对变成竞争,其旨在使单纯的冲突变成一种既有冲突又有合作的"混合游戏",以便竞争关系得以维护和持续,并避免陷入两个极端的局面,一是避免其中任何一方采取独裁的方式来压制冲突,二是避免社会陷入崩溃状态。为此,我们将慎议视为寻求最低限度的共识的过程,而非简单地禁止将私利和激情带入公共论坛,也不是单纯地弘扬无私、公正和道德,而是对于"有合作的竞争"——合作的条款进行慎议,同时又避免任何一方强行要求另一方合作。据此,公正和道德在政治领域扮演着一种"底线道德"的角色——的确,政治只需要"底线道德"。慎议者真正需要关心的不是基于既有的底线道德的"理性共识",也不是致力于达成更多的、更高层次上的"理性共识",而是在一个普遍冲突的多元社会中如何能够达成并维持这样的一种"底线共识"。理性的共识并不拒绝通过"非理性"的方式来达到,比如通过修辞、激情和诉说(give testimony)的方式。所以,我们实际上将这种理性共识理解为一种基本的道德共识,它让人们注意到人们之间的分歧有多么根深蒂固,并就何为政治冲突的关键所在达成共同理解。

三、民主如何安置强制?

至少存在三种解决政治冲突的模式,它们分别对应不同的人类理性和道德层次。

第一种模式是诉诸暴力(就其现实性而言)或以暴力相威胁(就其潜在性而言),征服与妥协是这种政治模式中的基本关系。在各参与方实力差距并不太大时,彼此的妥协可能成为一种常态。此时我们称之为各方处于一种"恐怖平衡"之中。任何一方想要打破这种平衡,必须通过新的暴力或以暴力相威胁才能达成。但无论如何,这种平衡都是极其脆弱的、临时的。不管平衡点在什么地方,都无法寻求超越于力量(force)之上的理性或道德辩护。因此,我们说此模式对应于人类理性中的“无理”(non-reasonableness)层次,对应于人类道德中的“无德”(immorality)。所谓“无理”,并不是说参与各方都是“非理性的”(irrational),也不是说他们都是“不讲道理的”(unreasonable)。讲道理的人在某种情况下也会使用暴力或以暴力相威胁,而一个理性的人当然更可能如此。在政治活动中,理性随时都在发挥作用。但这里发挥作用的理性很可能仅仅限于个体理性或小团体理性(这是个体理性的一种特殊情形)的范围,未能上升到相互性和公共理性的层次。在道德上我们称之为非道德主义。

第二种模式是诉诸谈判[或讨价还价(bargaining)]。非合作博弈以及部分合作博弈属于此种模式。在此模式中,力量仍然很重要,但这种力量在更大程度上体现为理性的力量(不妨称之为权谋)而非暴力。到了这个阶段,一致(agreement)与分歧(disagreement)的关系已经取代了征服与妥协的关系。当然,这里的一致准确地说仍然处于一种低级状态——“权宜”。而原先由暴力所维持或改变的“恐怖平衡”此时已让位于博弈各方之间的“纳什均衡”。博弈论提醒我们,纳什均衡并不仅仅是各方实力差距的体现,更是各方理性(就博弈中所需要的理性形态而言)差距的体现。从著名的“枪手博弈”案例中可以发现,实力最差的人并不总是博弈的最劣势方,实力最好的人也并不总是博弈的最优势方。整个博弈的环境既是由博弈各方采取的理性策略决定的,在很大程度上又是由博弈环境诸因素之间的因果联系和相互制约决定的。有些环境可能有利于实力上的弱者,当然,更常见的情况是,有些环境有利于强者。对应于此模式的理性水平是个体理性或某种意义上的集体理性,但不管如何仍然属于工具理性的范畴。而对应于此模式的道德水平是“低限度的道德”,一种为工具理性服务的道德。

第三种模式是商议(慎议),它与罗尔斯的重叠共识和哈贝马斯的商谈关系密切,但又不完全一样。慎议概念是慎议民主的焦点所在。实际上,只有在民主政治中,这种商议模式才可能维持下去。因此,商议民主的一个核心问题就成为:当民主社会的公民在公共政策上产生分歧时,他们应该怎么办?这里的“分歧”有两种类型:一是道德分歧,亦称为可商议性分歧;二是非道德分歧(比较常见的是利益分歧),亦称为不可商议性分歧。前者依赖于狭义的商议,后者至少部分地依赖于第二种政治模式,即讨价还价。就前者而言,处于道德分歧中的公民各方应该同其他公民协商以寻求道德上的一致性,若这种一致性至少就眼前而言不可得,就努力维持彼此间的尊重。据此,"一致"和"尊重"成为商议民主中的两个核心概念。

人们在道德上达成一致不仅意味着道德的进步,更意味着政治上的进步。它巩固了民主,同时又为新的民主开辟了空间。由此达成的一致,就其非权宜性质而言,是非临时性的,任何这种一致的获得都依赖于参与各方在良性的合作—竞争环境下的努力。但就其非终极性而言,它又是临时性的:商议与民主结合的产物都不会是一劳永逸的,它总是处于走向更大的、更多的一致的过程之中。这种复杂特征意味着商议所达成的"力量平衡"既有一种稳定性,又具有一种不稳定性。但无论如何,我们有理由认为它是一种良性平衡。一个平衡点的打破意味着一个新的、更合理的平衡点的诞生。

当人们至少就眼下而言无法达成一致时,人们必须保持对彼此的尊重,因为只有这样才可能在将来达成一致。维持这样的尊重在一种最基本水平上巩固了政治和道德。参与商议的人们,其终极目标在于取得一致,而其基本目标在于维持尊重。后者是前者的前提,若没有彼此尊重,就不可能在商议中取得一致。

在公共论坛中寻求一致性犹如在纸上画圆圈,取得的一致越多,并不意味着分歧越少,相反,它意味着分歧越多。但这是一致与分歧之间的一种良性互动。在同一个议题上,人们所取得的一致并没有掩盖分歧的存在,相反,正由于人们发现了分歧所在,并且以一种相互尊重和彼此合作的态度参与到商议之中,人们才可能取得更多的一致。反过来,人们只有在取得更多的一致之后,那些进一步的分歧才会浮出水面。我们没有理由指望人们之间不出现分歧,因为没有任何一种一致是终极的状态。人们在分歧中寻求一致或共识,又在达成一致或共识后不得不面对新的分歧。在不同的议题上,一致与分歧之间的相辅相成而非简单的此消彼长的关系更加明显。人们在一个议题上取得了一致后,立即就会发现在另一个问题上仍然存在分歧。人们之所以能够注意到这些分歧的存在,恰恰是因为人们已经解决了前面出现的分歧。

这样一种商议模式对应于人类理性的"公共理性"层次,对应于道德的"相互性”层次。它既不是利己主义的审慎，又不是利他主义的或公正无私的，用罗尔斯的话说，它是正义的、合理的，当然也是理性的。

慎议民主近来颇受关注。越来越多的理论家主张用理性说服代替强制权力，以道德论辩代替利益博弈，并以其作为民主的基础。在很多人看来，慎议民主超越民主之处，正如民主超越非民主制度一样，其表现之一便是排斥作为强制的权力，这种权力有时被简化为暴力。但是，这里仍然有几个问题无法回避。第一，可能性问题，即一种良好的慎议民主是否可能完全排斥强制？第二，必要性问题，即一种良好的慎议民主是否有必要完全排斥强制？第三，正当性问题，即某种形式的强制在慎议民主模式中是否能够获得正当性的辩护？第四，完备性问题，即这种强制如若是正当的，那么，对于强制进行正当化的努力能否是完备的？

正当性问题和可能性问题，乃是从现实角度考虑的，而必要性和完备性问题，乃是从理论角度考虑的。排斥强制对于慎议民主而言，理论上是必要的，但不是完备的；现实上是正当的，但又是不可能的。

在民主政治中，最有说服力的观点并不必然属于那些最雄辩的政客。自古希腊以来就有一个说法，即政治共同体（城邦）是大写的“人”，共同体代表其所有成员行动，但这种行动又总是不能求得所有人的同意。人们刚开始采取多数决的方式，权力来自投票这样的强制性制度。真理有时候掌握在少数人手里，但权力总是掌握在多数人手里，真理与权力之间的张力无法在民主模式下消除。在此模式中，权力依赖的不是单张选票而是选票的累积，也就是依赖影响力、说服力、讨价还价的能力、组织能力甚至诸种压力。

民主模式的一个贡献是将强制从个体性提升到了公共性的高度。但这种基于公共性的强制仍然只具有一种程序上的正当性。满足这种程序性条件的政治行动仍然可能在实质上是不正当的，因为多数决原则的关键不在于少数人的主张被忽视了，而在于少数人的主张恰恰可能是最具说服力的主张。相较而言，慎议民主抬高了理性的尊严，让有道理的人不至于轻易就淹没在被外部手段组织起来的多数人当中，让政治的正当性站在道理一边而不是多数人一边。

然而，强制仍然是必要的。这是因为，第一，毕竟政治是现实性极强的人类活动，即便是理念性极强的政治模式在现实中也不得不有所妥协。现实中，人们往往需要当机立断，没有足够多的时间、精力用来辩论或商议。在商议未能取得最终结论之前,人们就必须付诸行动。这时投票反倒成了比较直截了当、省时省力的办法,至少在一些时效性很强的政治事务上如此。人们在那里已经无力承担辩论所需时间、精力的代价了。

政治之现实性的另一个体现是政治的保守性。当另外一种选择可能导致一些严重的后果时,比如可能导致霍布斯式的自然状态"所有人对所有人的战争"之时,只要这种可能性存在,即便尚未达到一个较高的概率,政治的保守性也提醒人们不能去冒险。而保守的选择尽管不是一个令人满意的选择,但也不失为一个保险的选择。比如,如果辩论既可能导致取得一致或者维持尊重的良性结果,又可能彻底谈崩,甚至由于未能取得一致或维持尊重的良性结果而导致一些恶性结果,只要这些情形的确有可能出现,人们出于保守的考虑,会选择向一些权宜性的政治模式(如某种意义上的投票原则)妥协。

第二,政治毕竟是人的政治,而人首先是一个个有七情六欲的个体。个人皆是理性与非理性的统一体。一个人可能在理论上支持一个有道理并且有道德的行动策略,但在实际行动中却违反了这一点。此外,由于其他的一些非理性因素,一个人可能不必要、不恰当甚至频繁地改变自己的观点。在这些情况下,都需要一种外部的强制性力量来规范个人在信念和行动之间的一致性,以及此信念与彼信念之间的一致性。这种来自外部的强制性力量作为一种规范性力量,其概念基础乃是公共理性。然而,公共理性并不全然是外部的,而是每个人经过理性思索之后都会理性地同意的。这样一种强制性从表面上看来自外部,实际上来自一个人的内心深处。通过公共理性,个体理性与集体理性之间的某种张力可以得到缓解。

从上述基于现实性的政治妥协中可以看出权宜性的含义。慎议民主仍然无法完全排除权宜性因素,因为政治毕竟是现实的,是一种时间性的存在。这种权宜性无法获得一阶的正当性辩护,但是可以获得二阶的正当性辩护。我们不能直接说权宜之计是正当的,但是考虑到政治的现实本性,我们又不得不承认它是正当的。同理,在慎议民主模式下,强制也只能获得二阶的正当性辩护。

假设性同意不能为强制性提供令人满意的辩护。假设性同意的局限是明显的,它至多可以用于程序正义领域。实际上,我们关于强制必要性的第二点理由就诉诸假设性同意,即假设人们都会同意自己并不接受非理性的干扰,但只要涉及价值选择,假设性同意就失去了效力。也许我们可以假设所有正常人都是心智健全的、理智正常的人,但不能假设所有人都会同意一个特定的价值观,在涉及不可调和的价值观冲突时,尤其如此。

第四节　公共理性反对慎议民主?

慎议民主在当代政治理论中的兴起在很大程度上要归功于罗尔斯和哈贝马斯等人的贡献。无论是罗尔斯本人还是他的研究者都很自然地将他的“公共理性”与“慎议”联系了起来,至少在罗尔斯所理解的慎议民主模式中,公共理性扮演了一个重要的概念角色。然而,也有一些学者持不同意见。在他们看来,罗尔斯的公共理性理念“看起来更具有非协商(慎议)甚至反协商(慎议)的性质”①。那么,我们应当怎么看待罗尔斯式公共理性与慎议民主之间的关系呢?他的公共理性更多地倾向于一种道德哲学的慎思概念,还是更加倾向于当代慎议民主理论中的慎议概念?在罗尔斯看来,公共理性是慎议民主的重要部分。受罗尔斯影响,以赛亚·科恩(Isaiah Cohen)正确地指出,慎议民主的概念源于政治正当性观念。依据这种理想,行使集体政治权力的正当性是为了保持平等公民自由的公共理性基础,而慎议民主使这种理想制度化。据此,慎议概念就将公共理性置于政治正当性的核心。②

一、罗尔斯的批评者

库克从哈贝马斯的角度,对罗尔斯批评道,罗尔斯提出的公共理性基本上是“独立”的和“私下”的,其中,公民需要自己弄清楚在能够被所有人合理接受的意义上,其倡导的政治原则是否合理。罗尔斯的公共理性概念缺少的是动态的、变化的维度:对罗尔斯而言,公共理性不是通过偏好的转变实现规范一致性的动态推理过程,而是将限制强加给可公开接受的政治原则的思想。与其最初的观念相比,宽泛的公共理性观念是更少“独白的”,因为它开启了争论各方相

---

① [英]迈克尔·萨沃德:《罗尔斯与协商民主》,载[南非]毛里西奥·帕瑟林·登特里维斯主编:《作为公共协商的民主:新的视角》,王英津等译,中央编译出版社2006年版,第61页。

② 参见[美]以赛亚·科恩:《协商民主的程序与实质》,载[美]塞拉·本哈比主编:《民主与差异:挑战政治的边界》,黄相怀、严海兵等译,中央编译出版社2009年版,第101页。

互解释其观点如何支持其基本价值的途径。然而，即便它遵循前面提到的慎议的规范概念的方向，公共理性的转型维度仍然是不充分的。[①]

细心的读者注意到，罗尔斯在《政治自由主义》一书中经常使用的词不是“慎议”“论辩”这样的公共论坛用语，而是诸如“思考”“想象”“反思”这样一些“独白式”用语。仿佛公民在使用公共理性时，只需要“问自己”就足以建立合乎情理的正义原则了，与其他公民的论辩、商榷似乎不那么必要。无独有偶，迈克尔·萨沃德(Michael Saward)也指出，罗尔斯的“公共理性”并不是真的要求公民在公共论坛上进行论辩，相反，它似乎与内容相关，也就是关于如何在公共政治论坛上思考基本问题——如罗尔斯所说的宪法要旨和基本正义问题——的一系列“探究指南”。据此，公共理性是一种“事物”而非一个过程，是一种被“赋予”而非创造或实践的产物。[②] 由此可见，这一点与哈贝马斯所倡导的程序主义的慎议民主也是存在分歧的。

库克对罗尔斯的另一个批评是，罗尔斯对公共和非公共领域的划分导致其理论内部产生了问题，从而与如下观点产生了分歧，即慎议民主所表述的政治理想与“我们是谁”的一致性。在库克看来，与罗尔斯的主张相反，政治正义原则确实需要家庭、教会等所谓的“非公共领域”在某些方面是民主的，否则，它们就无法促进与民主价值相符的思考习惯、感情和行为方式。鉴于罗尔斯对这两个领域的划分乃是基于他对现代民主社会中的“合乎情理的多元主义事实”的体认，亦即不可调和的道德差异的事实存在要求政治自由主义采取一种宽容原则。但在库克看来，宽容原则当然是必要的，但它只是要求我们与那些我们无法接受的或令人讨厌的整全性学说和平共处，而不是主张在两种彼此冲突的整全性学说之间开展批评性交流。

库克持有一种哈贝马斯式的观点，后者认为道德诉求与真理诉求具有相似的地位，因为它们都是认知性的，都具有客观的认识论地位。而恰恰在这一点上，罗尔斯自觉地表达了自己的异议。在罗尔斯那里，公共理性理论及其所依托的政治自由主义及慎议民主恰恰并非为了追求一种关于政治的道德知识。

---

① 参见[爱尔兰]梅维·库克：《协商民主的五种观点》，载[南非]毛里西奥·帕瑟林·登特里维斯主编：《作为公共协商的民主：新的视角》，王英津等译，中央编译出版社2006年版，第29~30页。

② 参见[英]迈克尔·萨沃德：《罗尔斯与协商民主》，载[南非]毛里西奥·帕瑟林·登特里维斯主编：《作为公共协商的民主：新的视角》，王英津等译，中央编译出版社2006年版，第65页。

相反,他主张公共理性必须在诸多的这类知识——他称为"整全性学说"——之间保持中立。在此意义上,公共理性、政治自由主义和慎议民主都不是任何一种道德哲学或者形而上学,而只是一种政治哲学。如果将民主社会中的公共慎议的范围拓展到库克所说的家庭、教会等非公共领域,那么罗尔斯的确不支持这样一种慎议民主。

相较于后期的政治自由主义,罗尔斯前期的《正义论》及其一整套方法对他的批评者产生了更多"先入为主"的影响,比如"无知之幕"后的理性选择理论、反思平衡方法等。的确,《正义论》并没有倡导任何一种慎议民主理论。当他后来试图基于公共理性理论为政治正义论提供新的基础时,他的批评者们不难产生这样的疑虑:这种公共理性究竟在多大程度上摆脱了个体独白式的"理性选择"的纠缠,从而真正进入公共论坛的论辩和慎议之中?诚如塞拉·本哈比(Seyla Benhabib)所指出的那样,罗尔斯式的政治自由主义版本的公共理性理念与慎议民主模式之间一方面共享了某些基本的前提,另一方面又存在某些重要的差异。① 鉴于罗尔斯式公共理性与慎议民主之间的区别,有些学者甚至直接指出"罗尔斯不是也不可能是一个慎议民主理论家"②。

然而,笔者认为这里最值得关注的还是它们所共享的一个重要前提,即公共性或公开性。即便慎议民主仍然需要包括投票在内的多数决定规则,但慎议民主在对待投票的态度上与聚合民主仍然存在重要的区别。基于社会选择理论的"民主的经济理论"将政治论坛比作市场,将投票行为比作市场买卖的私人行为、一个基于个体理性的利益博弈行为。但是,慎议民主模式虽然也会将投票视为一种推选领袖、制定政策或通过法律的一种迫不得已的方式,但它主张将公民或其代表的投票行为视为一种公共行为。公民有义务为自己的选择提供理由,他有义务倾听并回应其他慎议者的质疑或指责。为了体现这种选择的说服力,他必须诉诸理性和道德,而不是私人偏好。也许,最终他未能说服其他慎议者同意他的选择,反过来,其他慎议者也无法说服他放弃原先的选择,无论如何,这种寻求理性共识的姿态本身乃是一个自由民主社会里的公民或其代表

---

① 参见[美]塞拉·本哈比:《走向慎议模式的民主正当性》,载[美]塞拉·本哈比主编:《民主与差异:挑战政治的边界》,黄相怀、严海兵等译,中央编译出版社2009年版,第80页。

② [英]迈克尔·萨沃德:《罗尔斯与慎议民主》,载[南非]毛里西奥·帕瑟林·登特里维斯主编:《作为公共协商的民主:新的视角》,王英津等译,中央编译出版社2006年版,第61页。

在从事政治慎议时的必备素质。换言之,包括论辩和选举在内的民主慎议过程必须在一个方面诉诸公共理性。

当然,我们亦可发现公共理性与慎议民主的公共性前提有一些区别。这些区别是由它们的功能和本性的差别所决定的。慎议民主乃是一种集体决策的方式,它特别强调公共论坛的概念。尽管公共理性也强调公共论坛的概念,但它有时候会单单指向一种原则上的公共性,而不是事实上的公共性。我们说公共理性蕴含了一种公开地运用我们的理性的意思,但它并不排除公民或其代表、公共机构思考公共事务。推理对于公共理性是必不可少的,但这种推理并不一定要通过言谈的方式公开表达出来。它与非公共理性的区别在于,它在原则上是可以公开表达出来的。

公共理性和慎议民主在公共性上的差别,除了上面所说的程序上的,还包括实质上的。公共理性所说的公共性具有一种很强的规范性特征,我们称为公共理性原则。这种公共理性除了为平等而自由的公民在公共政治论坛参政议政服务,还为公民的公共责任和公权力的强制性提供正当性辩护。罗尔斯式的公共理性更多地从公权力的强制性运用和政治正义的强制性规则角度,服务于国家及其组织制度,以解决国家的宪法要旨和基本正义问题。与公共理性的强制性维度相比,慎议民主更加强调平等、自由的公民权利,以及慎议者之间的互相包容和互相尊重的精神。所有人不受任意的强制是慎议民主的题中之义。

二、慎思,还是慎议?

“在现代多元民主社会的背景(这被认为是一个给定的事实)下,公民对公共事务(尤指有关国家权力的强制性使用的事务)的论辩该如何进行?”这是一个规范性问题,其中蕴含某种理想,即在公共论辩中,哪种理想是公民应该追求的。人们将这一理想当作对公共事务进行论辩的程序。这一程序不是实质性的,而是形式上的,它指向一种工具理性的追求,即公共理性。然而,这里的工具理性是二阶的,因为在一阶层面上,即“应当如何”的层面上,它仍然指向一种价值理性。而且,由于公共理性表达了一种尚未实现但又应当并且可能实现的理想或者“理念”,而非现实情形,所以,我们将之视为某种“发明”或“建构”工作,而非“发现”或“描述”工作。

这种提问方式是罗尔斯式的。他自觉地将论域限制在政治哲学范围内。

他对“公共”的理解是狭义的,即严格的政治活动领域。由此看来,罗尔斯式的公共理性是典型的政治哲学进路,而非广义的道德哲学或形而上学进路,并且,这里的政治哲学还必须有进一步的限制,即现代多元民主社会背景下的政治哲学。这里的第一重限制将康德式或哈贝马斯式的公共理性挡在了门外,第二重限制与霍布斯式的公共理性划清了界限。然而,当涉及卢梭式的公共理性时,情况却比较特殊:一方面,罗尔斯本人也承认自己的理论中有卢梭理论的渊源;另一方面,卢梭却不是在罗尔斯式的背景下讨论公共理性问题。一个包含从霍布斯到罗尔斯、哈贝马斯的提问方式也许是:“公民对公共事务的论辩应当如何进行?”这是公共理性的基本问题。

此问题包括三个方面:第一,公共理性的主体是公民(当他们介入公共论坛为自己的政治立场提供辩护、参与选举或对根本政治问题进行表态时)、政府官员(当他们在立法层面进行投票和在政策层面进行表决时)和司法机关。在罗尔斯看来,即便是霍布斯式的主权者也是基于公民的公共理性论辩形成的,当然,实际上哲学家对何谓“公民主体”的理解是不一样的,比如罗尔斯将之当作一个公民集体而非个体。第二,公共理性的对象或运用领域是公共领域,首先是政治领域(这是罗尔斯情有独钟的),其次是道德、法律、宗教等公共事务,它们在原则上必须面向整个公民群体发表论辩,尽管并不要求取得全体公民的一致同意(这一做法在事实上是不可能的,在理想上是多元民主社会所反对的),甚至也不要求取得某个拥有各种能力并基于达至真理的真诚欲望而行动的成年公民的赞成,当然,哲学家对何谓“公共”的理解是不一样的,比如罗尔斯将教会排除出“公共”的范围之外,康德甚至将政府官员排除在外。第三,公共理性的运用方式是论辩,这种论辩是公开的、摆在台面上的而非不上台面的私下密谋,并且既然是论辩,那么论证(argument)、论辩(argumentation)、辩护(justification)尤其是推理和理由、理性就成了其核心概念。这里的三个层面,即主体、对象和方式,在不同的哲学家那里各有侧重,他们对这些核心概念也有自己的处理方式,比如罗尔斯还在理性层面上区分理性的和合理的。

“论辩”对于公共理性来说并不是多余的,相反,它是理性的一个根本特征。公共理性只考虑公共事务(在罗尔斯那里尤指政治事务)在言说层面上的论辩,而不考虑它在非言说层面即行动层面上的实务或实际操作。在此意义上,公共理性乃是一项“务虚”的工作。公共理性不只为公共论辩指明方向,也为私人讨论规定原则。私人讨论包括下述两种情形：一是私人公民（包括以私人公民身份参加讨论的政府官员）关于政治或私人事务的私下讨论，二是关于道德和文化的私人讨论以及公共讨论。相应地，公共论辩也包括下述两种情形：一是私人公民（包括以私人公民身份参与讨论的政府官员）关于政治的公共讨论，二是作为国家的人格化体现，政府官员以官方身份关于政治的讨论。这里的“公共性”涉及三个层面的区分：一是公民的私人身份与公共身份的区分，二是私下讨论与公共（公开）论辩的区分，三是公共事务与私人事务的区分。公共理性常被用于公民以私人身份就公共事务（政治）进行的公开论辩，这样就将私人事务和非政治的公共事务（如道德、文化事务）排除在外，也将对公共事务的私下讨论排除在外；公共理性还被用于公民以公共身份（政府官员）就公共事务（政治）的论辩，这样就排除了政府官员的私人讨论和非政治论辩。

公共理性关乎推理的界限，而非推理的过程。或者，亦可将之视为一系列推理的过程，但它同时又是一种推理的方式。在罗尔斯那里，公共理性的适用范围、主体和内容都有严格的限制。就运用范畴而言，它只适用于公共领域（主要适用于行政、立法、执法和司法领域），而不是广义的公民社会，比如教堂、大学、俱乐部、社区、家庭等领域。就主体而言，它适用于法官、政府官员等，其中最高法庭是公共理性之运用的典范。就内容而言，公共理性只能运用于“宪法要旨和基本正义问题”中，而不是普遍运用于广泛的政治议题中。

于是，公共理性就具有了三个层面的含义：首先，在理性层面上，它是一种实践推理的公共或公开的模式，与推理的个人或私下模式即个体理性或私人理性相对应；其次，在道德层面上，它是一套具有合情理性和正当性的公共行为准则；最后，在政治层面上，它与聚合民主模式相对，带有一种同时将政治的公共性特征与慎议性特征结合起来的慎议民主色彩。

严格来说，无论是公共理性还是慎议民主都有两个维度的含义：一是商谈、论辩、对话，这些都属于外部聚焦（external-collective）的维度，二是思考、想象和反思，这些都属于内在反思（internal-reflective）的维度。二者的区别只在于侧重点有所不同。罗尔斯式的公共理性更加侧重于内在反思的维度。对他来说，当人们必须明确使用公共理性时，公民必须“扪心自问”应该确立怎样的合理原则。

慎议和对话一样，都可以类比于人们之间的谈话，可以视为心理的、思考的过程。一个组织良好的慎议民主模式离不开慎议者的自我反思和来自他者的批判,但这里的自我反思更多是为与其他慎议者的外部慎议做准备的,因此,不能将这种自我反思与慎议民主的公共性旨趣割裂开来,让人误以为反思本身具有自足的慎议地位,故而内在反思必须最终服务于外部慎议,慎议民主的共识主要并不依赖反思取得,尽管反思对于慎议也是必不可少的。如果这种内部的慎思对于慎议是足够的,那么公共论坛只是一个理论上的概念。从某种意义上看,这正是慎议民主区别于卢梭式的聚合式民主模式的一个方面。

《正义论》从"无知之幕"下所构想的原初状态开始,基于社会选择理论,运用反思平衡的方法,公民或其代表最终就作为公平的正义的两个原则达成一致。无论是原初状态的初始设置还是正义二原则的最终达成,与其说是公民或其代表经过慎议程序之后所达成的共识,毋宁说原初状态是一种先验的理论建构或思想实验,而正义二原则乃是基于社会选择理论尤其是反思平衡方法进行自我反思的结果。这里的反思与亚里士多德式的慎思的区别之一在于,反思必须基于"无知之幕"下所构想的原初状态,这也是罗尔斯的正义论首先作为一种政治哲学而非仅仅是一门道德哲学(或亚里士多德式的伦理学)的一个体现。基于这个考虑,我们比较倾向于将《正义论》中出现的 deliberation 视为一个个体慎思的概念,而非公共慎议的概念。反思平衡的过程也是一个独自思考的过程,由所有公民自己参与,以达成对原初状态的具体定义,并让这一定义符合我们认可的关于正义内容的信念。在谈到原初状态这一理想假设时,罗尔斯自己也说:"任何人都可以在这种假设情况下模仿慎议(慎思),只需遵守一些合理的限制进行推论。"①反思平衡作为一个合理的限制,并不需要人人参与到实际寻找这个平衡点的过程中,罗尔斯在这里做了一个很强的假定,即合情理性的人(用他后来在《政治自由主义》一书中的话说,是理性又合乎情理的人)只要参与这种反思平衡的过程,在原初状态下都会得出相似的结论。更能体现公共理性的是作为推理结果的正义原则或价值规范,而非作为推理过程或慎议程序的公开推理或公共论辩本身。据此,我们在《正义论》中仍然可以看见罗尔斯式公共理性的反思性(个人慎思)的、非慎议(非公共论辩)的、假设性的思想实验性质。反思平衡的方式是反思式的,而非公开慎议的。反思式是一种道德慎思的

---

① John Rawls, *A Theory of Justice*, Revised Edition, Oxford University Press, 1999, p. 138.

过程，而公共论坛是一个政治慎议的过程。

然而，罗尔斯式的慎思与亚里士多德式的慎思仍然有很大的区别。首先，在推理方法上，罗尔斯式的慎思是反思平衡式的，而亚里士多德式的慎思可以被视为实践三段论式的；[①]其次，从出发点上看，罗尔斯式的慎思是在"无知之幕"下作出的，用《政治自由主义》一书中的话说，它体现了互惠性理念并受其制约，这个特征是由政治区别于道德的本性所决定的；最后，从目标上看，罗尔斯式的慎思旨在探寻更为专门（首先在政治领域）的作为公平的正义如何可能的问题，而亚里士多德式的慎思旨在探寻一个更为宽泛（在一般的实践领域尤其是道德领域）的实践理性如何可能的问题。部分地出于这种区别的考虑，罗尔斯后来特别强调他的作为公平的正义理论在视角上乃是"政治的而非形而上学（包括道德形而上学）的"。

相比之下，罗尔斯后来在《政治自由主义》一书中的公共理性建构要比《正义论》更具有现实主义色彩，带有更少的假设性思想实验性质，其中的公共慎议旨趣也要更为明显。然而，也有一些学者诚如萨沃德那样，认为《政治自由主义》可以合理地被认为是《正义论》的一个"镜像"（mirror image）或对《正义论》的"隐喻式重建"（metaphorical reconstruction）。[②] 也就是说，从《正义论》到《政治自由主义》的过渡，更多的是承接性的而非颠覆性的。

罗尔斯对公民或其代表基于各自的整全性学说寻求重叠共识寄予厚望，要求公民的投票行为在某些方面应当被视为卢梭式的"社会契约"，要求一个公民将他的投票行为（作为参政议政过程中的一个具体决策的个人投票行为）视为理想地表达了"我们的"而非仅仅是"我的"观点，进而投出最能促进公共福利而非私利或个人偏好的一票。[③] 通过找到在特定的公共政治议题上其他公民也会同意的立场，最终达成重叠共识。这表明，我们从《政治自由主义》一书的公共理性理念中的确看到了慎议民主区别于比如聚合式民主的一些本质特征，比如将投票视为一种公共行为而非投票者单纯的私人偏好的表达或就像在市场

---

① 关于亚里士多德式的慎思概念，参见［英］大卫·威金斯：《慎思与实践理性》，张曦译，载徐向东编：《实践理性》，浙江大学出版社2011年版，第465～483页。

② 参见［英］迈克尔·萨沃德：《罗尔斯与协商民主》，载［南非］毛里西奥·帕瑟林·登特里维斯主编：《作为公共协商的民主：新的视角》，王英津等译，中央编译出版社2006年版，第68～69页。

③ See John Rawls, *Political Literalism*, Columbia University Press, 1996, p. 252 – 253.

上讨价还价那样的利益交易的过程。应该说,在这本书里,我们看到了比《正义论》更加接近于慎议民主旨趣的公共理性理念。

然而,这也许只是表象。以罗尔斯将“政治的而非形而上学的”作为公平的正义理论为例,这可以被理解为,罗尔斯主张的政治自由主义的核心在于它是公共理性的而非整全性学说的。但正如一些学者所批评的那样,这里的问题在于:首先,罗尔斯式的公共理性仍然带有很强的道德慎思色彩,我们相信他对这一点是自觉的,但在某种意义上忽视了将政治问题道德化所带来的一系列困境;其次,罗尔斯关于现代民主社会中的自由主义多元论事实的论述,与他关于重叠共识的主张之间存在某些内在的张力,对于在多元主义民主社会中寻求重叠共识存在过于乐观的估计;最后,更为根本的问题在于,罗尔斯对于政治与道德这两个不同的实践领域在本质上的区别仍把握不准。①

基于以上分析,笔者认为,从慎议民主所要求的公共慎议来看,罗尔斯在《政治自由主义》一书中的公共理性较之前期的《正义论》,包含了更多的公共慎议观念,带有较少的道德哲学中的慎思概念。但通观罗尔斯的公共理性概念,它未能满足慎议民主对于慎议的公共论辩的要求。即便他标举“政治的而非形而上学的”作为公平的正义理论,但他仍然未能完全摆脱“从道德的观点看”的旨趣,他对重叠共识的要求与他关于民主社会中的自由主义多元论之间的张力很难通过道德的观点来缓解。因此,罗尔斯式公共理性中所要求的慎思概念,仍然具有慎思概念的道德哲学特征,处于从道德哲学到慎议民主的政治哲学的过渡阶段。这同时也表明,罗尔斯式公共理性与慎议民主之间存在某些旨趣上的张力。

三、先验论证与建构主义

对于罗尔斯来说,秩序良好的民主被理解为慎议民主是一件自然而然的事情,因为公共理性乃是慎议民主的三个根本要素之一。罗尔斯将慎议本身视为类似于公共理性那样的“理念”。“公民在进行慎议的时候,他们交换看法,并就

---

① 关于对罗尔斯式的社会正义和政治自由主义的道德解决方案的批评,参见[英]尚塔尔·墨菲:《政治的回归》,王恒、臧佩洪译,江苏人民出版社2008年版,第三章、第九章;[英]尚塔尔·墨菲:《慎议民主抑或竞争式的多元主义?》,霍伟岸译,载谈火生编:《审议民主》,凤凰出版传媒集团、江苏人民出版社2007年版,第353~361页。

他们所支持的关于公共问题的理由进行辩论。他们设想,他们的政治观点可以根据他们与其他公民的讨论予以修正,因此这些观点并不仅仅是他们现在私人的、非政治利益所确定的结果。而正是在这一点上说,公共理性非常关键,因为它刻画的是这样的公民在宪法要旨和基本正义问题上的推理。"[①]理念具有规范性特征,只有满足某些条件的辩论才能被称作慎议。首先,就论辩的主体而言,参与论辩的主体必须满足某些条件,比如是民主社会中自由而平等、理性而合乎情理的公民,这些主体条件被视为公共理性的核心之一——公民责任的理想。在现实生活中,并非所有参与论辩的人都能满足这样一个高标准的公民理想。当然,在很多情况下,公职候选人、政府官员,尤其是法官,是更加典型的公共理性的主体,他们带有双重身份,也可能参与到公共论辩之中。其次,论辩的内容应该是公共事务,在罗尔斯那里,公共事务还被进一步限制为与宪法要旨和基本正义原则相关的"核心事务"。毕竟在现实生活中,许多论辩并不属于"公共事务"的范畴,就像我们经常在"娱乐八卦"之类的电视节目上看到的那样。事实上,公民参与慎议的范围要广泛得多,比如人们可以就是否应当就同性婚姻进行专门立法而展开慎议,人们也会围绕哪一名候选人更能胜任某个公职而展开公开论辩,因为对于慎议民主而言,在投票或者表决之前就公共事务展开慎议和论辩是非常必要的。最后,公民参与公共慎议的目标是很明确的,即就某种公共善交换看法乃至达成一致。在罗尔斯看来,慎议民主和公共理性的目标是一致的,都是为了追求公共善和根本性的正义。

我们再一次从公共慎议的角度,认识到了罗尔斯将公共理性视为在自由而平等、理性而合乎情理的公民之间为了能够围绕以宪法要旨和基本正义原则为核心的公共事务进行公开论辩而提出的实践理性要求。据此,公民对于政治问题或公共事务的个人性沉思或反思,已经超出了公共理性的限制。因为只有参与到公共论坛之中,在与其他公民的交流或论辩之中,公民自己对公共事务的推理才可能成为一种严格意义上的"公共推理",也才有可能进一步修正自己原来的理由,保证自己的推理结果不是私人的、非政治的利益驱动的结果。如果公民个体完全忽视公共慎议的必要性和由此带来的开放性,关起门来就公共事

① [美]约翰·罗尔斯:《公共理性理念新探》,载《罗尔斯论文全集》,陈肖生等译,吉林出版集团有限责任公司2013年版,第619页。

务、公共善"闭门造车",就违背了公共理性的公开性和相互性原则。由此我们可以看出,罗尔斯并不希望公共推理或公共慎议的过程成为公民的"内心独白"。

有不少学者持相反的看法,比如德雷泽克就明确表示,应当这样理解罗尔斯:"罗尔斯认为,没有特殊的理由让我们把慎议从个人的反思拓展到政治互动。尤其针对公共理性仅仅引发所有个人都预期会接受的观点而言,罗尔斯所指的是,所有的个体都会同样理性,而且最终会得出同样的结论。罗尔斯提出的公共理性是单一的,这赢得了人们一致的认同。鉴于理性是单一的,互动过程并不是使理性能得出结论的必要条件。"①因此,也不奇怪德雷泽克紧接着坦率地指出,尽管罗尔斯自认为是慎议民主论者,但只在非常狭窄的意义上,他才是一位慎议民主论者。因为按照德雷泽克的理解,罗尔斯用公共理性对慎议民主作出了过于狭窄的界定,为此,他主张一种更为宽容的界定,这种"真实的慎议允许存在争论、巧辩、诙谐、情感、陈述或者说谎,以及闲话"②,只要参与慎议的人们各自的偏好是发自内心的、没有受强制就可以。这实际上将人们在公共论坛中所有可能的说话方式都囊括进来了,事实上,确有不少人在论坛上漫无边际地谈论、大言不惭地说谎、声泪俱下地乞求同情,或者干脆胡搅蛮缠地诡辩,而且同样满足德雷泽克的要求:他们自愿这样做,没有人强迫他们。然而,即便我们不去怀疑这种所谓的公共慎议能够取得怎样的效果,能够就怎样的公共善达成重叠共识,我们仍然可以发现德雷泽克的自相矛盾之处,因为他接下来说道:"这相应地要求排除因权力运用而形成的支配,以及控制、灌输、宣传、欺骗、纯私利的表达、胁迫(有些讨价还价的特征)和进行意识形态同化的企图。"③问题在于,如何理解公共慎议一方面允许说谎和狡辩,另一方面又禁止欺骗和控制呢?难道说谎并不构成欺骗吗?当然,德雷泽克的意思是说,欺骗不是重点,重点是利用自己的权力或特权来欺骗或者进行意识形态灌输。但是这样一来,如果政府官员参与到公共慎议中来,我们应如何断定他的谎言(这是被允许的)是

---

① [澳]约翰·S.德雷泽克:《协商民主及其超越:自由与批判的视角》,丁开杰等译,中央编译出版社2006年版,第8页。

② [澳]约翰·S.德雷泽克:《协商民主及其超越:自由与批判的视角》,丁开杰等译,中央编译出版社2006年版,第1~2页。

③ [澳]约翰·S.德雷泽克:《协商民主及其超越:自由与批判的视角》,丁开杰等译,中央编译出版社2006年版,第2页。

否属于"利用权力"的范畴呢？再者，那些拥有专长或作为知识权威的专家，是否也有可能利用权力说谎呢？

然而，德雷泽克正确地提醒我们注意，罗尔斯的公共理性并不全然立足于公共论辩，公共理性并不是单纯的公共论辩的产物。相反，它是对公共论辩进行限制的某种在先的规范性要求，而不是公民们通过公共论辩最终得出某种符合公共理性要求的结果。虽然只有在公共理性限制之下，论辩才能成为公共论辩，但这么说并不意味着公共理性仅仅源于个人的内省或反思，而是说它离不开对个人的主体性亦即政治身份的要求，也就是公民责任的要求：它要求每一个参与论辩的人都必须成为一名自由而平等、理性而合乎情理的公民。

罗尔斯的公共理性具有某种"单一性"特征，应当说德雷泽克的这个论断部分地揭示了罗尔斯式公共理性的特征。这种单一性可以这样来理解，就是我们可以在每一个符合公民责任要求的人身上发现类似的东西，而这种公民责任并不是通过公共论辩或互动交流来达到的，它是对作为论辩主体的公民的一种先在的规定。这种规定从何而来呢？笔者认为必须联系罗尔斯的政治建构主义才能回答此问题。

在《道德理论中的康德式建构主义》(1980 年)这篇著名长文中，罗尔斯指出，从本质上讲，康德式建构主义的独特之处在于，它设定了独特的人的观念(conception of the person)并以其作为一个合理建构程序的基本要素，而正是这个程序的结果决定着首要正义原则(first principles of justice)的内容。① 这种建构主义有两个要求，一个是对主体的要求，它是一种理性的建构主体(rational agents of construction)，也就是说，建构不再是康德或罗尔斯这样的哲学家的工作，而是每个符合要求的公民的工作。当然，在罗尔斯那里，这里的理性主体被一分为二：一是狭义的理性的主体(rational agents)，二是合情理性的主体(reasonable agents)。这种区分在康德那里可以找到先声。在后来的《康德道德哲学诸主题》(1989 年)一文中，罗尔斯重申，合乎情理和理性的自由而平等的人的观念，是康德式建构主义的基础：除非这种观念以及它所包含的道德人格力量——人性——在人类存在者身上是生机勃勃的，否则道德法则在这个世界

---

① 参见[美]约翰·罗尔斯：《罗尔斯论文全集》，陈肖生等译，吉林出版集团有限责任公司 2013 年版，第 342 页。

上就无从谈起。[①] 在政治社会中,每一个理性的和合乎情理的人类主体,都有一套制订计划和将其目的置于优先性地位并作出相应决策的方式。这种行为方式被罗尔斯称为主体的理性。主体之所以会采取这种而不是那种行为方式,乃是由于它们有这种“理性”的能力,它包括两种形态:一种表现为植根于主体内部的理智能力(合理性),另一种表现为主体内部的道德能力。

这种建构主义的另外一个要求是存在一种“建构程序”。就像慎议有自己的程序一样,建构也有自己的程序,当然它们是截然不同的两套程序。建构程序依赖一些理念,比如慎议的理念、重叠共识的理念、公共理性的理念、反思平衡的理念等,这些理念在程序中发挥了不尽相同但皆为必要的作用。建构的一个任务就在于,通过建构程序,在一种独特的人的观念与首要的正义原则(社会的首要的基本的道德或政治规则,比如正义规则)之间建立起一种恰当的联系,以一种独特的方式将这两者关联起来。也许存在不止一种关联的方式,但是这里我们特别关注“契约”的方式。在此意义上,我们进一步将康德式建构主义视为某种道德契约的产物。抛开其间的一些重要差异不说,罗尔斯的政治建构主义在很大程度上效仿了这种康德式建构主义,当然,这种康德式建构主义中不乏罗尔斯对康德学说的个人理解。

罗尔斯的下述两个“假定”遭到了不少学者的尖锐批评:一方面,他假定公共理性具有中立性和权威性并以其作为探究指南;另一方面,他假定了公共理性与非公共理性的区分。对罗尔斯来说,民主在现代西方是一个不容争辩的事实。于是就不存在这样的问题,即是否所有人都能经由重叠共识而赞成一种现代民主政体。这是一种典型的先验论证思路。先假定存在现代民主以及有理的多元化等事实,然后再讨论使这些事实成立的某些必要条件,比如公共理性理念。前提和结论之间是相互支持的,事实构成了理念的充分条件,而理念反过来构成了事实的必要条件。但如果事实性受到影响,那么,理念对事实的必要性就会被削弱。最终陷入一种论证怪圈:现实的不理想,理想的不现实。理想与现实之间的张力在这里得以体现。

公平正义论并不预设一个现代民主社会的制度背景,可是一旦进入政治正

---

① 参见[美]约翰·罗尔斯:《罗尔斯论文全集》,陈肖生等译,吉林出版集团有限责任公司2013年版,第584页。

义议题,罗尔斯就特别倚重他称为事实的现代民主政治实践和民主思想传统。他的政治建构主义的初衷就是要从一套业已成为基本政治事实的现代民主政体中发掘出一套使该事实得以成为可能(如果不是使其得以实现的话)的隐含的政治理念,并进一步用这套理念来印证他改装成政治正义论的正义原则的合理性。这仿佛是一种事后追加的解释性工作:为现代民主制度提供合理性辩护。但如果罗尔斯的抱负仅限于此,其政治自由主义的重要性就大打折扣了。既然以事实为出发点,那么反事实条件(counter-factual)式的追问对罗尔斯来说就不构成问题。此外,由于他所考虑的是作为基本事实的现代民主制度得以可能的必要条件,那么这一基本事实的充分条件是什么,不是他要考虑的。实际上,他并不承认民主政治需要一些充分条件。

罗尔斯式的先验论证容易给人一种印象,即他有一种保守主义和经验主义倾向。尽管他始终没有宣称,民主制度是人类制度进步的终极归宿(讨论此问题已经超出了政治自由主义的范围),但他似乎仍然对这一制度信心满满,并将之当作良序社会理念的制度基础。他对基本事实、常识和公认的科学结论的倚重也让人有理由认为他具有经验主义色彩。

然而,事情并非如此简单明了。存在这样一种可能的解释,即罗尔斯受到了康德式公共理性中所暗含的自然目的论的影响。他至少愿意将一种民主政治制度当作人类政治发展的一个阶段,认为它至少是相对于先前的政治制度而言比较进步、合宜的制度。对于之后的发展趋向,他无须作出最终预测。倘若抛开一些重要的细节,他似乎在大致框架上部分地完成了一项康德未竟的事业。康德站在世界公民的超越视角先验地预见到一种民主政体和和平世界即将到来,而罗尔斯接过话来说,这种民主政体已经到来,事实验证了康德式政治洞见的正确性。相对来说,罗尔斯更具有谦虚的精神,当然这与他身处的时代背景有关。毕竟他并没有像弗朗西斯·福山(Francis Fukuyama)一样宣称历史的终结。①

先验论证依赖于某些必要假设。这种假设并不是对现实的忠实描述,但它仍然是现实的一种逻辑上的折射。不管现实是否真的如此,至少在逻辑上它可

① 福山的历史终结论是否受到康德式启蒙精神或他的历史—政治哲学影响?笔者这里对此存而不论。

能如此。如果我们假定存在这样一种可能性,那么它是否依赖某些进一步的条件呢?先验论证是一种诉诸必要条件的论证形式。罗尔斯正是做了一些必要假设,他首先列举了一些政治事实,进而探讨使这些事实成为可能的必要条件。根据他所列举的基本事实,这些事态显然都是可能的,尽管未必是对现代民主社会的真实描述,也未必是对现代社会政治制度的真实描述。但只要它们是可能的,对于罗尔斯来说已经足够了。他的实际态度表明他是明智的:他经常在"事实"与"假定"之间互换。"假设 X 是个事实"这样的表达式并不自相矛盾,它逻辑等价于"X 是一个可能的事态"。只要这些事态具有无可辩驳的可能性,对于他后面关于政治建构主义的辩护就已经足够,一旦他真的将这种可能性坐实,反而给人一种经验主义和保守主义的印象。

再者,作为一名明确表态不甚重视政治观念及原则的真理性的哲学家,罗尔斯没有必要刻意强调现代民主社会的基本事实都是赤裸裸的事实(bald facts),其中没有任何假设成分。假设他是一个本体论上的不可知论者,那么他就更加不会承认现代民主社会的赤裸裸的事实的地位了,因为他有理由对任何事实的真实性表示怀疑,当然这不是他的关注重点。

建构的目的在于使公共理性在人类政治活动中扮演一种角色,这种角色就好比康德式实践理性(道德理性)在人类道德活动中所扮演的角色那样,它是一种活动得以成为政治活动的规范性要求,也是人类政治的真正尊严所在,相对于缺乏这种公共理性限制的其他形态的政治活动而言,比如基于利益博弈的政治模式而言,这种建构主义的政治在一种深刻的意义上实现了"政治的回归"。人是一种理性动物,也是一种政治动物,但是,仅当人是一种公共理性的动物时,人才是一种真正的政治动物,才能实现"政治"这个词语赋予人类的真正使命。从这个角度看,罗尔斯推进了亚里士多德和康德对于理性主义政治哲学的理解。

慎议民主自身也不是没有问题,它也面临"独断论"的指责。戴维·米勒(David Miller)就曾经列举了对慎议民主的三种批判:首先来自现实主义者,其批判指向慎议理想和现行民主实践之间存在的巨大的且似乎不可逾越的鸿沟;其次来自社会选择理论,它指责慎议民主假定了从慎议过程中能产生类似于普遍意志的东西,但社会理论告诉我们这只是个幻想;最后来自"少数派",他们质疑慎议民主的可信性,认为它并不是在多元社会中达成集体决策的公正方法,尤其是它歧视那些历史上和现实中的弱势群体，比如穷人、少数民族、妇女等。①

在民主制度建立之前，人们往往通过暴力、血统或宗教权威来解决分歧，权力和利益的博弈遵循的是自然选择（丛林法则）或社会选择（理性决策）的原则。民主制度建立之后，民主的理论和实践走过了相当漫长的一个过程，从聚合民主走到民主，最后走到慎议民主以及这三种民主模式相结合的"综合民主"模式。在这个过程中，理性逐步取代了暴力，公共理性进而逐渐取代了个体理性。慎议民主可以被理解为公民们在政治论坛上对理性的公共运用过程，它指向了论辩、商讨、沟通和对话。在这里，理性的行为方式与民主的治理方式结合了起来，不能不说是人类政治的一个进步，用艾利斯·扬（Iris Young）的话说："慎议民主的一个主要优点在于，它致力于使理性在政治中凌驾于权力之上。"②但即便是秉持理性的公共慎议也面对一些质疑。在某些学者看来，从暴力到理性的过渡不能算是一种真正的进步，因为政治活动的残酷性没有变，无非是权力的博弈、输赢，只不过从强硬的方式转变为了一种相对"温和"的方式，正如艾利斯·扬所言："慎议是一种竞争。参与辩论的各方旨在赢得辩论，而不是达成互相理解……慎议规范的竞争性特征揭示了权力重新进入慎议场所的方式，即便慎议者声称已经排除了权力因素的影响。"③在公共论坛上，每个人都带着自己的立场和偏好，都只逞口舌之能，是非对错的公断常常淹没在滔滔不绝的雄辩之中，正义仍然不能得到彰显。那些最雄辩甚至最擅长诡辩的人往往成为公共论坛的大赢家，这种做法与寻求一个客观的标准来判断论坛上的是非对错这一慎议的初衷背道而驰。

卡斯·森斯坦（Cass Sunstein）较早地提醒人们注意公共慎议中的"群体极化"（group polarization）现象。用森斯坦自己的话说，"志同道合的人们，在与他们的同伴讨论之后，最后倾向于形成比他们在开始讨论之前更为极端的观点"④。举例说，在与其他人的观点发生碰撞之后，原本持论温和的女性主义者

---

① 参见［英］戴维·米勒：《慎议民主不利于弱势群体?》，载［南非］毛里西奥·帕瑟林·登特里维斯主编：《作为公共协商的民主：新的视角》，王英津等译，中央编译出版社 2006 年版，第 140～142 页。

② ［美］艾利斯·扬：《沟通及其他：超越慎议民主》，霍伟岸译，载谈火生编：《审议民主》，凤凰出版传媒集团、江苏人民出版社 2007 年版，第 112 页。

③ ［美］艾利斯·扬：《沟通及其他：超越慎议民主》，霍伟岸译，载谈火生编：《审议民主》，凤凰出版传媒集团、江苏人民出版社 2007 年版，第 113 页。

④ Gass Sunstein, *Why Societies Need Dissent*, Cambrige, Ma: Harvard University Press, 2003, p. 112.

变成了激进的女性主义者,而那些原本就存在种族偏见的人,在面对一些问题,如对于白人种族主义是否该为非裔美国人在美国所面对的问题负责时,会作出更为强烈的负面反应。这些例子实际上都表明了,当群体极化现象出现后,那些持相似观点的人们在面对他们的论敌时会产生比原来更加强烈的“抱团”心理,这时,这个群体的成员会接受比他们先前的观点更极端的观点。在群体极化面前,论证的引入和“最佳理由”的力量必将遭遇重挫。这使我们意识到,在很大程度上,公共慎议最终会产生什么样的结果,往往并不是由“公共理性”或“最佳理由”的力量所决定的,而是由社会心理学意义上的统计规律性所决定的。

罗伯特·塔利斯(Robert Talisse)将这种极化效益给公共慎议造成的冲击形象地表述为“慎议的飞地”①。由于公民们信奉的整全性学说之间存在深刻而永久的分歧,人们在政治立场和其他许多问题上表现出“物以类聚,人以群分”的倾向,个体性分歧最终升级为群体性不一致,这原本是一件非常自然之事,但在发生群体极化效应时,那些信奉对立学说的群体之间,无论它们代表了强势的一方还是弱势的一方,最终都可能在慎议中发出“道不同不相为谋”的感慨,于是可能表现出抵触慎议的态度,彼此冲突的群体之间分别割据了一块理性上的“飞地”,但它们又缺乏足够强的动力去克服这种“极化效应”,为合情理性和公共理性腾出足够大的空间,让整个慎议过程总是充满了达成共识的可能性。于是,那些各自封闭同时又彼此对立的整全性学说以“群体斗争”的方式较劲,每一方都可能摆出一副苦大仇深的可怜模样,坚持声称自己才是被排斥的、被牺牲的或被压迫的“弱势群体”,为此,他们会在情绪上蔑视对立的观点,甚至最终拒绝参与公共慎议。在这种情况下,好不容易燃起的公共理性火光重新被临时协定浇灭。

尽管塔利斯批评的是公共理性,但它实际上针对的是公共慎议过程中难以避免的极化不稳定现象。罗尔斯式的公共理性理念在很大程度上是建构的产物,或者说是着眼于建构的产物,所以,公共理性理念本身并不是任何一种公共慎议的结果,相反它是公共慎议得以可能的必要前提。再者,与慎议民主的目

---

① [美]罗伯特·B.塔利斯:《公共理性的困境:多元论、极化与不稳定》,陈肖生译,载谭安奎编:《公共理性》,浙江大学出版社 2011 年版,第 348 页。

标不同的是,公共理性的目标并不仅仅在于寻求更多的共识,或者就某些公共事务达成一致的或者公认的意见。即便在无法达成一致的地方,人们也可能通过公共的慎议程序来达成一个公认的结果,譬如用大家最为熟悉的多数决方式通过一项法律或者选举一名官员。但对于公共理性来说,它还应当有更加基本的目标,因为共识或公认的产生也必须依赖人们愿意参与公共慎议以及这些公共慎议有意义这些前提,这意味着与克服冲突、产生共识相比,公共理性更加强调一个至为根本的理念:人们参与政治慎议的首要目标不是达成共识或获得公认的结果,而是使慎议得以顺利开始并且持续下去,具体地说,就是保证"对手之间的竞争性对抗"可以延续,并且是在慎议的框架内延续,而不蜕变为"仇敌之间的你死我亡的厮杀"式的关系。公共理性要求慎议和对话之门保持开放,人们彼此之间存在一个最基本层次上的合作和尊重,而不是赤裸裸的敌视和仇恨。我们称这种公共理性为"薄的"或"最低限度的"公共理性,它在最低限度上使慎议和共识成为可能。从此角度看,公共理性乃是慎议民主的理念根基。

论辩与一致何者为先的问题可以表述如下:论辩以求一致,还是一致才能论辩?维特根斯坦对此有过深入思考:"那么你说,人们之间的同意(agreement)决定了什么是对什么是错?"有对有错的是人们所说的东西;而他们所同意的东西是他们的语言。但他们并非在意见(opinion)上而是在生活形式(form of life)上彼此同意。① 他们不会就他们所使用的语言进行争辩,对语言的彼此同意是有意义的争辩得以可能的前提。如果无法在语词的界定上达成一致,我们会说这只不过是一种"语词之争",但如果人们并不在更加基本的生活形式上达成一致,甚至这种"语词之争"都不可能有意义地进行。当然,我们所说的语词界定上的一致,按照维特根斯坦的"意义即使用"理论,并不是人们彼此赋予了语词一致的含义,而是人们在使用方式上的默契。实际上,在他看来,当且仅当人们共享了一致的生活形式,才会出现这种语词使用方式上的一致。有了这种语词使用方式上的一致,有意义的争辩才得以可能。人们所说的话语的对错并不取决于人们彼此之间的同意,因为我们所说的同意首先是生活形式上的同意,其次是语词的使用方式上的同意,但不是他们使用语词所表达的意见的一致。

---

① See Ludwig Wittgenstein, *Philosophical Investigations*, 4th edition, eds. P. M. S. Hacker and J. Schulte, trans. G. E. M. Anscombe, P. M. S. Hacker, and J. Schulte, Oxford: Blackwell, 2009, § 241.

罗尔斯为了将真理驱逐出政治哲学的地盘,用同意的概念取代了对错的概念。他进而认为人们的彼此同意应当建立在公共理性和重叠共识之上。同意在他看来似乎成为人们在政治中努力追求的结果,但他忽视了一点,人们之所以可能在意见上彼此同意,乃是由于他们在更为基本的生活形式和语词使用方式上已然取得了默契,当然,也许这种默契是不自觉的。用维特根斯坦的话说,语言要成为交流抑或争辩的手段,就必须不仅要在定义上一致,而且还要在判断上一致,尽管这听起来有点奇怪。① 在约翰·格雷看来,维特根斯坦暗示了,我们在商讨或争辩中所确定的所有内容都源自我们作为特定生活方式的践行者所做出的特殊的倾向性判断。我们置身于其中的生活方式本身由前契约性的共识之网维系着,没有它就不会有彼此理解或相互质疑的可能性。②

四、从利益民主到理性民主——作为公共理性民主的慎议民主

与柏拉图和亚里士多德不看好的古希腊民主形态不同的是,现代世界的主流民主形态是现代民主。这样就不难理解那些现代民主的先驱者们,像哈林顿(Harrington)、英国的共和主义者和托克维尔这些人,他们当初"针对民主""警惕民主"的良苦用心。当然,他们并非要抹杀民主,而只是将民主约束在宪法范围之内,因为他们深深懂得,民主的幽灵可能无法无天,其对社会制度乃至人类文明的破坏性绝对不可小觑,易导致"多数人的暴政"。

与传统的聚合民主形态相比,慎议民主更加有助于现代民主的实现。本哈比分析了罗尔斯的政治自由主义的公共理性观念与公共慎议模式的三个重要差异:首先,慎议模式坚持公共辩论议程的开放性,与此不同的是,罗尔斯严格地将公共理性的运用限定在对某些特定问题的慎议上,这些议题包括宪法要旨和基本正义问题;其次,我们最好不要将公共理性理解为公民之间相互陈述理由的过程,而将其理解为一种规范性原则,它引导公民、公共机构和各种力量正确思考公共事务;最后,对于罗尔斯而言,公共理性运作的社会空间是有限的,它的限制并不适用于个体对政治问题的慎思和反省,也不适用于诸如教会、大学这类组织的成员——尽管它们是背景文化中至关重要的部分——对政治问

① See Ludwig Wittgenstein, *Philosophical Investigations*, 4th edition, eds. P. M. S. Hacker and J. Schulte, trans. G. E. M. Anscombe, P. M. S. Hacker, and J. Schulte, Oxford: Blackwell, 2009, § 242.

② See John Gray, *Liberalisms: Essays in Political Philosophy*, Routledge, 2009, p. 252.

题的推理。[①]

罗尔斯之所以要将公共理性的适用范围限制在宪法要旨和基本正义问题上,至少基于两点考虑。首先,非公共领域事务隶属于不同的背景文化,它们不可能也没必要受到公共理性的限制。其次,将公共理性的适用范围限制在宪法要旨和基本正义问题上,表明了政治自由主义的一个根本政治态度,就是对权利和自由的极端重视,进而更好地体现了民主的基本原则。这个基本政治态度即便引入慎议民主也不可削弱而只能加强,慎议模式对共识乃至一致同意的追求不应当以牺牲少数派的基本权利和自由为代价。当然,慎议民主相较于聚合民主的优势在于,前者特别强调由国家宪法所保障并体现于大多数民主政治中的各种基本人权和政治权利不应当脱离公共论坛的慎议程序,因为它们构成了民主社会公共论坛上的构成性规范和调节性规范,不可能被简单的多数决原则所替代或废除。

本哈比将慎议模式的功能提升到了"实践理性"的高度。在他看来,实践理性的核心问题是对关乎所有人的公共事务进行自由而公开的慎议,商谈伦理和对话政治为自由公共慎议提供了一种程序。这样的公共慎议过程要诉诸理性,是因为公共慎议要利用必要的信息,它提高了必要信息的重要性;也因为它允许对政策建议和法律条款进行论证,并认为意见和信念是可以被修正的;还因为公共慎议的结果总是处于开放状态,随时可能遭到挑战。[②]

正如高斯所言,慎议民主有两个理想:第一个是理性的理想,它是慎议民主的核心。第二个是公共证明的理想,即只有当其能够以某种方式为所有成员所承认时,导向政策或原则才得到证明。此外,许多慎议民主论者认为,这两个理想结合在一起会趋向一种实际政治共识的调节的理想。[③] 利益民主与理性民主并不是对立的概念,相反,慎议民主要将它们结合起来;公共利益与公共理性可以是一致的,而非公共利益与非公共理性亦可以是一致的。如果说二者之间存在紧张关系,那么这种张力发生在非公共利益与公共理性之间,或者在某种较

---

① 参见[美]塞拉·本哈比:《走向协商模式的民主合法性》,载[美]塞拉·本哈比主编:《民主与差异:挑战政治的边界》,黄相怀、严海兵等译,中央编译出版社2009年版,第80~81页。

② 参见[美]塞拉·本哈比:《走向协商模式的民主合法性》,载[美]塞拉·本哈比主编:《民主与差异:挑战政治的边界》,黄相怀、严海兵等译,中央编译出版社2009年版,第95页。

③ 参见[美]杰拉德·高斯:《理性、正当性与共识》,载[美]詹姆斯·博曼、威廉·雷吉主编:《协商民主:论理性与政治》,陈家刚等译,中央编译出版社2006年版,第151~154页。

弱的程度上,也发生在公共利益与非公共理性之间。就后者而言,罗尔斯提出了一种“包容性观点”,它指向这样一个问题,即公民能否合情理地诉诸非公共理由来为公共利益进行辩护。比如,假定废奴主义代表了公共利益,那么,可以诉诸基督教的教义来为废奴主义提供辩护吗?不过,这不是此节的讨论重点。

慎议民主与聚合民主的一个重要区别,就在于它试图诉诸公共理性来为公共利益提供辩护。这意味着它重新定义了政治:首先,政治行为是公共行为而非私人(非公共)行为,比如它不再包括与他人无关的秘密投票行为,而且投票也不属于讨价还价的市场行为;其次,政治行为以公共利益为目的,而慎议民主则是实现公共利益一个恰当的手段;最后,政治行为应当是一种理性行为,而且它应当诉诸的是公共理性,而不是私人的或非公共的理性。也许有人认为,政治慎议本身就是目的,或者至少其目的既不是非公共利益的博弈与妥协,也不是对共同善[1]的向往,而是纯粹的“共识的达成”,或者对公民的教育或转化。此外,还有人主张慎议的过程具有其内在价值,无须诉诸一些外在目标。对此,乔恩·埃尔斯特(J. Elster)反驳说,人类的政治活动就如同艺术、科学、体育或国际象棋这些活动,参与这些活动的过程可能非常享受,但前提是你有明确的目标,比如“正确理解内容”或“战胜对手”。如果某个国际象棋选手声称参与不是为了取得胜利,而只是为了比赛过程的优雅,那么他就会陷于“不健康”的自恋当中,因为不存在优雅的失败,而只有优雅的或不那么优雅的胜利。[2] 公共慎议可能具有三种价值:首先,它可能因为所产生的结果而有价值,这种价值可

---

① 这里的共同善包括但不限于共同利益,用塞拉·本哈比的说法,有三种共同善需要在现代民主社会中得到保障:一是合法性,二是经济福利,三是有活动的集体认同感。本哈比对共同善的理解值得我们借鉴:“民主社会的大多数成员均认为它们是有价值的,值得我们去追求;而且,当其中一种或整体都缺失时,社会的功能将出现紊乱,乃至陷入危机。”参见[美]塞拉·本哈比:《走向协商模式的民主合法性》,载[美]塞拉·本哈比主编:《民主与差异:挑战政治的边界》,黄相怀、严海兵等译,中央编译出版社2009年版,第71页。然而,据科恩观察,聚合民主概念通常对共同善的概念持怀疑态度,他引用罗伯特·达尔的话质疑说,在多元社会中,共同善的概念要么难以确定而无法为实践提供指导,要么可以确定但无法被广泛接受,因为它使我们趋向“绝对不可能”条件下的“令人震惊的结果”;即使由于纯粹的程序原因共同善的概念可以确定也能够被广泛接受,也是因为他们仅仅将共同善界定为一个民主过程。然而,根据慎议的概念,这种质疑是没有理由的,只是聚合民主缺乏限制的另一种反映。参见[美]以书亚·科恩:《协商民主的程序与实质》,载[美]塞拉·本哈比主编:《民主与差异:挑战政治的边界》,黄相怀、严海兵等译,中央编译出版社2009年版,第107页。

② 参见[挪威]乔恩·埃尔斯特:《市场与论坛:政治理论的三种形态》,载[美]詹姆斯·博曼、威廉·雷吉编:《协商民主:论理性与政治》,陈家刚等译,中央编译出版社2006年版,第25页。

以称为工具性价值；其次，它可能具有内在价值，因而一个人或社会在作出决策前经历规范的慎议过程本身是有价值的；最后，公共慎议因是政治正当性的条件而有价值。对此，托马斯·克里斯蒂亚诺(Thomas Christiano)论证说，公共慎议本身只具有工具性价值，并且理想的慎议程序不会成为政治正当性的来源。①

现代政治制度的设计就是为了纠正市场失灵，此外，它还担负了分配性的政治任务，因此，像约瑟夫·熊彼特等人基于社会选择理论而提出的"经济民主理论"无法完全解释国家的正当性。政治行为不单单是利益博弈和妥协的行为。

以哈贝马斯为代表的慎议民主理论认为，政治的目标应当是理性的一致而非利益的妥协，并且决定性的政治行为是参与公共论辩以达成共识。与罗尔斯所追求的"弱共识"相比，这是一种"强共识"，这意味着政治慎议论坛应当彻底与市场行为划清界限。埃尔斯特对这种理想化观点提出了七点异议。最后，埃尔斯特提出了自己的"中间路线"。他认为，政治慎议与经济问题完全撇清关系是不可能的，尽管其功能与模式区别于市场，因为正是对实质问题的关心才使政治争论呈现紧迫性，毕竟，我们无法抛开现实利益，从容不迫地进行哲学论辩。据此，政治慎议的性质尽管仍然是公共性的，因此区别于市场上的私人交易，但它在目的方面仍然被界定为工具性的，因为毕竟它必须以诸如共同善这样的外在目的为追求目标。

以罗尔斯的观点来看，慎议在自由而平等的公民之间进行，并且它必须是理性的，因为参与各方需要表明自己的观点，并提供其支持或批评某种观点的根据，无论如何，慎议的过程都会或多或少被视为公共证明的过程。慎议的目标是实现共识，但罗尔斯与哈贝马斯等人的分歧就在于，前者只希望通过慎议达成某些方面的共识，他称之为重叠共识，具体来说其涉及共同善的重叠共识，它以宪法要旨和基本正义原则为核心。罗尔斯严格将慎议的范围限定在公共政治领域，从而自觉地将公共领域与非公共领域区别对待。至于私人的、家庭的、企业的、教派的等非公共领域中的非共同善问题应如何协调，这已经超出了重叠共识的范围。在这些非公共领域，每个人当然会有私人立场和私人利益，

---

① 参见[美]托马斯·克里斯蒂亚诺：《公共协商的意义》，载[美]詹姆斯·博曼、威廉·雷吉编：《协商民主：论理性与政治》，陈家刚等译，中央编译出版社2006年版，第184~211页。

而且彼此的利益很有可能是不可调和的。我们并不希望在这些利益分歧之中寻求某种中立的“共识”,因为它们原本就属于市场的调控对象,完全可以通过发挥市场的功能得到解决,比如通过博弈和妥协得到解决。现代民主社会允许并且保证人们拥有彼此不同甚至相互冲突的利益分歧,原则上解决这些分歧的方式不同于解决观点分歧的方式。人们在观点上的分歧可以通过论辩来解决,但即便在两个通情达理的人之间,仍然可能存在难以消除的分歧。对于罗尔斯来说,以公共理性为核心的慎议民主并非要杜绝人们的私心或利益诉求,而是要拒绝人们将这些诉求带入公共慎议论坛之中。慎议民主能够发挥合理功能的领域,恰恰就是公共政治领域。

后　记

公共理性议题在国外学术界方兴未艾,国内也不时有新著问世,这说明它在当代政治哲学中不断散发出独特魅力。许多学者不再将它视为单纯的理论问题,而是像对待与之密切相关的慎议民主理论那样,将它与社会转型背景下的制度思考联系起来。应该说,这种探索既富有理论深度,又不乏现实关怀。但愿这本小书在这两方面都能起到抛砖引玉的作用。老话说:"行百里者半九十。"笔者深以为然。这本小书草成于2015年,一晃八年已过,如今重拾,心里并不踏实。它看上去就像崎岖山腰上搭建的一座小屋,地基仍需平整,墙上的石块也粗粗砺砺,不知还要费多少打磨工夫。

本书为作者承担的国家社会科学基金青年项目"西方现代公共理性前沿问题研究"(批准号:14CZX043)的结项成果。本书第五章第二节的内容曾以"慎议民主的主旨及其副产品"为题,发表于《现代外国哲学》总第18辑。鲍永龄博士从国外分享了本书的相关资料,贺丽霞同学协助校对了书稿,承蒙傅星源老师推荐至法律出版社,并获得山西大学哲学学院经费资助,出版社编辑做了大量耐心细致的工作,本书才能顺利出版,在此一并致谢!

作者谨识

2023年11月30日